フランシスコ・ヴァレラ
エヴァン・トンプソン
エレノア・ロッシュ＝著
田中靖夫＝訳

The Embodied Mind: Cognitive Science and Human Experience

身体化された心

仏教思想からのエナクティブ・アプローチ

工作舎

身体化された心　目次

謝辞

本書の構想が芽生えたのは、フランシスコ・ヴァレラがナローパ研究所（ボルダー、コロラド州）の夏季サイエンス・プログラムで教鞭をとっていた一九七〇年代後半のことです。当時、ナローパ研究所は、様々な教科コースを提供し、打ち解けた雰囲気のなかで討論する教師と学生を募ることによって、認知科学と瞑想心理・哲学の仏教伝統が対話する知的空間を創出しようとしていたのでした。この試みと、それから発展した着想において、ニューコム・グリーンリーフ、ロビン・コーンマン、ジェレミー・ヘイワード、マイケル・モーマン、ジョセフ・ゴーギャン、シャルロッテ・リンデの貢献ははかりしれません。一九七九年、アルフレッド・P・スローン財団は、「認知に関する対照的な見方：仏教と認知科学」という主題のおそらくは先駆けであった研究会に資金提供してくれました。北米の様々な大学の学者、多くの学派と伝統の仏教学者が集ったこの研究会では真の対話を築くことに失敗はしましたが、わたしたちはそこからこの探究に取組むときの誤った方法論を多く学ぶことができたのです。

それから数年、ヴァレラは認知科学と仏教伝統との対話を発展させることを私的に研究し、ごくまれにいくつかの着想を公表しました。特に有益な議論となったのは、バーモントでのカルマ研究会(一九八五年)での連続会合でした。

本書が初めて具体化したのは、哲学奨励財団(ドイツ)の研究奨励金を受けたエヴァン・トンプソンがパリ工科大学にいたヴァレラに加わった一九八六年の夏のことです。この頃最初の草稿が完成しました。このとき支援してくれた財団とユーリ・クチンスキーに感謝します。

一九八七年の秋に、「生物学、認知及び倫理のリンディスファーン・プログラム」(プリンス慈善トラスト、シカゴ)が組織した、認知科学と仏教に関する別の会議(ニューヨークの聖ヨハネ大聖堂で開催)でこの第一草稿について発表しました。わたしたちの研究に興味をもって支えてくれたウィリアム・I・トンプソンとジェイムズ・パークス・モートン尊師には特に感謝します。

一九八七~八九年にかけて、ヴァレラとトンプソンは、先のプログラムの研究奨励金に支えられながらパリで著作活動を続けました。一九八九年の秋、バークレー大学で認知心理学と仏教心理学の指導と研究を長く続けていたエレノア・ロッシュが第三の著者としてわたしたちのプロジェクトに加わりました。一九九〇~九一年、ヴァレラ、トンプソン、ロッシュは、あるときに一緒に、また別のときはバークレー、パリ、トロント、ボストンに分かれて原稿を書き、ついに本書を完成させました。

この間、わたしたちの研究を支え、励ましてくださった方は枚挙に暇がありません。ウィリアム・

I・トンプソン、アミー・コーエン、ジェレミー・ヘイワードは倦むことなく助言してくれて、本書の隅々まで理解ある批判をしてくれました。マウロ・セルッチ、ジャン＝ピエール・デピュ、フェルナンド・フローレス、ゴードン・グロブス、スーザン・オオヤマにも特に感謝します。原稿を読んで貴重な批評をしてくださった、ダン・デネット、ゲイル・フレイシェイカー、タマー・ジェンドラー、ダン・ゴールマン、リサ・ロイドにも感謝します。とりわけ、本書の成立を信じてくれたMITプレスのフランク・ウルバノフスキ、そして校正と製作に労を惜しまなかったマデリン・サンリーとジェーニャ・ヴァインレプに感謝します。

上記に加え、各著者は個人的な謝辞を述べたく思います。

フランシスコ・ヴァレラは、着想の泉をくれた、故チョギャム・トゥルングパとツルク・ウルジェンに感謝します。実際の著作活動に勤しんだ一九八六〜九〇年に経済的に支援してくれたプリンス慈善トラストとその財団長であるウィリアム・ウッド・プリンス氏、そして「認知科学と認識論」講座を提供してくださったフランス財団にも。パリ工科大学の認知応用研究センターと神経科学研究センターのご支援にも感謝しています。

エヴァン・トンプソンは、アムハースト大学の仏教研究と比較哲学へ導いてくれたロバート・サーマン（コロンビア大学）と、本書とトロント大学の学位論文（哲学）を著すことを可能にしてくれた博士奨学金、さらに博士課程後の奨学金を支給してくださったカナダ社会科学・人文研究評議会に心より感謝します。本書を完成したタフツ大学の認知研究センターの厚意にも。

エレノア・ロッシュは、カリフォルニア大学（バークレー）のヒューバート・ドレイファス、認知科学プログラム、仏教研究プログラムに感謝します。

序論

新しい心の科学は、生の経験だけでなくそこに秘められた変容の可能性まで包含する必要がある。この確信が本書の出発点であり、終着点である。一方、通常の日々の経験も、心の科学のもたらす洞察と分析の恩恵にあずかるよう、拡張されねばならない。この心の科学（認知科学）と人間経験が相互に循環し始める可能性を探究するのが本書である。

今日の状況を検証すれば、ごく少数の学術的な論議を除いては、日々の生きた状況にあって人間らしいとはどういうことなのか、という問いについて認知科学はほとんど何も語っていない。だが、日常生活の分析、理解、その変容の可能性を追求してきた伝統文化に、その含蓄を科学のコンテクストに提示するよう求める声は高まっている。

本書の旅は、フランスの哲学者、モーリス・メルロ＝ポンティ[★01]が一世代前に始めた研究プログラムを継承するものである。「継承」とは、メルロ＝ポンティの思想を現代認知科学のコンテクストで学問的に考察することではない。メルロ＝ポンティの著作が着想の源泉となり、あるべき方向を導いた、ということなのである。

西欧の科学文化は、物理的な身体観だけでなく生きられる身体観、つまり、「外側」と「内側」を合わせもつ、生物学的であると同時に現象学的な身体観に至るべきだというメルロ＝ポンティの考えにわれわれは賛成する。この身体としてあること(embodiment)の両面が対立するものではないのは明らかだ。むしろ、われわれは絶えず両面を行きつ戻りつするのである。メルロ＝ポンティは、この循環を理解するにはその基本軸を詳細に研究すること、つまり、知識、認知、経験を身体化しなければならないことを認めていた。メルロ＝ポンティだけでなく、われわれにとっても、「身体としてあること」にはこの二つの意味がある、つまり、生の経験の担い手としての身体と認知機構のコンテクストまたは環境としての身体である。

この身体としてあることの二重の意味は、思弁的な議論においても、実地研究においても、認知科学になかったものである。メルロ＝ポンティに注目するのは、身体としてあることの二重の意味を関心の焦点にしなければ、認知科学と人間経験の循環が考察しえないと考えるからだ。この主張は必ずしも思弁的なものではない。認知科学の研究を発展させ、人間らしい生きた関心へこの研究を関連づけるには、この身体としてあることの二重の意味を明確に主題化しなければならない。本書はその作業の第一ステップなのである。

メルロ＝ポンティを着想の源としても、今日の状況が彼の時代からかなり違っているのは確かだ。この違いには少なくとも二つの理由があり、一つは科学に、残りは人間経験に由来する。

第一に、メルロ＝ポンティが研究に着手した時代（一九四〇年代と五〇年代）、心の科学になりうるものは異種の、意思疎通のない諸学問に分かれていた。神経学、精神分析、行動主義実験心理学、といったものである。それが今日では、神経科学だけでなく、認知心理学、言語学、人工知能、そして、多くの学問センターでは哲学を含む、認知科学と呼ばれる新しい学際的なマトリックスが登場した。さらに、ここ四〇年ほどの間に、現代の心の科学に必須である認知技術（最も顕著な例はデジタル・コンピュータ）のほとんどが開発されてきた。

第二に、メルロ＝ポンティが、人間経験という生きた世界を現象学の伝統で磨かれた哲学的見地から考察した、ということ。現代には現象学の直系者がいる。フランスでは、ハイデガーとメルロ＝ポンティの伝統は、ミシェル・フーコー、ジャック・デリダ、ピエール・ブルデューのような思想家へ継承された。[02]北米では、ヒューバート・ドレイファスが長らくハイデガー派認知科学の論客だったが、[03]最近では、様々な科学分野と認知科学を結ぶテリー・ウィノグラッド、フェルナンド・フローレス、[04]ゴードン・グロバス、ジョン・ハウゲランドといった面々が加わった。別の方向では、エスノメソドロジーとしての現象学が最近D・サドノウ[05]による即興に関する研究において探究された。最後に、現象学は臨床心理学の伝統にその名称を与えた。[06]しかしながら、これらの学問アプローチは、その親学問の方法論、哲学の論理的な表現、歴史学や社会学の解釈分析、患者の治療方法などに依存しているのである。

このような活動にもかかわらず、現象学は、特に認知科学の重要な現代的研究が多く実践されている北米では、あまり影響力のない哲学の学派に甘んじている。メルロ＝ポンティのビジョンを実施するための抜本的に新しいアプローチが今こそ求められているのだ。本書で提供しようとするのは、メルロ＝ポンティが初めて表現した身体としてあることの二重性に関する根元的な直観からの新たな発展の系譜なのである。

心の科学的研究の成果として、人間経験はいかなる課題に直面しているのか。本書の議論全体を活気づける存在についての関心は、自己ないし認知主体は根元的には断片化して分裂していて、統一されていないという認知科学が明らかにした事実に由来する。この解釈は、もちろん、西洋文化にとって真新しいものではない。自己ないし主体を知識、認知、経験、行為の中核とする定説の正当性を疑ってきた哲学者、精神分析家、社会理論家はニーチェ以来少なくない。しかしながら、科学の内部にこのテーマが出現したことがきわめて重大な出来事として特筆されるのは、今日の文化において科学がどんな活動や制度も及ばない権威の声と化しているからだ。さらに科学は、技術的な人工物でその解釈を具現化する。認知科学が具現化するのは、より洗練された思考／行動の機械であり、それはおそらくはどんな哲学者の書物や社会理論家の考察、あるいは精神分析家の治療分析よりも日常生活を変容させる可能性を秘めている。

自己ないし認知主体の座というこの中心的かつ根元的な問題を、純理論的な探究として葬ることは、もちろん可能であろう。それでも、人々の生活や自己理解にこの問題が直接関わってくるのは明らかである。それ故、ホフスタッターとデネットの『マインズ・アイ』やシェリー・タークルの『第二の自己』といった、この問題を雄弁に物語っている数少ない著作がかなり受けているのも驚くにあたらない。★07 よりアカデミックな流れでは、科学と経験との循環は、「民俗心理学」や「対話分析」のような研究形式のなかに浮上している。科学と経験の関連性を扱うより体系的な試みは、意識《アウェアネス》の経験に計算論的な基盤を提供するレイ・ジャッケンドッフの最新作、『意識と計算論の心』に見出せる。

われわれは上記の様々な著作と関心を共有するが、そのやり方にも解答にも満足していない。科学を補足すべき経験に対する直接的で実践的なアプローチを欠いた今日の研究スタイルを、理論的にも経験的にも制限された、不満足なものとみているからだ。結果として、人間経験の自発的でより反省的な次元が皮相で月並みな扱いしか受けておらず、そこには科学分析の深みと洗練がないのである。

この状況への処方はどうすべきだろうか。人類史上多くのコンテクストのなかで集められたかなりの証拠によると、経験そのものは秩序立てて検証しうるし、その手法も時間をかければかなり洗練されうることが示されている。ここでわれわれが取り上げるのは、ほとんどの西洋人に馴染みがないが、もはや無視しえない伝統のなかに蓄積された経験、瞑想修行と実用的かつ哲理的な探究から成る仏教の伝統である。精神分析のような他の実践的な人間経験の探究よりずっと馴染みが薄いものの、仏教の伝統が特にわれわれの関心に関連しているのは、後にみるように、統合されておらず中心のない認知存在（通常の用語は、「無我」または「非自己」）という概念こそが仏教伝統全体の礎石だからである。さらにこの概念は、仏教伝統において哲学的な論議の的になったのは確かだが、日常生活における経験が三昧《さんまい》の域に達している人々によると、直接体験そのものだという。このような理由から、われわれは、西洋の認知科学と仏教の瞑想心理という二つの伝統の対話をはかることによって、科学のなかの心と経験のなかの心との間に架け橋を渡そうと思うのである。

本書の最も重要な目的が実践的なものであることを強調しておこう。心と身体の関係について、科学的であれ、哲学的であれ、何らかの壮大な統一理論を構築しようというのではない。また、比較思想の学術論文を著そうというのでもない。認知科学と人間経験との循環性を完全に理解する可能性を開き、科学文化において人間経験を変容させる可能性を高めること、それがわれわれの関心なのだ。この実践的な方向性は、本書の著者に共通している。科学が進歩するのは現象世界と実践的につながるからであり、科学の正当性もこのつながりの効能から検証される。その一方で、瞑想修行の伝統が進歩するのは、人間経験との体系的かつ秩序立ったつながりのためであり、その正当性は、われわれの生の経験と自己理解を前進的に変容させる能力から検証される。

本書を著しているとき、われわれが目指したのは、様々なレベルの読者に理解される議論である。したがって、現場の認知科学者だけでなく、科学と経験の対話に漠とした関心を抱いている教育を受けた一般の人々、そして、仏教や比較思想に関心を抱いている人々が対象となる。これら様々な(おそらくは重なり合っている)グループの各人は、科学、哲学、あるいは比較思想といったある特定の議論をもっと深めてほしかった、と読後に思われるかもしれない。われわれはこういった論点のごく一部には応じたが、より広範囲の読者へ向けた議論の流れから逸脱しないために、コメントは注や付録に収めてある。

本書の主要テーマについて一通り紹介したので、本書を構成する五部について概観する。

▼第1部は、今回対話する二人のパートナーの紹介である。「認知科学」と「人間経験」の意味を明らかにし、この両パートナーの対話を発展させる方法を概観する。

▼第2部では、古典的な形式の認知科学(認知主義)を生んだ心の計算モデルを提示する。ここでは、認知主体の非統合性が認知科学によって解明されること、および、統合されていない自己を漸進的に理解することが仏教徒の瞑想修行とその心理学的分析の礎石となることを考察する。

▼第3部では、通常は自己に帰されている現象が現実の自己がなくとも出現しうるという問題に迫る。認知科学では、特にコネクショニスト・モデルにおける認知プロセスの自己組織化と創発特性の概念がこの問題に含まれる。一方、仏教徒の心理学には、瞬時の経験における心的因子の創発的な構造と時間をかけた因果のカルマによる経験の出現が含まれる。

▼第4部は、認知科学における新しいアプローチを紹介する進んだ段階であり、この新しいアプローチのために「エナクティブ」(enactive：行動化)という用語を提唱したい。このエナクティブ・プログラムにおいて、われわれは、認知とはわれわれの知覚／認知能力から独立した世界を、その世界から独立して存在する認知システムによって表象することであるという認知科学全体に浸透している前提に疑問を投げかける。その代わり、「身体としてある行為」(embodied action)として認知をとらえる見方を紹介し、すでに喚起した身体としてあることの概念を再登場させる。また、進化とは最適適応ではなく、いわゆる自然浮動《ナチュラル・ドリフト》であると論じることによって、進化論のコンテクストにこの認知観を定位する。本書のこの部分は、現代の認知科学に対してわれわれが提供する最も創造的な貢献となろう。

▼第5部は、認知には身体としてあることの歴史以外には究極的な基盤も根拠もないとする、エナクティブな見方の哲学／経験上の意義を考察する。先ずこのような意味合いが客観主義や基礎づけのコンテクストに定位される。次いで、おそらくは人類史上最も革新的に非根本主義的な解釈をした大乗仏教の中観派(その洞察に後の主要な仏教思想が依拠した学派)を紹介する。第5部は、締め括りとして、本書で遂行した旅の行き着くより広い倫理的な意味合いについて考察する。第5部は、より広い文化のコンテクストへの最も創造的な貢献となるかもしれない。

上記五部を設定したのは、日常生活における経験への瞑想的な注意と自然の心に対する科学的な思慮とを包含する拡張された地平において探究されている対話を進めていくためである。この対話を動機づけているのは、日々の生きた人間経験の今日性と重要性を尊重しなければ、現代の認知科学がどんなに強力で洗練されていても、此方にある生命や心に関する科学的な概念と彼方にある日常的な生きた自己理解とが調和しえない分裂した科学文化しか生めないのではないか、という懸念なのだ。現今の科学的かつ技術的な問題は倫理的なものでもであり、人間の生命の尊厳についても深い再認識が急務とされているのである。

第1部
出発の根拠
The Departing Ground

第1章

根源的な循環性

既定条件

認知の起源について反省する、現象学的な傾向のある認知科学者ならこう考えるだろう。心は世界において覚醒する、われわれが自らの世界を設計したのではない、自分自身がそれとともにいることを見出しただけであって、目が醒めたら自分自身と自分の住む世界があったのだ、と。成長するにつれてわれわれはこの世界について反省するようになる。作られた世界ではなく見出された世界についての反省は、われわれという構造があるからこそ可能なのだ、と。かくて、自らがある循環のなかにいることに気づく。われわれは反省が始まる前からそこに存在していると思われる世界にいるが、その世界はわれわれから分離してはいない。

フランスの哲学者、モーリス・メルロ＝ポンティにとって、この循環の認識は自己と世界、内側と外側との間に存在する空間の可能性を開いた。この空間は、溝とか分水嶺といったものではなく、自己と世界との差異を包含し、しかも両者の連続性を提供するものであった。その空間の開放から、中道、「間」(entre-deux)の存在が明らかになった。『知覚の現象学』の序文で、彼はこう述べている。

反省し始めると、私の反省は非反省的な経験に対してなされる。反省それ自身がひとつの出来事であることに気づく。反省は真に創造的な行為として、変化した意識構造として現れる。そして、主観が自己自身に与えられているのだから、主観に与えられている世界を反省の作用に優先するものとして、認識しないわけにはいかない……知覚は世界に関する科学ではなく、行為でもないし、熟慮して態度を決定することでもない。知覚はすべての行為が浮き上がる背景であり、行為の前提となるものである。世界は、構成法則を私に所有されるような対象ではない。私のあらゆる思惟と明瞭な知覚の自然な場であり、領野なのだ。

そして、この著作の終わりでは、「世界は主体から分離しえないが、この主体とは世界の投影に他ならない。そしてまた、主体も世界から分離しえないが、この世界も主体そのものが投影する世界なのである」と述べている。

科学(および科学哲学)は、このような間または中道に存在しうるものを概ね無視してきた。実際、メルロ

＝ポンティもその責任の一端を担っているかもしれない、なぜなら、少なくとも『知覚の現象学』において、科学を基本的に非反省的なものとみて、心と意識をその素朴な前提としたからだ。確かに、これは科学が取りうる極端なスタンスの一つである。一九世紀の物理学者が思い描いていた観察者は、現象の戯れを客観的に眺める実体のない眼としてしばしば描かれている。あるいは、喩えを変えれば、このような観察者は、未知の客観的な実在物としての地球の上にその地図を描くためにパラシュート降下した認知エージェントとして想像できるだろう。このような立場の批判はたやすく対極を導くことになる。例えば、量子力学における不確定性原理は、心がそれ自身で世界を「構築する」という主観主義を支持するためにしばしば利用されている。新しい認知科学が意図するように、自分に振り返ってわれわれ自身の認知を科学的な主題にしようとすれば、上記の立場（実体のない観察者とか脱世界化された心の仮説）はいずれもまったく不十分なのである。

やがてこの議論に立ち戻ることになるが、当面は、このような転回をするようになったこの科学についてより正確に論じてみたい。この新しい科学分野とは何なのか。

認知科学とは何か？

その最も広い意味において、「認知科学」なる用語は心の研究それ自体が価値のある科学的探究であることを示すために使用されている。★01 現時点では、認知科学は成熟した科学として確立していない。ある明確に合意された方向性もないし、例えば原子物理学や分子生物学のように共同体を構成するほど多くの研究者もいないからだ。むしろ、自立した学問というよりは、種々の学問の緩やかな連合体とでも言うべきか。興味深いことに、重要な極を占めているのは人工知能である。心のコンピュータ・モデルがこの分野全体をほとんど独占しているのだ。他の連合している学問には、言語学、神経科学、心理学、時に人類学、そして心の哲学があると考えられる。心や認知が何かという問いに対して、各学問はそれぞれ特定の関心を反映する別様の答えを出すものだ。したがって、認知科学が将来どう発展するかはまったくみえないが、これまでの成果がある特徴的な影響をもたらしてきたのは事実だし、こういった状態は今後も続くことだろう。

アレクサンドル・コイレからトーマス・クーンに至る現代の歴史家および哲学者は、科学的想像力が時代ごとに根本的に突然変異すること、そして科学史は直線的な進歩というより大河ドラマのようなものであると論じている。換言すれば、自然に関する人間らしい歴史、つまり多くの手法で語るべき価値のある物語があるわけである。このような自然に関する人間の歴史と並んで、それに対応する人間の自己認識についての観念の歴史がある。例えば、ギリシャの自然科学とソクラテスの方法、モンテーニュのエセーと初期のフランス科学のように。西洋におけるこの自己認識の歴史は十分研究されていないものの、今日認知科学と呼ばれるものの先駆者がずっと人々とともにあったのは確かだろう。なぜなら人間の心こそ認知と知識の最も近くて最も親しい実例なのだから。

この心と自然の並行史において、認知科学の現代フェーズはある特徴的な突然変異の代表となるかもしれない。現時点では、科学（つまり、科学とは何かを規定する科学者の集団）は知識そのものの研究が正当であることを認めるばかりでなく、認識論や心理学の伝統的な束縛を越えた広い、学際的なパースペクティブにおいて認識を考察している。この約三〇年ほど前の突然変異を劇的にもたらしたのは、「認知主義」プログラム（後で考察する）である。それは、百家争鳴の時代に進化の科学的研究の嚆矢となったダーウィン主義のプログラムに匹敵するものだ。

さらに、この突然変異を介して、知識は、知識そのものを具体化する、社会慣習を変革する技術と確実かつ緊密につながってきた。人工知能はその目覚しい例である。技術は何にも増して増幅器として作動する。認知科学と認知技術を分かつことができないのは、そのいずれか一方を奪えば補い合う他方の命も無くなってしまうからだ。心の科学的探究は、技術を介して、哲学者、心理学者、セラピスト、あるいは自分自身の経験を洞察しようとする個人といった枠を超えて、社会全体にその先例無き鏡像を提示するのである。

この鏡像は、西洋社会全体が日常生活に関わる以下のような問題に直面していることを初めて示す。「心は記号を操るのか?」「言語は機械によって理解されうるのか?」このような関心は理論科学者特有のものではない。認知科学や関連技術についてメディアが不断に関心を示し、コンピュータ・ゲームやサイエンス・フィクションを介して人工知能が若い人々の心に深く浸透していることはほとんど驚くにあたらない。こうした関心のひろがりは大変革の前触れではないのか。何千年もの間、人間は自らの経験、より大きな時間と文化のコンテクストに埋め込まれ、育まれてきた経験を意のままに解釈してきた。し

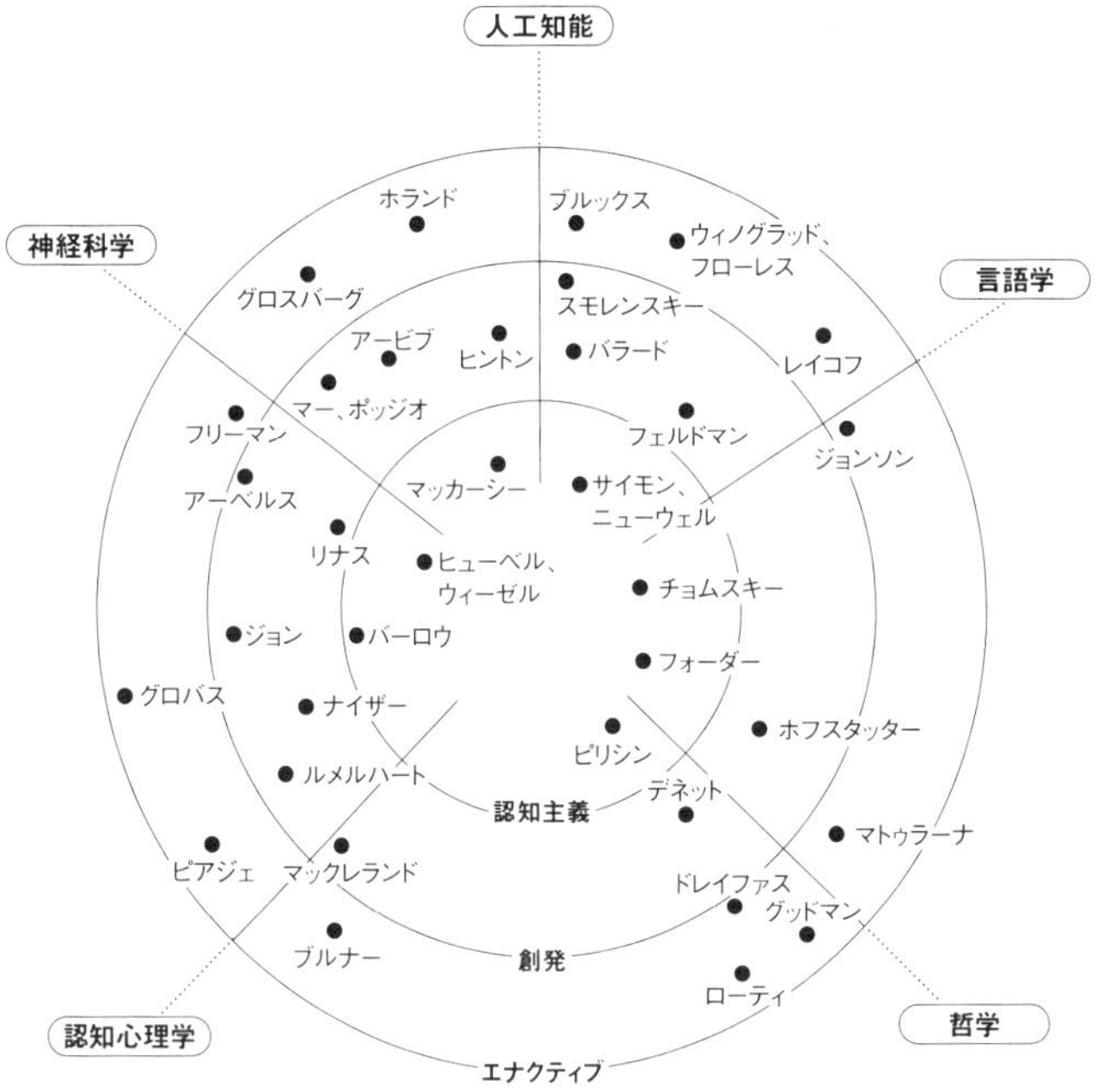

図1·1　今日の認知科学の概念チャート。3つのアプローチ・リングと主要学問のマップに貢献者を配置した。

かしながら、今日では、この随意の民間解釈は科学と緊密につながって、科学的な解釈によって変容するかもしれないのである。

この出来事を喜ぶ人もいれば、嘆く人もいる。否定しえないのは、この出来事が起こっていること、しかもかつてないほどの速さと深さで起こっていることである。研究者、技術者、一般人の創造的な相互浸透は人間のアウェアネスに大変革を起こす可能性を秘めている。この可能性は魅力的なものであり、今日の誰にも開かれた最も興味深い冒険の一つであろう。その変革の対話への有意義な貢献となる(よう希望する)ものとして本書を提供したい。

本書全体で、認知科学の内部にあるビジョンの多様性が強調されよう。われわれのみるところ、認知科学は一枚岩の学問分野ではないが、あらゆる社会活動の常として、そこにも優勢の極があるのは確かだ。そこに参画している声のなかに、より勢力を得たものが現れてくる。実際、この認知科学の社会学的な側面が注目されるのは、この四〇年間の「認知革命」がアメリカ合衆国の特定の研究ラインや資金提供によって強い影響を受けてきたからである。

それでも、われわれとしては多様性を強調し、認知科学を三つの継続ステージとしてとらえてみたい。この三ステージはそれぞれ第2、3、4部で取り上げる。しかし、読者の水先案内となるために、ここでこれらのステージについて概観しておこう。三つの同心円からなる「極」地図として表してみる(図1・1)。この三ステージは中心から末端へ向かう継続した運動に対応し、各リングは認知科学内部の理論的フレームワークにおける重要なシフトを示す。円の周りに認知科学の分野を構成する主要な学問を配置した。

この概念チャートには、その研究が代表的であると同時に以下の議論に登場する様々な研究者の名前が配置されている。

第2部は、一般に「認知主義」★02(cognitivism)として知られる認知科学の中心から始まる。認知主義の中心的なツールと導きの隠喩はデジタル・コンピュータだ。コンピュータとは、その特定の物理変化が(コンピュータ)計算として解釈されうるように構築された物理的な装置である。計算とは記号《シンボル》、すなわちそれが表すものを「表象する」要素に基づいて実行される操作である(例えば、「7」という記号は7という数を表象する)。あっさり述べれば、認知主義とは、認知(人間の認知を含む)をデジタル・コンピュータの形式に因んだ記号操作とみる仮説なのである。換言すると、認知とは「心的表象」である、つまり、世界の特徴、すなわち世界を何らかの方法で存在するものとして表象する記号を操作することによって心が機能すると考える立場なのである。この認知主義的な仮説によって、認知を心的表象として研究することにより、神経生物学からも社会学や人類学からも独立する認知科学に適した領域がもたらされる。

認知主義には、信望のある研究所、学術雑誌、応用技術、国際ビジネス上の関心などに支援された、明確に定義された研究プログラムであるという長所がある。認知科学そのものとされるくらい研究を支配しており、認知科学の中核とされている。しかしながら、この数年間では、認知に対する別のアプローチもいくつか登場してきた。これらのアプローチは、(1)表象の適切な手段としての記号処理という考え方に対する批判と(2)表象を認知科学のアルキメデスの点「知識体系の絶対的な拠り所」とする考え方に対する批判という、二つの基本的な反対路線で認知主義から袂を分かっている。

第一の代替アプローチである「創発」(第3部で詳述する)は、典型的にはコネクショニズムとして言及される。この名辞は、多くの単純な成分が適切な規則によって連結されると所望の認知作業(視覚や記憶など)に対応する全体行動を生むシステムによって、認知作業は最もうまく処理されるとする着想に由来する。一方、記号処理は局在化しているものである。記号操作は記号の意味ではなく、物理的形式により特定される。もちろん、記号の特徴があればこそそれを操作する物理的な装置を構築することが可能になるのだが。この欠点は、記号や記号操作のルールが一部でも失われてしまうと重大な機能不全に陥ることである。一般にコネクショニスト・モデルは、局在化した記号処理に代わって分散した操作(成分ネットワーク全体に広がる操作)を受け入れ、局在的な機能不全に拮抗する全体特性の創発を重視する。コネクショニストにとって、表象とはそのような創発する全体状態と世界の諸特性との対応なのであって、特定記号の機能ではない。

第4部で探究し、擁護する第二の選択肢は、記号処理に代わる手段を求めたコネクショニストの研究よりも根元的な問題意識から生まれている。それは、認知が表象に他ならないとする考え方の正統性を問うものである。この考え方の背景には三つの根本的な仮定がある:(1)われわれは、長さ、色、運動、音といった特別の性質を有する世界に生きている。(2)われわれは、これらの特性を内部で表象化することにより選択し、回復したりしている。(3)こういった事柄を実行している、分離した主観的な「われわれ」が存在している。以上三つの仮定は、一緒になって、世界はいかに存在しているのか、われわれとは何か、われわれはこの世界をいかにして知るようになるのか、といった問いへの実在論または客観主義／主観主義的解釈へ強く（しばしば暗黙かつ無批判に）肩入れしているのである。

しかしながら、どんなに頑迷な生物学者でさえ、世界には様々な特徴の存在様式があり、さらにより多くの異なる経験世界があることを認めざるをえないだろう。そして、人間の認知に限定したとしても、世界の存在様式に対する様々な受け取り方があるのだ。[★03] この非客観主義的な（非主観主義的でもある）確信は、認知研究において徐々に芽生えている。しかしながら、今のところ、この代替的な方向性には十分確立された呼称がない。なぜなら、多様な分野で研究している比較的少数の集団をおおう傘のようなものだからである。認知が所与の心による所与の世界の表象ではなく、むしろ世界の存在体が演じる様々な行為の歴史に基づいて世界と心を行為から産出すること（enactment）とする、ますます高まる確信を強調するために、「エナクティブ」（enactive）という用語を提唱したい。したがって、エナクティブ・アプローチは、心が自然の鏡であるという考えを真摯に哲学的に批判するが、科学の中枢からこの問題に迫ることによってさらに前進するものである。[★04]

循環する認知科学

本章は、哲学的傾向のある認知科学者ならば注目するはずの科学的な方法における根元的な循環性に関する反省から始まった。エナクティブ認知科学に立脚すると、この循環性が中心、つまり、認識論的に必須なものとなる。対照的に、既存の認知科学は、認知と心が認知システムの特定構造に完全に起因するという見解から出発する。この見解を最も明白に表現しているのは、認知を脳の特性として研究する神経科学である。この生物学をベースとした特性は、行動を介してのみ認知と関連づけられる。脳活動の結果として起こる行動に認知のラベルを貼れるのは、この脳という構造体が環境において様々な相互作用をするからに他ならない。したがって、どんな行動や経験もその原因を（粗略ではあるが）特定の脳の構造に帰すことができる、というのが基本的な前提である。逆に、脳構造内の変化が行動や経験の変化に現れるわけだ。この見解を図1・2に示す（この図と以下の図では、双方向の矢印は相互の依存または特定化を表現する）。

しかし、反省してみると、この見方をつらぬけば、生物学的な現象にせよ心的現象にせよ、どんな科学的記述も、それ自体がわれわれ自身の認知システム構造の産物に他ならないことになる。図1・3は、このより進んだ理解を示すものだ。

さらに、上記について教える反省という行為は、無から生じるわけではない。つまり、われわれは、生物学、社会・文化上の信念や慣習という（ハイデガー的な意味における所定の）背景から反省の行為を演じているわけである。[★05] このより高次のステップを図1・4に示す。

しかし、そうすると、そのような背景の存在を主張すること自体が「われわれ」が行為していることに他ならない。つまり、われわれは「ここに」いて、身体としてある存在として生き、いわゆる背景を含め、このテーマ全体について端座黙考しているのだ。したがって、厳密に言うと、図1・5にあるように、ここに身体としてであることを示すさらに別の層によりわれわれの営為全体を描くべきなのである。

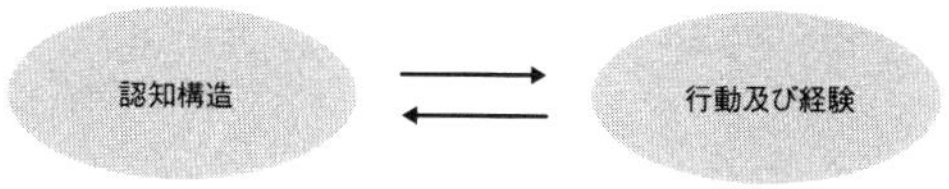

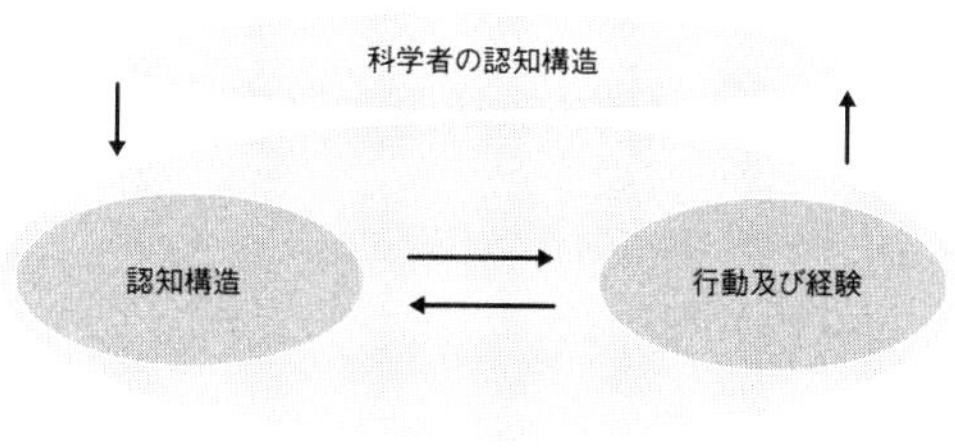

図1·2　認知構造と行動／経験の相互依存または特定化。(上)
図1·3　科学的記述と認知構造の相互依存。(下)

この種の重層化が、エッシャーの絵画のように、無限に続けられるのは明らかである。この運動の最後に示すべきことは、抽象化の層を連続的に追加することではなく、出発の原点、つまり反省の営為にさえあるわれわれ自身の経験の具体性と特殊性に立ち返ることなのだ。本書で探究するエナクティブ・アプローチにより、われわれ自身の経験の直接性を見失わずに、構造体についての反省としてわれわれの活動をみることを可能にする、根元的な洞察がもたらされるだろう。

本書のテーマ

本書はこの深い循環性を探究するためのものである。本書を通して銘記すべきは、われわれの経験の直接性を見失うことなく、構造についての理論を構築することである。

われわれの状態の基本的な循環性は、少なくともヘーゲル以後の哲学者たちによって様々なやり方で一部論じられてきた。現代哲学者のチャールズ・テイラーは、われわれが「自己解釈動物」であるとして、「われわれのエージェントとしての自己理解に不可欠な特徴は、われわれの解釈理論のどこにも入らないだろう」と述べている。認知科学者の通常の反応を代弁しているダニエル・デネットによると、「今日擁護ないし構想されているあらゆる認知主義的な理論は……サブパーソナルレベルの理論である。私が理解できないのは、哲学的な理論から区別される心理学の理論がどうしてサブパーソナルの理論になりえないのか、ということだ」。デネットによると、われわれの自己理解は、信じること、欲することおよび

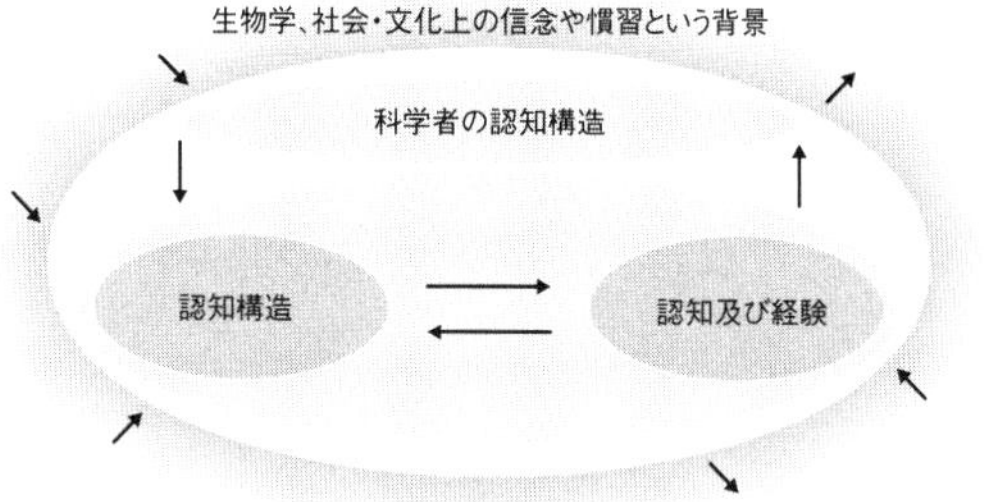

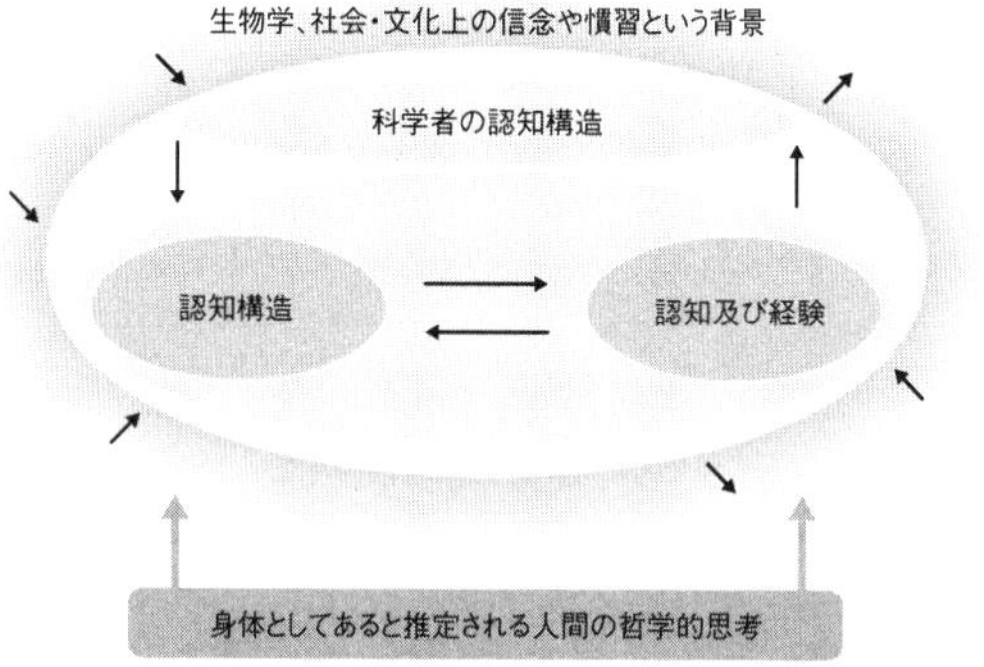

図1･4　生物学、社会・文化上の信念や慣習という背景と反省との相互依存。(上)
図1･5　図1･4の背景と「身体としてあること」の相互依存。(下)

知ることのような認知的な考え方を前提とするが、それを説明するものではない。したがって、心の研究が厳密かつ科学的でなければならないとすると、われわれの自己理解に不可欠な用語では説明できないはずなのである。

ここで、現代世界における科学と経験との深い緊張を強調しておきたい。現代世界では、科学があまりに支配的なので、科学が踏み込もうとしないわれわれの日々の直接経験という最も即時的で直接的なものさえ、説明する権利が与えられている。ほとんどの人々は、素粒子の集合体としての物質／空間に関する科学的説明を根元的な真理として受容するだけで、自らの直接経験からもたらされる豊穣なものを、さして深遠とも真実味があるものとも扱わないのである。しかしながら、寛いで陽光を浴びているときの身体の幸福感や、バスに乗り遅れまいとして駆けているときの身体の緊張感からすれば、空間／物質に関するそのような説明は、抽象的で二次的なものとして幕の後ろへ隠れてしまうものなのだ。

認知や心について検討するときに経験を棄却することは擁護できないし、矛盾したことでさえある。特に認知科学においてこの問題が表面化するのは、認知科学が自然科学と人文科学の交差点に立つからである。認知科学はヤヌス［ローマ神話の双面神］のように両方の道を同時にみる。自然に向けられる面は認知過程を行動としてとらえ、人間の世界（または現象論者の言う「生活世界」）に向けられる面は認知を経験としてとらえるのである。

われわれの状況の根元的な循環性を無視すると、認知科学のこの両面から二つの極論が生まれてしまう。われわれの人間的な自己理解は単に誤謬であり、成熟した認知科学にいずれ取って代わられると想定したり、科学が人間の生活世界を前提とするかぎり人間の生活世界に関する科学はありえないと思い込むことである。

この二つの極端な考え方に、認知科学をめぐる論議のほとんどが集約されている。一端には、われわれの自己理解は単に誤謬に他ならないと論じるスティーブン・スティッヒやポール／パトリシア・チャーチランドのような哲学者がいる★06（現実の日常会話では、経験に代えて脳の状態について語るようになる可能性があるとするチャーチランド夫妻の示唆に注目すること）。別の端には、（おそらくは認知科学を認知主義と混同しているために）認知科学の可能性そのものを真摯に疑うヒューバート・ドレイファスやチャールズ・テイラーのような哲学者がいる★07。したがって、論争は人文科学の内部にある典型的な対立を、新たな曲折を伴いながら繰り返している。この混乱のさなかにあって、人間経験の命運がこの哲学者たちに委ねられているとすれば、彼／彼女らの一致点の欠如は由々しいことである。

これらの対立を越えなければ、われわれの社会における科学と経験との亀裂は深まるばかりである。科学と現実的な人間経験のいずれをも包含すべき複眼的な社会にとっては、いずれの極端も機能しえない。われわれ自身に関する科学研究においてわれわれ自身の経験の真実性を否定することは、不満足なだけでなく、研究主題そのものを失うことになるだろう。また、われわれの経験の理解に科学は貢献しえないと想定しては、現代のコンテクストにおいて、自己理解の作業を放棄することになりかねない。経験と科学的な理解とは、そろわなければ歩けない二本足のようなものである。

上記の着想をポジティブなことばで表現してみよう。認知に関するわれわれの理解がより完全で満足すべきレベルへ到達するには、認知科学と人間経験との共通基盤を解するセンスをもつにかぎる。認知科学の範囲を広げてより広範囲な人間らしい生の経験を、秩序だった、変容をうながす分析に包含するという建設的な作業を提案するのはそのためである。この研究を通してみるように、この拡大への探究を建設的な作業として動機づけているのは、科学研究そのものなのである。

第2章

「人間経験」とは何か

科学と現象学的な伝統

前章の論述は明らかにメルロ＝ポンティの哲学に負うところが大きい。彼に登場を願うのは、西洋の伝統において、科学と経験、経験と世界の根元的な間(entre-deux)の探究に傾倒した数少ない哲学者の一人と思われるからだ。また、彼の時代の認知科学にあたるフランスで開拓されていた神経生理学の新研究の視点からこの循環性をとらえていたためでもある。最初の主著『行動の構造』★01において、メルロ＝ポンティは、生の直接経験の現象学と心理学や神経生理学の相互的な啓発について論じた。本書におけるわれわれの関心の背景となるこの相補的な研究のスタイルがその後さして注目されなかったのは明らかである。科学の伝統は西方の、主としてアメリカの実証主義者の環境へ移り、そこから今日馴染みの現代的な認知科学が形成された。この認知科学の形成期については次章で振り返る。

メルロ＝ポンティは、著作全体を通してドイツの哲学者エドムント・フッサールの初期著作を引用した。フッサールは、革新的ではあるが西欧の哲学伝統と深く結びついたやり方で経験を直接検証することの重要性を強調した。デカルトは、世界に存在するものに対応する（または対応しないこともある）着想を含む主観的な意識として心をとらえていた。心を世界の表象とするこの見方は、「志向性」というフランツ・ブレンターノの概念において頂点に達した。ブレンターノによると、あらゆる心的状態（知覚、記憶など）は、あること「の」またはあること「についての」ものである。つまり、心的状態には必ず「ある内容への言及」なり「ある客体（必ずしも世界にある事物とは限らない）への方向」があるのだ、と。[★02] この方向性または志向性を、ブレンターノは心の限定的な特徴であると論じた（この「志向性」の使用法を「あることを作為的に実行すること」の意味と混同しないこと）。

ブレンターノの弟子であったフッサールは、師の研究を大きく発展させた。主要著作の一つである『イデーン――純粋現象学の全般的序論』（一九一三年発表）において、フッサールは、経験それ自体の構造である志向性の構造を実際の経験世界に言及せずに検証する特定の方法を開発しようとした。「括弧入れ《ブラケッティング》」（判断停止）と呼ばれるこの方法は、経験と世界の関係に関する通常の判断をまるで括弧にくくるように棚上げするのである。こういった通常の判断を下す視点をフッサールが「自然態度」と呼んだのは、世界が心や認知から独立しているだけでなく、事物は眼にうつるとおり存在していると確信する「素朴実在論」としておなじみの態度だからである。自然態度の主張を括弧にくくることにより、心の志向内容を純内在的に、すなわちそれが世界において言及していると思われるものに跡づけることなく研究することが可能である、とフッサールは論じた。この方法によりあらゆる経験科学に先行する新しい領域を発見した、と。『イデーン』において、フッサールは、意識について純粋に反省し、その本質的な構造を識別することによって、この新しい領域を探究する旅に出た。ある種の哲学的内観、彼の言う「本質に関する直観(本質直観)」において、フッサールは経験をこの本質的な構造へ還元し、人間的な世界がそれからいかに発生するかを示そうとしたのである。

したがって、フッサールは、反省する科学者としての第一段階に達したわけである。認知を理解するには、世界を素朴に見るのではなく、われわれ自身の構造のしるしを有するものとして見なければならない、と。彼はまた、その第一段階の構造が、彼自身の心で認知している何物かであると理解することで、少なくとも部分的には第二段階に達した。しかしながら、西洋の伝統的な哲学形式では、第1章で論じられた次の諸段階を踏むことはなかった。彼は、孤独な個々の意識から始め、その捜し求めている構造が完全に心的なものであり、抽象的な哲学的内観の行為において意識が接近可能なものであるとし、そこから合意可能で間主観的な人間経験の世界を産生することの困難さに直面した。[★03] しかも、彼自身の哲学的内観以外の方法をもたなかったので、このプロセスのはじめに戻って自らの経験に立ち返るような決定的な手を打てなかったのは確かである。皮肉にも、フッサールは経験の直接性へ哲学を向けることを主張したにもかかわらず、実際には経験の合意可能な側面も、直接的な身体としてある側面も無視していた(この点でフッサールはデカルトに倣ったわけである。彼はその現象学を二〇世紀のデカルト主義と呼んでいた)。

したがって、欧州の若い世代の哲学者たちがますます現象学から離反して実存主義を信奉したのも驚くにあたらない。

フッサールは、こういった問題のいくつかをその後期の研究で認識した。その遺作となった『ヨーロッパの諸科学の危機と超越論的現象学』において、彼は再び現象学的反省の基礎と方法を表現する作業を取り上げた。ここでは、明らかに、彼の言う「生活世界」における意識の経験に焦点が当てられた。生活世界とは、自然態度に見出される世界に関する素朴で理論的な概念ではない。それは、むしろ、ある実践的な目的へ理論が常に向けられている日々の社会的な世界のことなのだ。科学を含めたあらゆる反省、つまりあらゆる理論活動はこの生活世界を背景として前提とする、とフッサールは論じた。意識や経験とこの生活世界との間にある「本質関係」を分析することが現象論者の作業となったのである。

フッサールにはこの分析をすべきさらに別の理由があった。客観主義者たちの科学の概念が優勢だったために生活世界の役割が不鮮明になっていたからである。フッサールが「ガリレオ式」科学と呼んだこの考えは、世界が認知主体から独立しているさまを記述するのに、理想化された数理物理学の公式を用いた。この特殊なスタイルを一般科学と同一視することにフッサールは反論したが、彼の論旨は世界に関する科学的な記述そのものに向けられていたのではない。実は、哲学における非合理主義の新たな潮流(それをヨーロッパ人の生活全般の「危機」を象徴するものと彼は見た)に対抗して自然科学を再生することを望んだのである。ガリレオ式科学がすべてになると、科学と生活世界との関係が曖昧になり、経験科学の主張を哲学的に根拠づけることが不可能になってしまうからであった。

この問題に対する解決法は、科学の概念を拡大して生活世界に関する新しい科学「純粋現象学」を包含することである、そうすればガリレオ式の客観主義や実存主義の不合理性に屈することなく科学と経験をつなぐことができるだろう、とフッサールは考えたのである。

現象学の瓦解

『危機』においても、フッサールは現象学が本質に関する研究であると主張した。したがって、生活世界に関する彼の分析は、人類学的でも歴史学的でもなく、哲学そのものなのであった。しかし、あらゆる理論活動が生活世界を前提とするならば、きわめて理論的な探究である現象学はどうなのか。実際、フッサールは現象学こそが理論の最高形態であると主張したのだ。ならば、現象学もまた生活世界を前提にしなければならない、まさに、それを解明しようというのだから。したがって、フッサールは根元的循環性の未開拓領域にしばしば踏み込んではいたのである。

この循環性をいくらか認識していたフッサールは、興味深い試みをしている。生活世界は、実は沈殿した背景的「前理解」または(概して言えば)仮説の組み合わせなのであり、現象学者によって信念の体系として明確化され、処理されうる、と論じたのである。換言すると、フッサールは本質的に表象から成立するものとしてこの背景を扱うことによって、この循環の外に出ようとしたのである。しかし、生活世界をこのように解釈すると、生活世界が常に科学に先行するという彼の主張(まさに現象学の中心思想)は支えを失ってしまう。背景が表象から成立しているのならば、科学知識がこの背景の暗黙的な信念の貯蔵庫に浸透しないようにするとはどういうことなのか。そのような浸透がありうるとき、現象学の優先性はどうなるのか。

生活世界が科学に先行していて、西洋の伝統の独自性はその生活世界に科学が浸透していることにある、と論じたフッサールにはこの問題が十分認識されていたはずである。現象学者の作業は、科学が浸透した生活世界の分析から「元の」または「所与の」生活世界へ回帰することである、と。しかし、フッサールは、この元の生活世界を徹底的に解明するには本質的な意識の構造へ遡る他はないという考えを抱いていた。現象学者は生活世界の内側と外側に存立しうるという奇妙な考え方を信奉したのもそのためだ。あらゆる理論が生活世界を前提にすると論じることでその内側に立ち、生活世界の発生を意識において跡づけうるのは現象学だけであると論じることでその外側に立ったのである。実際、フッサールにとって現象学が理論の最高形態であったのは、そのような特殊な歪みを可能にしたからに他ならない。★04

この特殊な歪みがある以上、フッサールの純粋現象学が統計的推論法のような他の方法論上の発見と違って、(彼の願望に反し)ある世代から次の世代へと深耕ないし改善されなかったのは驚くにあたらない。実際、彼の「現象学的還元」の方法を前進させる方法を見出すことは後の注釈者にとって悩みの種となった。

しかし、ここで強調したいのは、フッサール流の目論見が外れたより深い理由である。それは、フッサールの経験と「物自体」に対する論じ方が純「理論的」であり、換言すれば、「実践的な」次元が完全に欠如していたことなのである。したがって、それが科学と経験との亀裂を克服しえなかったのは当然である。科学には、現象学的な反省とは異なる、理論を超えた生命のようなものがあるからだ。かくて、経験に関する現象学的分析において革新的に見えたフッサールの論法は、西洋哲学の本流にとどまった訳である。

実を言えば、この批判は、ハイデガーの実存主義的現象学やメルロ＝ポンティが唱えた生の経験の現象学にも当てはまるだろう。いずれも人間経験の実践的な身体としてあるコンテクストを強調したものの、ごく理論的なやり方でしか扱わなかったからだ。ハイデガーは、フッサールに対して、文化上の信念および慣習という合意された背景から生の経験を分離することが不可能であると反論したし、厳密に言って、その背景から離れては人間の心について語りえないとする分析があるにもかかわらず、彼が現象学を、目的論の真の方法、すなわちあらゆる科学研究に論理的に先行する人間存在(現存在)への理論探究として考えていたのは確かである。メルロ＝ポンティは、ハイデガー自身の現象学そのものへの批判を科学へも適用することによりハイデガーに一歩先んじた。メルロ＝ポンティの見解では、科学も現象学も常に事実に即したやり方で、われわれの具体的な身体としてある存在を解明するものであった。両者は、われわれの非反省的な経験の直接性を把握し、それを意識的な反省において表現しようとするものだった。しかし、まさに事実に即した理論活動であるがために、それでは経験の豊穣さをとらえられず、経験に関する論考でしかなかったのである。メルロ＝ポンティは、自らの作業には終わりがないとし、彼なりにそのことを認めていた。★05

西洋の伝統にあって、現象学は人間経験に関する「典型的な」哲学、すなわち、上記の課題を扱う唯一の思想の殿堂であったし、今もそうである。しかし、それはとりわけ理論的な反省としての哲学であり続けている。ギリシャ時代以降の西洋伝統のほとんどで、哲学は、抽象的な理論構築だけで真理(心に関する真理を含む)を見出そうとする学問であった。理性を批判ないし問題視する哲学者でさえ、それをするのに証明や立証、および(特にいわゆるポストモダン派は)言語学的な証明(すなわち、抽象的な思考)を利用してきた。事実に即した理論活動であるとする、科学や現象学に対するメルロ=ポンティの批判も同様に理論的反省としての西洋哲学とみなされうるものである。したがって、現代の考え方に氾濫している理性信仰の喪失は、同時に哲学信仰の喪失となるのである。

しかし、理性から目をそらし、心を知るための方法として理性を採用しないとなると、代わりに何が使えるのか。一つの代替手段は「非」理性であり、これは精神分析理論によれば西欧人の心の概念に他のいかなる文化的要因よりも多大な影響を及ぼしてきたらしい。人々(特に欧米の中産階級)は、発達的かつ象徴的に、原始的な無意識をもっていると信じられている。夢や覚醒生活のほとんど(動機、幻想、嗜好、嫌悪、感情、行動および病的徴候)がこの無意識によって解釈可能であると信じられている。したがって、この観点では、「内側から」心を知ることとは、ある精神分析を活用して無意識を探究することに他ならない。

この「民衆精神分析」観も、メルロ=ポンティが科学と現象学に対して行なった分析と同じ批判にさらされている。精神分析が機能するのは個人の概念システムの内部でしかない。個人が自由連想について注釈を加えたり、数学的な論法を用いたとしても、また覚醒時にありきたりの会話をしたり、複雑きわまる夢の象徴言語について論じたところで、その人は心についてすでにわかっていて、事実に即した形式で注釈を加えているのである。「プロの」精神分析家は、個人の概念システムの内部で作業しなければならない制限があると認めながら、どんな理論も及ばない方法論を駆使しないとこの段階を越えられないことがわかっている。精神分析について特に興味をそそられるのは、それが認知科学とは大きく隔たっていて、認知科学の通常の主題とはまったく異なる心の現象を扱い、明らかに異なる方法でそれを研究するにもかかわらず、認知科学において同定されるのと同じ発展段階がいくつか精神分析にも鏡映されることである。この両者の収斂については今後の章で指摘することになろうが、断っておくべきは、そのような指摘はいわば必ずしも慎重に建設されていない橋に位置マーカーを提供するようなものだ、ということである。なぜなら、精神分析プロセスには直接体験がないからである。

しかしながら、依然として方法が求められている。人間経験をその反省的な側面と直接的な生の側面の両方で検証しうる伝統がどこかにないのだろうか。

非西洋的な哲学伝統

ここで、大胆なステップを踏む必要がある。提示すべきことの核心へわれわれを誘うステップである。われわれの視界を広げ、経験に対する反省の非西洋的な伝統を網羅すべきなのだ。西欧哲学が科学や芸術のような他の文化活動に関してもはや特権的ないし根元的な位置を占めていないとすれば、哲学とその人間経験に対する重要性に関して評価するときも、異なる文化における哲学の役割を検討することが求められる。われわれの文化で認知科学が哲学者(および一般大衆)に多大な興奮をもたらしたのは、その伝統を新しい視点でとらえることを可能にしたからである。科学と哲学の間に厳密な区別がないという考えを支持すれば、デカルト、ロック、ライプニッツ、ヒューム、カントおよびフッサールのような哲学者には認知科学の祖という新しい意義が付与される(または、ジェリー・フォーダーが述べているように「知の歴史では、あらゆることが二度起こる：最初は哲学として、次は認知科学として」)。このことはまたわれわれに馴染みの薄い哲学伝統を支持する論拠でもあるのではないか。

本書では、そのような伝統、つまり「三昧」と呼ばれる、瞑想経験を検証する仏教徒の方法に由来する伝統に注目する。この方法から発展した無我・無自己(no-self)および非二元論(nondualism)という仏教の教理は、認知科学との対話において有意義に貢献するはずだ：(1)認知主義とコネクショニズムに描かれる自己の断片化を理解することに無自己の教理が貢献すること。(2)仏教の非二元論、特にナーガールジュナの中観派(文字通り「中道」を意味する)哲学が、メルロ=ポンティの間、および認知を行為からの産出とみるより最近の考え方と並置しうること。★06

アジアの哲学、特に仏教伝統の再発見こそ、ヨーロッパ・ルネサンス期におけるギリシャ思想の再発見と同じくらい重要である可能性を秘めた、西洋文化史における第二のルネサンスであるとわれわれは考えている。インドとギリシャはインド=ヨーロッパ語族の言語遺産並びに多くの文化/哲学的な対象物を共有しているのだから、西洋哲学史がインド思想を看過してきたのは作為的でさえある。★07

しかしながら、われわれの関心にはより重要な理由がある。インドの伝統では、哲学は決して純抽象的な営みにはならなかった。それは、悟ることの特別な訓練法（様々な瞑想法）と結びついてきた（伝統的な言い廻しをすれば「くびきでつながれていた」）。特に、仏教の伝統では、三昧の方法が根元的と考えられた。三昧とは、身体としてある日々の経験に心が存在していることを意味する。すなわち、三昧とは、心に関する理論や先入観から、そして抽象的な態度から、経験そのものの状況へ心を戻して導くためのものである。[★08] さらに、現代のコンテクストで同じくらい興味深いのは、この伝統から発展した心に関する記述や注釈が生きたことばの使い方から決して離反しなかったことである。つまり、個人や個人間において心をいかに扱うべきかを導くように意図され、身体と共同体にあって認められていたのである。

西洋社会にいるわれわれは、完全に具現化された諸相において仏教を研究する理想的な立場にいる。第一に、グローバル化の潮流と非西洋伝統の影響力の増大により、西欧における「宗教」の明示や描写そのものが文化上の産物であり、文字通りに受け取れば、他の伝統に関するわれわれの理解をひどく妨げる危険性があると評価できるようになったこと。この二〇年間で、仏教が現実に西欧諸国に根を下ろし、生きた伝統として開花し始めたこと。われわれは、仏教がとってきた多くの文化的に多様な形態が同一の地域へ移植され、お互いに、そして受入元の文化と相互に作用しているという歴史的に独特な状況に浴しているのである。例えば、北米とヨーロッパのある大都市には、歩いて行ける距離のなかに、世界の主要な仏教、東南アジアの小乗仏教伝統、ベトナム、中国、朝鮮、日本の大乗仏教、およびチベットの金剛乗のすべてを代表するセンターがある。ある特定の移入民族の宗教組織を代表するセンターもあるが、伝統的に認定された導師の下で仏教の形態を実践し、研究している西欧人から構成されるものも多い。彼らは、現代西欧世界の社会文化的コンテクストにおいて、個人的ないし共同体として、自らを結びつけている仏教の特定の教義がいかに行動化されるかについて身をもって体験しているのである。

こういった要因は、関心のある個人、学者、社会科学／認知科学のいずれによるものであれ、現代の仏教研究にとって恵みである。ルネサンス期にギリシャ思想が初めて導入されたことと異なり、仏教の修行や思想に関する知識は、ごくわずかな断片的、歴史的な解釈学的に孤立した教典の解釈に依存しているわけではない。われわれは、どんな教典が実際に教材とされているか、それらがどう解釈され、利用されているか、そして、仏教の瞑想、修行および明確な教えがこれら発展途上の仏教共同体の生きた慣習においていかに浸透しているかを観察することができる。以下の叙述では、学術研究だけでなく、こういったありのままの教訓もわれわれの拠り所とする。

三昧（マインドフルネス）／覚（アウェアネス）の方法を用いた経験の検討

仏教徒にも非仏教徒にも、身体と心に関する多くの人的活動がある。現代のアメリカで「瞑想」ということばが一般に使用される場合、明確に異なる通俗的な意味がいくつかある。★09（1）意識がただ一つの対象に向けられている集中した状態。（2）心理学的、医学的に有益である弛緩した状態。（3）忘我《トランス》現象が起こりうる解離した状態。（4）より高次の実在または宗教対象が体験される神秘的な状態。これらはすべて意識の変化した状態であり、瞑想者は普段の定常的、非集中的、非弛緩的、非解離的でより低次の実在から逃れるためのことを実行しているわけである。

仏教徒の三昧／覚修行は、上記のものと反するように意図されている。三昧になること、自分の心が何かをするときに何をしているのかを経験すること、自分の心とともに存在することがその目的なのだ。このことが認知科学とどう関連してくるのだろうか。認知科学が人間経験を包含すべきであるとすれば、それは人間経験とは何であるかを探究して知るための方法を具備しなくてはならない、とわれわれは考える。仏教徒の伝統である三昧瞑想に注目するのはこの理由からである。

三昧瞑想法の意味を把握するには、人々が普段はいかに三昧ではないかをまず理解しなければならない。通常、ふらふらする心の性癖に気づくのは、ある心的作業を達成しようとしているときにそのふらつきが邪魔になるときぐらいである。あるいはそれに気づくこともないまま、予期された楽しい活動が終了したことを知るときもあろう。実は、身体と心が緊密に調整されているときはほとんどない。したがって、仏教的な意味では、われわれは存在していないのである。

心はいかにしてそれ自身を知るための道具となりうるのか。心の気紛れ、非存在(nonpresence)はいかにして制御しうるのか。伝統的に、経典は二つの訓練ステージについて語っている：心を鎮めるかまたは抑えること(サンスクリット語：shamatha［止］)および、洞察を深めること(サンスクリット語：vipashyama［観］)である。★10 止(shamatha)は、独立した訓練として用いられるとき、単一の対象へ心を固定する(伝統的な用語では

「つなぎとめる」）ことを体得する精神集中の技術のことである。そのような集中は、最終的には至福の無我状態へつながるのだろうが、そのような状態は、仏教心理学のなかにずっと分類されてきたものの、必ずしも全面的に推奨されたわけではない。仏教において心を鎮める目的は、没我状態になることではなく、心がそれ自身の本性と機能への洞察を得られるように、一体化するためなのである（この目的については多くの伝統的な喩えがある。例えば、暗い洞窟の壁に描かれた絵が見えるようになるには、風から護られた十分な明かりが必要だ、といった喩え）。今日のほとんどの仏教学派は、止も観も別々の技術として訓練せず、心を鎮めて洞察する機能を単一の瞑想技術へ合体させている（このことに由来する用語上の混乱については、付録Aで解消して欲しい）。ここでは、このタイプの瞑想を、経験上の呼称により、三昧／覚瞑想と呼ぼう。

以下に続く三昧／覚瞑想の記述は、伝統的な導師の著作と口述内容、および今日の主要な仏教伝統の宗徒との面談や討論に基づいている。典型的には、三昧／覚は、定まった時間だけ端座瞑想することによって訓練される。そのような時間をすごす目的は、状態を最小限に単純化することにある。身体は真直ぐな姿勢をとり、じっと動かさない。ある単純な対象、しばしば呼吸が注意の焦点として利用される。瞑想者は、自分の心が三昧になく彷徨っていることを悟るたびに、その方向を非判断的に認知し（これに対しては様々な指導法がある）、その対象へ心を引き戻さなければならない。

呼吸は、最も単純で基本的な不断の身体運動の一つであるが、瞑想の初心者は、かくもありきたりのことで三昧になることがいかに難しいか驚かされるものだ。瞑想者は、心と身体が協調していないことに気づく。身体は座していても、雑念、感情、一人会話、白昼夢、幻想、眠気、意見、理論、思考や感情に関する判断、判断に関する判断に心が絶えず襲われるからだ。これは、自分のやっていることを思い出すわずかな時間を除けば、瞑想者が気づくことさえなく起こっている支離滅裂な心的事象の奔流なのである。呼吸に三昧になろうとしても、むしろ呼吸について考えてしまっていることに気づくかもしれない。

最終的に、瞑想者がわかり始めるのは、存在していることと存在していないこととの間に実際に違いがあるということである。日常生活では、自分たちが存在していないと気づく瞬間と、呼吸ではない進行中の何かに没入して存在している瞬間が交錯する。したがって、三昧瞑想の第一の大発見は、心の本性への洞察を深めることではなく、人間が普段はその存在そのものからいかに分断されているかを痛切に悟ることなのである。歩くこと、食べること、会話すること、運転すること、読むこと、待つこと、考えること、セックスすること、計画すること、庭をいじること、飲むこと、思い出すこと、セラピストのところへ行くこと、書くこと、転寝すること、感情を露にすること、観光することなど、日常活動のごく単純なことや楽しいことのすべてが漠とした抽象的な感想のなかですぐに過ぎ去り、心は次の心的作業へ急いでゆく。瞑想者には、ハイデガーとメルロ=ポンティが科学と哲学に帰したこの抽象的な態度が実は三昧でないときの日常生活の態度に他ならないことに気づくものだ。この抽象的な態度は、さしずめ習慣と先入観が詰まった宇宙服であり、人間をその経験から常習的に離している甲冑なのである。

三昧/覚瞑想の視点からみると、人間はこの抽象的な態度にずっと囚われているわけではない。心が身体から離れてしまうこと、覚の経験から離れてしまうことは習慣の産物なのであり、こういった習慣は断ち切ることができるからだ。とりとめない思考の流れを幾度も中断し、その呼吸または日常活動とともに存在しようと努めるにつれて、瞑想者の心は徐々に鎮まろうとする。落ち着かない心をそのものとして受け入れ、そこで自然と我を忘れるのではなく、それに辛抱することができるようになる。瞑想者は、果てはより広範囲の視界が得られるという。これが覚と呼ばれるときである。呼吸は、もはや焦点として必要とされない。ある伝承的な喩えでは、三昧が文章の一つ一つのことばであるとすれば、覚は文章全体を包含する文法である。また、経験の広がりと心の広大さを感じる瞬間があるという。この経験に対する伝承的な喩えは、心を空(非概念的な背景)とし、そこに雲のような様々な心的内容物が現れては消えるとしている。広大な覚と広がりの体験は、三昧/覚瞑想からの自然の所産である。なぜなら、教理の意義によって奨励されている仏教伝統の瞑想者だけでなく、奨励されないので特定の対抗手段が適用される(ある小乗仏教一派の)伝統の瞑想者にもその体験が起こり始めるからである。そのような伝統では、三昧をきわめることに修行が集中している。

三昧/覚はどうすれば上達するのか。これについては二つの伝統的なアプローチがある。第一は、よい習慣を磨くことである。三昧という心的事実は、困難な作業を倦むことなく続けられる筋肉を鍛えるように強化できるのだ。他のアプローチでは、三昧/覚を心の基本的な性質の一部と考える。つまり、それは本来心の自然な状態であるのに、執着(grasping)と錯覚の常習によって一次的に曇らされている。抑えの効かない心は、その終わりなき運動において、絶えずある安定点をつかもうとして、あたかも固い地盤であるかのように思考、感情、および概念にしがみつこうとする。こういった習慣をすべて切り離し、心を解き放つ態度を体得するにつれ、それ自身を知り、それ自身の体験を反省する心本来の特徴が外へ輝くようになる。これが知恵または成熟(prajna：叡智)の始まりなのだ。

重要なのは、そのような成熟が抽象的な態度をとることではないと知ることである。仏教の導師にしばしば指摘されるように、知識とは、叡智の意味において、何かに「ついての」知識なのではない。経験そのものから離れていながら経験について知っているという抽象的な知者はいない。導師がしばしば口にすることは、自らの経験とともにある人間になることである。ならば、この叡智には何があって、そこから何が得られるのか。

経験の分析における反省の役割

三昧／覚修行から通常の経験がより身近になるとすれば、反省の役割はどうなりうるのか。仏教に対する通俗的なイメージの一つは、知性が破壊されているものである。しかし、実は、あらゆる仏教学派で主要な役割を担っているのが学究と黙考なのだ。禅導師の通俗イメージで誇張されているなすがままの振舞は、学びの形式として反省を用いることと矛盾しない。これはどうして可能なのか。

この問いは、三昧／覚瞑想、現象学および認知科学に関連した方法論上の核心を突いている。ここで提案したいのは、抽象的で身体と一体化していない活動から、身体としてある(三昧)、広い解釈が可能な(開かれた)反省へと反省の性質を変化させることである。ここで、「身体としてある」とは、身体と心が一体化した反省を意味する。この論述が伝えようとすることは、反省が単に経験に「ついての」ものではなく、経験そのものの形式「である」ということ、および経験の反省形式が三昧／覚を用いて実践しうるということなのだ。そのように反省は、現在の生活空間にある表象の束縛を超える境地に開かれた反省となりうるので、常習的な思考パターンや先入観の鎖を断ち切ることが可能になる。この形式の反省を「三昧／開かれた反省」と呼ぼう。

西洋の科学者／哲学者の通常の訓練や実践では、明らかに違うように進めてゆく。「心とは何か」「身体とは何か」と問い掛けて、理論的に反省し、科学的に研究するものだ。この方法からは、様々な様相の認知能力に関する多種多様な主張、実験、結果が生じる。しかし、こういった探究のなかでは、この質問をしているのは誰なのか、それがいかに問われているのかといったことがしばしば忘却されている。反省のなかに自分自身を含めないことにより、部分的な反省しか探究されず、われわれの問いが身体としてあることはない。つまり、哲学者のトーマス・ナーゲルのことばによると、「出所の知れぬ見解」を表明する試みとなるのだ。皮肉なことに、ごく特殊で、理論的に縛られ、先入観にとらわれた見解をもってしまうのは、身体化していない、出所の知れぬ見解をもとうとするからなのである。

フッサール以後の現象学的伝統は、この自己を含む反省が不足していることにひどく不満を呈したが、経験に「ついての」理論的な反省の試みしか提供できなかった。もう一つの極端は、自己を含みはするものの、素朴で主観的な衝動性を優先して反省を完全に棄却することである。三昧／覚はこれらのいずれでもない。われわれが基本的に身体としてあることを直に研究対象として表現するからである。

反省の理論と三昧の伝統の違いがある実地問題、いわゆる心身問題でどう現れるかをみてみよう。デカルト以後の西洋哲学を導いてきた問いに、身体と心が一つなのか、それとも二つの異なる実体（性質、記述レベルなど）なのか、および両者の存在論上の関係はどうなのか、ということがある。すでにみてきたように、三昧／覚瞑想では、単純かつ経験的な実践的アプローチがとられる。われわれの身体から心が離れること、心がふらつくこと、自分がどこにいて自分の身体や心が何をしているかさえ気づかない場合があることは、経験が教えることである。しかし、この三昧にない状態の習慣は、変えることができる。身体と心は一体化できる。身体と心が完全に協調している習慣を発達させることができるのだ。その専門技術の成果は、瞑想者自身に知られているだけでなく、他者にもわかる。完全な覚の状態によって活力を吹き込まれている挙動は、その正確さと優美さで容易にそれと認識されるのである。そのような三昧境は、運動選手やミュージシャンといった熟練者の所作に匹敵しうる。

自らを考えるものとしたデカルトの結論は、身体化していない、三昧状態にない反省という特殊な思考習慣のもたらした問いの所産だったのではないか。フッサールの現象学は、革新的なやり方で経験を包含したものの、思考の本質的な構造だけを反省することによってこの伝統に続いた。そして、最近になって、この「コギト」（cogito：思惟）の視点を批判ないし「脱構築」することが流行《はや》りになってきたが、哲学者たちは依然として、その原因となる基本的な「慣習」から脱してはいないのである。

理論的な反省が三昧状態になく身体としてないものである必要はない。アプローチの基調は、心身関係ないし様態は単に固定ないし規定されているのではなく、根元的に変えられる、ということである。

この確信が明白に正しいことは誰もが認めるだろう。西洋哲学はこの真理を否定するというより無視しているのである。

この論点の拡張：三昧全般に関する場合と同じように、身体としてある反省の発達について語るには二つの方法がある。第一の方法（初歩的アプローチ）は、あるスキルの発達に喩えられる。例えばフルートを吹くことに喩えれば、まず直接指導か図面で基本的な指づかいを学ぶ。次いで、様々に複合した音符で何度も練習し、基本技術が体得される。心が意図することと身体の動きの関係は、はじめはまったく未発達である。どうすべきか頭でわかっていても、身体が思い通りにならない。訓練するにつれて、意図と行為の結びつきが強まり、最終的に両者の違和感はほとんど消失する。現象論的には、純粋に心的にも純粋に身体的にも感じない状態に達するのである。むしろ、心と身体の特別な統一体のようなものである。そして、完成された演奏家の多様性にみられるように、当然ながら多くの演奏レベルが可能になる。

こうした例には思わず引き込まれるし、三昧が初心者には瞑想のある技能上達のように聞こえるかもしれないが、こういった用語だけでこのプロセスを記述することは誤解を招きかねない。世界中の瞑想伝統によれば、特殊技術を上達させ、宗教、哲学または瞑想の達人になることが瞑想訓練であると考えるのは、自己欺瞞に陥ることであって、実は望ましくない方向であるとされている。特に、三昧／覚の上達に関する訓練は、瞑想名人になる（より高次の、より進んだ精神性を発達させる）ための訓練として決して説明されず、むしろ、三昧の習慣を解き放つこととして、つまり体得ではなく「脱」体得として説明されるのである。この脱体得には努力と訓練が必要だろうが、それは何か新しいことを獲得するのとは異なる意味の努力である。瞑想者の心が固まったり移ろったりして、三昧／覚から最もかけ離れてしまうのは、まさに彼／彼女が最大の野心、決断と努力により新しい技術を獲得しようとする野心をもって三昧の上達に励むときなのだ。三昧／覚瞑想の伝統が努力しない努力について語り、弦楽器を演奏することでなく、調音すること（弦は絞めすぎても、緩めすぎてもいけない）の喩えを瞑想に使うのはこのためである。最終的に三昧瞑想者がある特殊な活動状態を達成することに拘泥せずに、心を解放することを始めると、身体と心が自然に調整され、身体としてあるようになる。このとき三昧の反省が完全に自然な活動となる。技術とその解放を識別することの大切さは以下の展開でさらに明らかになるだろう。

まとめると、心身問題が抽象的な反省の中心主題となったのは、われわれの文化における反省が身体生活から切り離されたためである。デカルトの二元論は、この問題の解というより、この問題を形にしたものなのだ。きわだって心的であるとみなされている反省をいかにして身体生活と連結するか。認知科学の発展により、この問題に関する議論は今日きわめて精緻化されたものの、二つの一見別々なものがどう関連しているのかを探究する本質的にデカルト流の問題提起から脱してはいない（心や身体が実体なのか、性質なのかまたは単に記述レベルなのかということは、この議論の基本構造にとってほとんど重要ではない）。

三昧や開かれた反省の視点からみれば、心身問題は「経験を度外視した身体と心の存在論的関係」を問うものである必要はなく、むしろ「現実の経験における身体と心の関係（三昧の側面）」や「こういった関係はいかに発展するのか。それはどんな形態をとりうるのか（開かれた側面）」の探究となろう。日本の哲学者、湯浅泰雄が述べているように、「出発点となるのは心身の様態が〈修行〉または〈稽古〉による心身の訓練を経て変化するという経験的な仮説である。この経験的な基盤に立脚してはじめて心と身体の関係が何であるかが問われる。つまり、心身問題は理論的な思索なのではなく、心と身体全体を動員すべき現実的な〈体験〉なのである。理論的な事柄はこの体験に関する反省でしかない」[★11]。

気づかれるかもしれないが、この視点は、現代に甦りつつあるプラグマティズム哲学の見方と共鳴している[★12]。心身の関係は、それがなしうることにより理解されるのである。哲学や科学において、より抽象的な態度をとれば、身体とは何か、そして心とは何かを個別にかつ抽象的に十分決定してからでないと、心身の関係に関する問いに答えられない。しかし、実践的で開かれた反省では、こういった問いかけが「心と体を動員すべきこと」から離れないし、「心とは何か」という問いが身体としてあることから離れはしない。質問に関する反省のなかに、質問している当事者と、問うプロセスそのものを包含すること（根元的な循環性について想起すること）を含めるとき、その問いには新たな生命と意味が授かるのである。

多分、実践的で開かれた見方に最も近い、西洋人に馴染みの学問は、精神分析であろう。印象深いのは精神分析の理論内容ではなく、むしろその発想にある。つまり、自己が深く関わっている表象のもつれが精神分析を介してゆっくりと解きほぐされるにつれて、心と分析を受けている被験者という概念そのものが変化すると理解されている点である。しかしながら、これまでの精神分析法には、反省の三昧／覚の要素が欠如しているとわれわれは考えている。

実験と経験分析

科学においてプラグマティズムと緊密に結びついているのは実験の方法である。ウマが何本の歯をもっているかを知りたければ、その歯を数えればよい。より凝った仮説は、演繹的推論によって理論的に観測結果が導かれる。そのような実験の哲学理論は、これまで知識に関する客観主義的な、身体と一体化していない見方と結びついてきたが、必ずしもそうである必要はない。

三昧／覚瞑想は、心の本質や振舞についての発見をする実験、身体としてある開かれた実験の一種と考えられるだろうか。すでに述べたように、三昧／覚瞑想は、ある特定の状態(精神集中、リラックス、トランス、神秘体験の訓練など)に到達することを目的として始まるものではない。むしろ、三昧であること、心を自然のなりゆきにまかせることが目標なのである。このように心を解放することにより、機敏で用心深い心の自然な活動が明らかになるのだ。

仏教の教理とは、自然にみることができるようになった心がつかむ観察事実そのものである、といわれる。事実、仏教の主張(自己の欠如、経験の縁起など)は、信条とか教理というより発見であると導師はみている。仏教を学ぶものはそのような主張を疑うように導かれるべきだし、自ら疑うべし、要は信条として鵜呑みにするのではなく自らの経験において直に検証すべし、と彼らは常々言っている(もちろん、弟子たちが常軌を逸した答えに到達すれば、通常の科学教育と同じように、もう一度見直すように導かれるだろうが)。

三昧／覚が経験の本性を発見する手段となるという主張には反論が二つ可能である。第一に、瞑想によって得られる知識といわゆる内観という活動との関連性についての疑問である。一九世紀の心理学者、ウィルヘルム・ブントによって広められた心理学の一派としての内観主義は、実験心理学の基礎を結局は提供しえなかった。内観主義的な方法により産出された結果が内観を実施した実験室の間でまったく一致しなかったのだ。まさに科学のアンチテーゼである。しかし、この方法で内観と呼ばれたものは何か。各実験室は、経験がある種の要素に分解でき、被験者が自らの経験をそのように分解するように訓練されるという理論とともに開始した。被験者は、自分自身の体験を外部の観察者の視点でみることを求められた。これは日常生活における内観としてわれわれが普通考えるものであり、まさにメルロ＝ポンティとハイデガーが科学者や哲学者の抽象的な態度と呼んだものの本質である。三昧の瞑想者ならば、内観主義者は実は心のことをまったく覚知していない、その思考について考えているにすぎない、と言うだろう。そのような活動は、人が心についてどんな先入観を抱いているかを示すくらいの役にしか立ちそうになく、実験室ごとに食い違ったのも当然である。三昧／覚瞑想があるのは、そのような内観の姿勢を断ち切るためである。

心を本来の場所で観察する方法としての三昧／覚に対して提起される第二の反論は、瞑想し三昧に覚知することによって、世界における正常な存在様式、活発な関与、そして世界が独立した実体であるとする当然の感覚を壊すのではないか、というものだ。正常な存在様式が壊されているのに、三昧は何を教えてくれるのか、と。この問いは、抽象的な態度を前提としている。活発な関与なるものを想定した上で、それが壊されるかどうかを、知識に関する何らかの独立した抽象的な視点から認知しうるかのように述べているからだ。世界へ活発に関与する正常な様式についてハイデガーとメルロ＝ポンティが知りえたとすれば、仏教が示唆する自然な三昧しかないだろう（メルロ＝ポンティは『知覚の現象学』の序文において、自らそのように述べている）。三昧を壊すのは無明（自らの行ないを自覚せず、三昧になれないこと）なのである。この意味において、観察は観察されているものを変化させるが、それが開かれた反省の意味することの一部となるのだ。

結論。直接体験を含むように認知科学を広げるために、人間経験に関する秩序だったパースペクティブをもつことが必要であるが、それは、三昧／覚瞑想としてすでに存在している。三昧／覚の実践、現象論哲学、および科学は、いずれもわれわれ人間が身体としてあることを表現するための人間的な活動である。当然ながら、仏教の教理、西欧の現象学、および科学は、多くの教義論争や対立仮説をそれぞれ継ぐものである。しかしながら、それぞれは実験法としては誰にも開かれていて、他の方法それぞれと比較して検証されうる。われわれは、三昧／覚瞑想が認知科学と人間経験との自然の架け橋を提供しうると信じている。特に印象深いのは、仏教教理、現象学および認知科学の主要テーマ「自己および主体と客体との関係に関するテーマ」のいくつかに収斂性が発見されたことであり、われわれの探究が次に向かうのもこのテーマなのである。

第2部

認知主義の多様性

Varieties of Cognitivism

第3章

記号：認知主義の仮説

不確かな基礎

認知科学と人間経験に関するわれわれの探究は、本章では、認知主義（第1章の概念図の中心）とサイバネティクス時代における認知科学の史的起源に関する検討から始まる。第2部では、今日の認知主義的な心の考え方に自ずと対抗することになる、三昧／覚の伝統によってなされる心の分析を提供する。本章では認知科学者のパースペクティブを示し、次章では三昧／覚によって到達しうる、ある点で類似した結論について論じよう。

まず、今日の認知主義の史的ルーツに注目しよう。この小史の検討が必要なのは、過去を無視する学問は、必ず誤りを繰り返し将来を展望できないからである。無論、包括的な歴史を意図したものではな

く、本書に直接関連する問題に触れるだけの考察であるが。★01

事実、今日の論争の渦中にあるほとんどすべての主張は、一九四三〜五三年の認知科学の形成期にすでになされていた。歴史の示すところによると、これらの主張は深遠で、探究するのが難しい。自分たちの関心が新しい学問になりうることをよく知っていた「建国の父」は、この学問に「サイバネティクス」という洗礼名を施した。この名称は、最近はもう使われないので、今日の認知科学者の多くはその家柄が近いことに気づきもしないだろう。この認識不足は致し方ない。そこには、明確な認知主義に則った学問として確立させるために、錯綜してはいたものの、成長と発展の可能性を秘めていたルーツから、その後の認知科学が袂を分かたねばならなかった事情が反映されているのである。そのような断絶は科学史に珍しくはない。探索的な段階から十分に発達した研究プログラムへ、ぼんやりした雲から光り輝く結晶へ変身するときの代償なのだ。

サイバネティクス期の認知科学からは驚くべき具体的な成果が次々ともたらされ、長期的な(しばしば潜行した)影響力も及ぼした・・

▼数学的な論理を利用した神経系機能の理解
▼情報処理装置(例、デジタル・コンピュータ)の発明と人工知能の基礎づけ
▼システム理論というメタ学問の確立[これは、工学(システム分析、制御理論)、生物学(調節生理学、生態学)、社会科学(家族療法、構造人類学、経営学、都市研究)および経済学(ゲーム理論)といった多岐にわたる学問分

野に痕跡を残した」

▼シグナル／コミュニケーション・チャンネルの統計理論としての情報理論

▼自己組織化システムの最初の事例

実に印象深いリストであり、上記の概念やツールの多くが今日の生活に組込まれていると考えたくなる。それらはいずれもこの形成期の一〇年間より以前には存在していなかったのであり、様々な学問背景をもった人々の熱心な交流から生まれたのだった。したがって、この時代の研究は、著しく成功した学際的な営為の独特な成果なのである。

このサイバネティクス運動が公然と意図していたことは、心の科学の創出であった。この運動の指導者たちの眼には、心的現象の研究が心理学者や哲学者の手に余りに長いこと握られてきたと映ったのである。これらサイバネティクス研究者たちは、心的現象の根底にあるプロセスを明確な機序と数学の形式主義で表現することを天命と感じていた。

この思考形式（およびその重要な帰結）を最もわかりやすく伝える例は、ワレン・マカロックとウォルター・ピッツが著わした有望な論文、『神経活動に内在する着想の論理計算』（一九四三年）である。この論文には、二つの重要な跳躍があった。第一は、論理学こそが脳および心的活動を理解するのに適した学問であるという提唱。第二は、脳こそがニューロンという構成要素において論理的な原理を体現する装置であるという主張。各ニューロンは、活性か不活性かの閾値がある装置とみられた。そのような単純なニューロンが互いに連結し、その相互連結により、脳全体が推論機械のような論理作業を担うのだ、と。デジタル・コンピュータの発明を導いたのもこのような着想である。当時はマカロック＝ピッツ式ニューロンとして(今日のシリコンチップではなく)真空管が用いられはしたが、現代のコンピュータは、当時と相も変らぬフォン・ノイマン・アーキテクチャー(パーソナル・コンピュータの登場で知名度をあげた)に基づいて組み立てられている。この主要な技術革新はまた、心の科学的研究に対する支配的アプローチの基礎にもなったが、それは次世代の認知主義的パラダイムとして結実することになる。

ワレン・マカロックは、誰にもましてこの形成期の希望や論争を代弁する典型的人物である。『心の身体化』という論文集からわかるように、マカロックは、しばしば詩的で予言的なトーンを発した、神秘的で逆説的な人物であった。その影響力は晩年にいたって衰えたようだが、マカロックによって具現化された、哲学的、経験的、数学的研究の統合化こそが次代の研究を生む最良の手段なのではと認知科学界が気づくにつれて、彼の遺したものは再評価されつつある。自ら企てていたことを、彼は好んで「実験的認識論」と呼んだ(今日では受けそうもない表現だ)。この一九四〇年代にスイスの心理学者、ジャン・ピアジェがその影響力ある研究を「遺伝的認識論」と表現し、オーストリアの動物学者、コンラート・ローレンツの論じていたのが「進化的認識論」であるということは、観念史において注目される同時性の一つである。

もちろん、この草創期の一〇年は以上にとどまらない。例えば、脳の働きを理解するのに、脳の分散した特性を無視する論理学だけで十分なのかをめぐる広汎な論争もあった(この論争は今日も終わっていない。

認知の研究における「説明レベル」の問題に関連づけて、後で詳細に考察する）。他のモデルや理論も提起されたが、そのほとんどは、認知科学における重要な代替手段として一九七〇年代に復活するまで日の目を見なかった。

一九五三年までに、サイバネティクス運動の主役たちはその初期の連帯性と活力とは裏腹に、お互いに離反し、やがてその多くは間もなく消滅した。存続したのは、心を論理計算とみる着想である。

認知主義仮説の定義

一九四三年をサイバネティクス誕生の年とすれば、認知主義が産声を上げたのは一九五六年である。この年、ケンブリッジとダートマスで開催された二つの学会で、やがて現代認知科学の主要ガイドラインとなる着想の諸説（ハーバート・サイモン、ノーム・チョムスキー、マービン・ミンスキーおよびジョン・マッカシー）が公表されたからだ。[★02]

認知科学の背後にある中心的な直観は、知能（人間の知能も含む）はその本質的な特徴において計算（computation）に似ているので、認知は記号的表象（symbolic representations）の計算として定義されうる、というものだ。先の一〇年間に築かれた基盤がなければ、この方向性が現れなかったのは明らかである。主な違いは、多くの原案の一つが完全な仮説へ昇格したことである。そこには、社会科学／生物科学がその雑多な複雑さとともに幅をきかせていた、広汎で、探索的かつ学際的なルーツから離別してその境界領域を明確に設定しようとする強い願望があった。

認知が計算として定義されうるとは正確にどういうことなのか。第一章で触れたように、計算とは記号(表すものを表象する要素)に基づいて実行または遂行される操作である。ここで肝腎なのは、表象または「志向性」、つまり哲学者の謂う「何かについてのこと(aboutness)」という概念である。認知主義の考えでは、知的活動は世界をあるやり方として表象する能力を前提とし、あるエージェントはその状況に関連した特徴を表象することによって行動していると仮定して、認知行動を説明する。状況の表象が正確であるほど(他のことがすべて同じであれば)、その行動はうまくいく。

この表象なる概念そのものは、少なくとも行動主義の終焉以来、さして論議されていない。論議の的になっているのはその先の主張、つまり知能や志向性を説明するには、認知とは脳や機械の表象コードとして物理的に現れる表象に基づいて行動することであるという認知主義者の仮定なのである。

認知主義者によると、解明すべき問題は、志向的・表象的な状態(信念、欲望、意図など)の原因を行動主体が受けている物理的変化といかに関連づけるか、なのである。換言すると、志向的な状態に因果特性があると主張したければ、それらの状態が物理的にいかに可能であるかだけでなく、それがどうやって行動をもたらすのかを示さなければならないのだ。ここで登場するのが「記号計算」という概念である。記号《シンボル》は物理的であると同時に意味価値を有する。計算とは、意味価値にかかわり束縛される記号に基づいた操作である。換言すれば、計算とは根元的に意味論的・表象的であるのだから、記号的表現の意味論的な関係に言及しなければ、(記号に対する無作為的ないし恣意的な操作ではない)計算という考え方を理解しえないのである（これが「表象なくして計算なし」という一般標語の含意である）。しかしながら、デジタル・コンピュータは、記号の物理的な形態だけに基づいて計算するのであり、その意味価値にはかかわらない。それでも意味論上の束縛を受けるのは、プログラムに関連したあらゆる意味論上の差違がプログラマーによる記号言語の構文論《シンタクス》にコード化されてきたからである。コンピュータでは、シンタクスが（原因となる）意味論《セマンティクス》を映しだし、相応関係にあるわけである。知能や志向性（意味論）が物理的・機械的にいかに可能であるかはこの相応性により示される、と認知主義者は主張する。コンピュータは思考の機械的モデルであり、思考は物理的・記号的な計算である、と。こうして認知科学はそのような認知的・物理的な記号・システムの研究に勤しむわけである。★03

この仮説を正しく理解するには、それが提唱されているレベルを深く知らなければならない。認知主義者は、誰かの頭を開いて脳を覗いてみれば小さな記号が操作されていることがわかる、などと主張してはいない。記号のレベルが物理的に実現されるとしても、物質レベルには還元されないからだ。この点は、同じ記号が多様な物理形態として実現されることを想定すれば直観的に明らかである。この還元不能性の故に、記号的表現に物理レベルで対応するものが脳の活動の全体的かつ高度に分布したパターンとなることは十分ありうる（この考え方については後に再考する）。ここで強調すべきは、認知主義が認知の説明において、物理学や神経生物学のレベルに加えて別個の還元不能な記号レベルを仮定していることである。さらに、記号は意味項目なので、認知主義者はまた第三の明らかに意味論的・表象的なレベルをも仮定しているわけだ（同一の意味価値が数多くの記号形式において理解されうることを想起すれば、このレベルの

還元不能性も直観的に明らかである)。★04

このように多レベルの概念で科学的に解釈することはごく最近のことであり、認知科学の主たる革新の一つではある。この革新がはじめて論述されたのは広汎な科学的着想としてのサイバネティクスの時代に遡るが、認知主義者たちはそれをさらに緻密かつ哲学的に表現することに大いに貢献してきた。この着想を心に留めていただきたいのは、これに関連して目下論議の的になっている「創発」(emergence)の概念を論じるときに、この着想に新たな意味が加わるからである。

また、認知主義者の仮説が構文論《シンタクス》と意味論《セマンティクス》との関連性について非常に強い主張を内包することにも気づかれるはずだ。すでに述べたように、コンピュータ・プログラムでは象徴コードのシンタクスがその意味を反映ないしコード化する。人間の言語では、行動の説明に関連した意味上の差違が構文的に反映されうるかは、決してはっきりしていない。実際、この考え方は、多くの哲学的議論により反証されている。★05さらに、コンピュータ計算の意味レベルの由来(プログラマーによる)をわれわれは知っているが、脳のなかにコード化されていると認知主義者が想定する記号的表現がいかにその意味を有するようになるのかについては皆目わかっていないのである。

本書におけるわれわれの関心は基本的な知覚様態における経験と認知にあるのだから、言語に関する上記の問題に深入りするつもりはない。それを論じる価値があるのは、それが認知主義者の営為の核心にある問題だからである。

したがって、認知主義者の研究プログラムは、以下の根元的な問いかけに対する答えとして要約できる。

問1：認知とは何か？

答え：記号計算としての情報処理の規則に基づいた記号操作である。

問2：それはどう機能するのか？

答え：別個の機能要素である記号を維持して操作しうる装置を介して。このシステムは記号の形態（その物理的属性）とのみ相互作用し、その意味とは作用しない。

問3：認知システムが十分機能しているときをどうやって知るのか？

答え：記号が現実世界のある諸相を正しく表現し、このシステムに与えられた問題が情報処理によりうまく解決されるときである。

認知主義の現れ

人工知能における認知主義

認知主義がどこよりも明瞭に現れているのは、認知主義仮説を文字通り翻案している人工知能（AI）である。何年にもわたり、エキスパート・システム、ロボット工学およびイメージ処理のような多くの興味深い理論上の進歩や技術応用がこの方向性において達成されてきた。一般に広く知られているこれらの成果について、特定の実例を挙げるまでもないだろう。

しかしながら、より広範な含意があるだけに、AIとその認知主義的基盤が日本のICOT第五世代プログラムにおいて劇的な頂点に達したことは注目に値する。戦後はじめての産官学協同の国家プランであり、一九八一年に始まったものだ。このプログラムの核心は、訓練されていないユーザーに作業が提示されたときに、人間の言語を理解してそれ自身のプログラムを書くことができる認知装置にある。このICOTプログラムの核心が述語論理の高レベルプログラム言語であるPROLOGに基づいて知識表現と問題解決のインターフェース系列を開発することにあったことは驚くにあたらない。ICOTプログラムに欧米諸国がすぐさま反応し、これが商業上の関心事や工学上の戦場になっているのは当然である（日本政府がコネクショニスト・モデルに基づいて第六世代型プログラムを一九九〇年に始動させたことも注目に値する）。一つの事例にすぎないが、ICOTプログラムは認知研究における科学と技術の分かちがたさと両者の統合成果を如実に物語るものである。

認知主義者の仮説は、AIに完璧に翻案されている。またこれを補うべく、自然の、生物学的に遂行される認知システム、特に人間の認知システムの研究も進められている。ここでも主要な説明ツールとなってきたのは、計算論的に特徴づけられる表象である。心的表象をある形式システムの出来事とみなし、心の活動がこれらの表象に特徴的な色（信念、欲望、意図など）をもたらすとされる。ここには、AIと異なる自然の認知システムが本当はどのようなものなのかということへの関心があり、その認知表象はそのシステムに「とっての」何か「について」であると仮定されている。つまり、ここで示す意味において志向的であると言われている。

認知主義と脳

もう一つの同じく重要な認知主義の影響は、脳に関する今日の見方を形成した方法である。認知主義の記号レベルは脳に関する多くの諸説と理論的に共存しうるものなのに、実際は、神経生物学のほとんどすべて（およびその莫大な経験的証拠）に認知主義者の情報処理観が充満しており、その起源も前提もほとんど問われることさえない。★06

このアプローチの代表例は、視覚野（視覚イメージが与えられた動物のニューロンの電気応答を容易に検出できる脳領域）に関する優れた研究である。提示される物体の属性（方向性、コントラスト、速さ、色など）に反応する特徴検出器のような皮質ニューロンの分類が可能であることは早くから報じられていた。認知主義者の仮説どおり、これらの結果は、視中枢が網膜からの視覚情報を特徴特異的なニューロンを介してキャッチし、その情報が脳内で転送されて、さらに処理される（概念カテゴリー化、記憶連合、最終行動）という考え方を生物学的に基礎づけるものとされた。

脳に対するこの見解を最も極端な形式で表明しているのは、概念（例えば、おばあさんについて抱いているような概念）や知覚内容と特定ニューロンとの間に一対一対応があるとする、バーロウの「おばあさん細胞」説である（これはＡＩ検出器と標識ラインの対応に等しい）。この極端な見方は今日流行らないが★07、脳が環境特性に選択的に対応する情報処理装置であるという基本的な考え方は、現代神経科学の支配的な核心部分としても、俗説としても残っている。

心理学における認知主義

心を研究する学問であると一般に考えられている心理学は、認知科学と認知主義の先達であるが、そのいずれとも同一の次元にない。認知主義が心理学にもたらした影響についていくらか理解するには、心理学の史的背景について知る必要がある。

すでに、内観主義と三昧瞑想との違いについては述べた。心について調べようと最初に考えるとき、その進め方の可能性は限定されていて、自分自身の心に注目するのは普遍的な戦略の一つである。インドの瞑想伝統によって開発されたこの方法は西洋の心理学では頓挫した。三昧の方法を欠く一九世紀の内観主義者たちは、外部の対象として心を扱おうとして、観察者間の一致について惨憺たる結果を招いた。通約不能な、相反する研究結果へ内観主義が分解したことで、実験心理学には自己知識を心理学における正当な方法とすることへの深刻な不信感が残った。それで内観主義は行動主義の学派に取って代わられたのである。

心の内奥をみることに代わる明白な手段は、外から行動をとらえることである。民間の諺によると、「目は口ほどにものを言う」。身体としてあることを欠いた客観的な科学という二〇世紀初めの実証主義的な時代精神と特に行動主義が共存しえたのは、心理学から心を追放したからである。行動主義によると、生物への刺激《インプット》と行動《アウトプット》についてては客観的に観察できるし、経時的なインプットとアウトプットの合法則的な関係も研究できるが、生物そのもの（その心と生物体）はブラックボックスであり、行動科学によって方法論的にアプローチしえないのである（したがって、ルールも記号も計算もない）。行動主義は一九二〇年代からごく最近まで北米の実験心理学を完全に支配してきた。

行動主義以後の実験認知心理学に変化の徴候が最初に現れたのは一九五〇年代後半である。厳密に言えば依然として実証主義者であったこれら初期の研究者が用いた機略は、タブー視された精神現象の効果を定義して測定する実験手段をみつけることであった。例えば心的イメージである。

心的イメージは、行動主義者にとっては、紛れもなくブラックボックスである。あからさまに観察できないので、それについての観察者間の一致が期待できないからだ。しかしながら、心的イメージの実用効果を明示する方法が徐々に考案された。信号感知テストのとき、被験者にある心的イメージを抱くように指示すると正確性が低下し、さらに、この効果が感覚系に特異的である（視覚イメージは聴覚テストよりも視覚テストにより強く干渉し、逆もまた真である）ことが判明したからだ。そのような実験は、「心象は強力な干渉変数である」と行動主義の専門用語でも心象を正当化する。さらに、心的イメージそのものの振舞に関する実験が始まり、それが知覚イメージのような特性を有することがしばしば示された。すばらしく精巧な実験において、コスリンは、心的視覚イメージがリアルタイムで走査されうることを示し、シェパードとメッツラーは、心的イメージが知覚された視覚イメージと同じようにリアルタイムで回転される様子を示した。他のかつて精神的なものとされた（今日の認知的な）現象に関する研究が、知覚、記憶、言語、問題解決、概念、意思決定の分野で実施され始めた。

心に関するこの新興の実験研究に対し、認知主義はどんな影響をもたらしたのか。興味深いことに、この心理学に対する認知主義の初期の効果はきわめて解放的であった。心をコンピュータに喩えることが、実験仮説を明確に述べたりある理論を単にプログラム化して正当化するために利用されたのである。このプログラムはほとんど完全に認知主義的であった(心理学的プロセスが明解なルール、記号や表象の用語でモデル化されたのだから)が、全体的には、行動主義的な教説の束縛を破り、長いこと抑圧された、心に関する常識的な理解が心理学の手段に加わった。例えば、今日の発達心理言語学では、子どもが言語の語彙や文法を学ぶのは、対連合が強められるからではなく、正確な大人の言語により彼らの認知能力および経験が発達するからである、という考え方が公然と探究されている。動機づけは、何時間もの剥奪状態がもたらすものだけではないと理解されるようになり、今日では目標や計画の認知的な表象のことが論じられている。★08 社会システムは単に複合刺激ではなく、筋書きや社会計画の表象としての心にモデル化されている。人間という情報処理装置は、仮説を検証し、失敗を演じるアマチュア科学者として語られてきた。要するに、ごく一般的だが内実は認知主義的な意味合いの比喩を認知心理学へ導入したことで、常識理論の爆発とコンピュータ・モデルや人間研究の操作主義化が可能になったのである。

一方、厳密な正真正銘の認知主義は、理論を強く束縛するので、概ね哲学的な論争を生じてきた。再び心的イメージの例を取上げてみよう。認知主義では、心的イメージは、他の認知現象と同様に、計算ルールによる記号操作に他ならない。しかし、シェパードとコスリンの実験では、心的イメージが視覚と同じようにリアルタイムで連続的に操作できることが示された。これは、認知主義を論破するのではと思われるが、ピリシンのような一徹な認知主義者は、(行動主義に対してもそうであったように)イメージはより根元的な記号計算の主観的な随伴現象にすぎない、と論じている[★09]。データと認知主義的理論との亀裂に橋を架けようとしたコスリンは、コンピュータ・ディスプレイにイメージを発生させるのと同じルールで心にイメージを発生させるモデルを提唱した。つまり、言語様の作用と絵画様の作用の相互作用から内的な眼が生まれるのだ、と。イメージ研究により心象の知覚との類似性だけは証明されているのだから、次は知覚を明確に説明する必要がある、というのが心象に関するこの論争の今日的な見解である。

認知主義と精神分析

先に述べたが、精神分析理論には、認知科学の発展がほとんど反映されていた。事実、精神分析はその発端において明白に認知主義的であった。フロイトは、フッサールと同じく、ウィーンでのブレンターノ講座に出席し、心に関する表象的かつ志向的な見解を全面的に支持した。フロイトによれば、表象作用や本能の介在さえなければ、行動に影響を及ぼすものは何もない。「本能というものは決して意識の対象になりえない、なりうるのは本能を表象するイデアだけである。さらに、無意識にあってさえ、本能を表象しうるのはこのイデアしかない」。このフレームワークにおけるフロイトの大発見は、必ずしもすべての表象が意識されるわけではない、ということであった。その一方で、彼は、無意識が意識と異なる記号体系に基づいて機能する可能性があるとしても、完全に記号的、志向的かつ表象的であると信じていたようである。

心的構造やプロセスについてフロイトが述べたことは十分一般的で隠喩的であるので、他の心理学体系へ（意味の失われる余地はあるが）翻案可能であることがわかった。アングローアメリカ世界における一つの極端な例は、フロイトの発見を行動主義に基づいた学習理論へ再理論化したドラードとミラーの熱き論争である。われわれにより関連するのは、アーデリィーが穏便に翻案した認知主義に基づいた情報処理言語の言説である（これはフロイトの元来認知主義的な「形而上学」のためであろう）。例えば、フロイトの抑圧／検閲概念は、認知主義の用語では「不安について許容される説明の判断レベルへ知覚や概念からの情報を適合させること」になった。つまり、この判断基準を上回る不安レベルは、停止処理／アクセスのボックスへ入り、そこから無意識へ戻って遮断される。また、判断基準を下回る不安レベルは前意識から入ることが可能であり、おそらくはさらに意識へ入るだろう。別の判断基準がこの意思決定ツリーに合えば、不安レベルは行動に移るか抑圧されるかのいずれかになる。このような説明はフロイトの無意識のような概念を当時の「科学的」通貨とされるものへ翻案することに確かに役立っている。その一方で、現代ヨーロッパのポストフロイト学派（例、ジャック・ラカン）の多くが決して賛同しておらず、そのような理論化は精神分析の旅の中心となる精神を失わせるものであり、無意識に関する表象といった表象の罠を乗り越えなければならないと論じていることも忘れてはならない。

今日では、フロイトが自己を「脱中心化した」、つまり自己をいくつかの基本的な自己へ分割したと述べるのが流行になっている。フロイトはピリシンほど厳密には認知主義者ではなかった。無意識は意識と同じタイプの表象を有し、そのいずれもが少なくとも理論的には意識になりうるし、事実なってきたと論じたからである。現代の厳密な認知主義は、無意識の処理に関してずっと革新的で排他的な見解を有している。われわれの経験に対する認知主義の意味を論じながらこの問題に注目してみよう。

認知主義と人間経験

認知主義者のこの研究プログラムは、われわれの経験を理解する上でどんな意味をもたらすか。二つの関連した論点を強調したい。(1)認知主義は、われわれが気づいていないし気づきえない心的(認知)プロセスを前提とする。(2)それにより認知主義は、自己(認知主体)が根元的に断片化(非統一化)されているとする概念を支持するに至る。上記二点は、考察を進めるにつれて、かなり絡み合うことになろう。

思い出されるかもしれないが、第一の論点は、認知科学から生じる科学と経験との緊張を提示したときにすでに現れている。あらゆる認知主義的理論は「サブパーソナル・レベル」の理論である、とするダニエル・デネットの主張がそこで引用された。このことばでデネットが言わんとしているのは、認知主義が心的(物理的でも生物学的でもない)機構およびプロセスを前提とし、それには意識、特に自意識の「パーソナル・レベル」がアクセスしえないということである。換言すると、意識的なアウェアネスまたは自意識的な内観では、認知行動を説明することの前提となる認識構造やプロセスを識別しえない、ということである。実際、認知が根元的に記号(象徴的)計算であるとすれば、このパーソナルとサブパーソナルの不一致はすぐに明らかになる。思考しているとき、内部の記号的な媒体で計算していることに気づくことはおそらくないからである。

無意識の存在を信じるフロイト以後の考え方があるために、自己理解に対するこの挑戦的課題の深さは見落とされるかもしれない。しかしながら、通常の「無意識」が意味することと認知主義において無意識と言われている心的プロセスの意味との間には違いがある。つまり、われわれは通常、自意識的な反省でなければ精神分析のような訓練されたやり方を介して、無意識が意識へもたらされると想定している。一方、認知主義は、心的ではあるが決して意識へはもたらされないプロセスを前提としている。したがって、われわれは心的イメージの発生を支配する規則も視覚処理を支配する規則にも気づかないだけでなく、これら規則そのものにも気づきえないのである。よく言われるように、そのような認知プロセスが意識化されるとすれば、それは迅速でも自動的でもありえないので、的確に機能することはできないだろう。ある論述では、これらの認知プロセスは「モジュラー」である（意識的な心的活動が浸透しえない特徴的なサブシステムを含む）とさえ考えられている。[★10] つまり、認知主義は、意識と心とが結局は同じものであるか、両者の間には本質的ないし必然的な連関があるかのどちらかであるというわれわれの確信に挑むわけである。

もちろん、心と意識が同一であるという考え方にはフロイトも異議を唱えた。さらに、心と意識とを区別すれば、必然的に自己（認知主体）の不統一性を招く（この論点については後述する）とわかっていたのも確かである。しかし、フロイトが心と意識との間に本質的（必然的）な連関があるという考え方に疑問を投げかける、一歩進んだステップへ踏み出したかどうかははっきりしない。デネットが注目しているように、フロイトは、無意識的な信念、欲望、動機を肯定する議論において、これらの無意識プロセスがプシケ(psyche)の深奥に隠されたわれわれ自身の断片に属する可能性に含みをもたせたのである。[★11] フロイトがわれわれ自身の断片化を額面通りに信じていたかどうかは明らかでないが、超小人でないとしても、文字通りの断片化という見解が認知科学に支持されていることは明らかである。デネットが述べているように、「新しい[認知主義的な]理論は意図的にも空想上の小人の隠喩、随所へメッセージを送り、救いを求め、従い、自動的に志願する脳内の小人のようなサブシステムに富んでいるが、現実のサブシステムは、腎臓や膝頭といった、視点も内的生命も完全に欠如した問題なき〈非〉意識的な有機的機械の集合体であると考えられる[★12]」。換言すれば、これら「サブパーソナル」システムを「空想上の小人の比喩」で特徴づけることは暫定的なものにすぎない。なぜなら、そのような隠喩はすべて「解消され」、ニューラル・ネットワークやAIデータ構造のような無自己プロセス間の嵐のような活動に取って代わられるからだ。

しかしながら、認知と意識(特に自意識)はともに同じ領域《ドメイン》に属するというのがわれわれの前理論的、日常的な確信である。認知主義は、この確信に真っ向から対立する。認知のドメインを決定することで、明らかに意識/無意識を絶縁させるからだ。認知ドメインは必ずしも意識的なシステムではない、独自の表象レベルを有するものであるべきシステムから構成される。もちろん、意識的な表象システムもあるが、表象や志向状態を有する必要はない、と。したがって、認知主義者にとっては、認知と意識ではなく、認知と志向性(表象)が不可分のペアなのである。

認知ドメインをこのように理論的に分割したことは「かなり重要な経験上の発見」[13]であると認知主義者には考えられていて、認知主義のもたらした瞠目すべき突然変異とみなされている。しかし、ここに一つの問題が生じる。われわれの自己感覚という疑いもなく親密であり馴染みのあるものを失いかけているように思われるのだ。意識(自意識は言うまでもなく)が認知にとって本質的ではないとすると、そして、われわれ自身のような意識する認知システムの場合において、意識が結局はある種の心的プロセスにすぎないとすれば、認知主体とはまさに何なのか? 意識と無意識の両方である、すべての心的プロセスの集合体なのか? それとも、とりわけ、意識のような心的プロセスの一種にすぎないのか? いずれにせよ、問題になるのはわれわれの自己感覚である。なぜなら、自己であるということは、一貫して統一された「視点」、つまり思考、知覚、行動の確固たる立場を有することである、と普通考えられるからだ。実際、われわれが自己を有する(自己である)というこの感覚は明々白々なので、たとえ科学によってもそれを疑ったり否定したりすることはまったく馬鹿げている。それでも、すべてをご破算にして自己を捜すようにと請われたら、それを見つけるのはひと苦労であろう。デネットは、いつものように、この点を鋭く追及している:「君は眼から脳に入り、視神経を行進し、大脳皮質をくまなく廻り、ニューロンの背後を捜し、気づく間もなく運動神経インパルスのスパイク波に乗って白日のもとに現れ、頭を掻きながらこうぼやくことだろう。自己はいずこにありや、と」。

われわれの問題はさらに深みを増してゆく。嵐のようなサブパーソナル活動のなかに一貫性のある統一された自己を見出せないことがわれわれの自己感覚を揺さぶるのは確かであろう。もっとも、その揺さぶりは限られてはいる。自己は確かに存在するが、このような方法では見つけられないだけだ、と想定しうるからだ。おそらく、ジャン＝ポール・サルトルが信じたように、自己はあまりに近くにいるので、自分自身をひっくり返してもそのヴェールを剥ぐことができないのだろう。しかしながら、認知主義者の挑戦はもっと深刻である。認知主義によれば、認知は意識がなくても進行しうる、なぜなら両者の間に本質的（必然的）な連結がないからだ。さて、自己が他のどんなものであると想定したところで、その中心的な特徴になるのは意識であろう。したがって、認知主義は、認知には自己の最も中心的な特徴（意識）が必要であるというわれわれの確信をも揺さぶるわけである。換言すると、認知主義者は、自己は見つけられないだけでなく、認知にさえ必要でないと揺さぶるのだ。

科学と経験の緊張が明々白々になるのはこの点である。認知が自己なしに進むとすれば、どうして自己の経験を有することが可能なのか？　説明なしに片付けるわけにはいかない。

最近まで、ほとんどの哲学者は、そのことに関する難題は認知科学の目的とは無関係であると弁じてこの問題を平然と回避してきたが、この風潮は変わりつつある。実際、著明な認知科学者のレイ・ジャッケンドッフは、まさにこの問題に迫ろうとする著作を最近出版した。ジャッケンドッフの研究が重要であるのは、認知主義が明らかにした意識、心、自己の悩ましい関係に直に対峙しているからである。彼の研究がまたわれわれの目的に照らして有益でもあるのは、科学と経験との関係を純理論的に取り扱うと方法論的にも経験的にも不完全なものになってしまうというパラダイムを提供してくれるからである。以上の理由から、ジャッケンドッフの研究主題を簡潔に考察して本章を終わりたい。

すでに述べたように、認知主義の手にかかると、認知主体は、無意識の記号計算と意識的な経験に二分される。ジャッケンドッフの研究は、彼の言う「計算する心」と「現象論の心」という認知の両面の厄介な関係に注目するものだ。

重要なのは、計算する心と現象論の心との関係がいかに厄介かを理解することである。志向性と意識とがいかに関連するかが問題の中心である。すでにみたように、認知主義は認知のこの両面にはっきりとした根元的な境界線を引く。しかしながら、われわれの認知は、意識と密に関わるやり方で世界へ向けられているように思われる。つまり、われわれの認知はあるやり方で、「われわれが世界を経験するような」やり方で世界へ向けられているのだ。例えば、われわれは、三次元の、巨視的な、彩色されたものとして世界を知覚するのであって、素粒子からなるものとしては知覚しない。われわれの認知は、経験上の世界、または現象論的に言えば「生の」世界へ向けられているのだ。志向性と意識はいかにしてわれわれが意識的に体験するように世界を認知できるのか？　この問題が手に負えないのは、ジャッケンドッフが注目しているように、意識へ接近しえない計算する心を前提とすることによって、認知主義が「意識的な経験とは何であるかについて何の説明も提供しない」(二〇頁)からである。

ジャッケンドッフがこの問題を「心—心問題」と呼ぶのは、計算する心と現象論の心との関係が焦点に

なるからだ。彼のことばでは（二〇頁）、

要するに、今日の心理学が懸念すべきドメインは、脳と心の二つではなく、脳、計算する心、現象論の心の三つなのである。したがって、デカルトが体系づけた心身問題は、二つの別の問題へ分割される。脳がいかにして経験をもちうるかという「現象論的な心身問題」と、脳がいかにして推論を達成しうるかという「計算論的な心身問題」である。さらに、計算論的な状態が経験とどう関連するのかという「心─心」の問題もある。

認知主義に関する提示から明らかであるが、認知主義仮説の動機となってきたのは、ジャッケンドッフの云う「計算論的な心身問題」、すなわち推論として解釈される思考が物理的・機械的にいかにして可能になるのかという問題である。一方、「心─心問題」は、経験される世界に記号計算からなる認知がいかに関連づけられるかという、志向性と十全な意識の問題に対応する。

さて、この問題に対してジャッケンドッフの提起する対処法はどうだろうか。彼の基本的な考え方は、「計算する心の情報やプロセスによって意識アウェアネスの要素が引き起こされ、支援され、投影される」というものだ（二三頁）。換言すると、彼の提案は、「計算する心の要素のあるサブセットの「外部化」または「投影」として」（二三頁）意識アウェアネスを考察することである。したがって、どの要素が意識アウェアネスを「投影」または「支援」するのかを決定しなければならない。これらの要素は、計算する心の「中間レベル表象」（最も「末梢的」な感覚レベルと最も「中心的」な思考レベルの中間にある表象）に対応する、とジャッケンドッフは論じている。

この「中間レベル理論」は彼の著作を通して洗練化される。やがてエナクティブな認知観を紹介した後でこれらの洗練化の一つへ戻るが、当面は、計算する心の中間レベル表象の投影物として意識をみる彼の基本的な考え方から導かれる二つの重要な帰結について強調しておきたい。第一の帰結は、計算理論を発展させるには経験的・現象論的な証拠が必要とされること。第二の帰結は、彼の理論から認知主体の不統一性が明示されること。上記二つの帰結から、三昧／覚伝統にあるような、人間経験に対する実践的で三昧境に開かれたアプローチで認知科学を補填することの必要性が強く示唆される。

まず、ジャッケンドッフ説にしたがって、意識アウェアネスの構成が計算する心によって決定されることについて考察する。ジャッケンドッフが述べているように、「あらゆる現象論的な特徴は、対応する計算の特徴によって引き起こされ、支援され、投影される」（二四頁）のであれば、現象論的な特徴が計算モデルを制約することになる。換言すると、現象論の心を説明する計算する心のどんなモデルも、意識経験の特徴のすべてを説明する論拠をもたねばならないのである。彼はこの帰結に十分気づいていて、こう書いている。「この仮説の経験上の強みは、現象論的な証拠を計算理論と関係づけることである。計算理論は、アウェアネスの世界を可能にするに十分なほど表現に富んでいる（適切な種類の特徴を十分含む）ことが必須である。したがって、現在の計算理論によってまだ表現されない現象論的な特徴があれば、この理論をより豊かに更新することが必要である。」（二五頁）

このパラグラフには、本書の起点となった根元的な循環性がまた出現している。認知を説明するには、上記のコンテクストでは計算する心として理解されているわれわれの構造を研究しなければならない。しかし、われわれが説明したいのは経験としての認知でもあるので、経験において一線を画している特徴、つまり現象論の心へ立ち帰って注目しなければならない。このように経験に注目した後で再び計算理論へ立ち帰りそれを豊かにして更新しなければならない、という具合である。これが悪魔のサイクルであると言いたいのではない。むしろ、経験という側面からの訓練された開かれたアプローチをとらなければこのサイクル内の適所にわれわれ自身を位置づけることができない、と言いたいのである。

この論点を理解するために、適切な現象論的・経験的な特徴をどうしたら特定できるかを問うてみよう。これらの特徴がもたらされるのは、われわれが経験する被造物であるからにすぎないのだろうか。ジャッケンドッフはそう考えているようだ。なぜなら、経験的な証拠が彼の理論を制約することを認めつつも、「現象論に関する不一致は相互信頼の雰囲気のなかで決着されるという希望」(二七五頁)以上の秩序だった研究方法を特に必要としないものとして経験を扱うからだ。人々や国家は本性においてはもちろん、経験という単純なことでさえ完全には一致せず、内観主義が挫折した理由でもある。ジャッケンドッフは、日々の(ほとんど三昧にない)経験によりあらゆる現象論的証拠にアクセス可能であり、現象論的探究は概ね三昧にない状態に限られるとしている。意識アウェアネスが日常をこえて前進的に発展する可能性も、そのような発展を利用して経験の構造や構成に関して直接洞察する可能性も考慮していない(彼の音楽認知への関心からすると奇妙な忘却である)。ジャッケンドッフがそうせざるをえないのは、現象論の心を研究するのに西洋伝統では三昧にない現象論化を批判できず、行き当たりばったりの方法しか提供できないからである。このことは、ジャッケンドッフがかくも現象論的な洞察と素晴らしい相乗的な理論化をしているだけに惜しまれる。そのような事柄を論じるとすれば、経験に対する秩序だった開かれたアプローチが必要なのは明らかだ。

三昧で開かれた経験に対する関連性が再び明らかになるのは、認知主体の不統一性を示唆するジャッケンドッフ説の第二点を考察するときである。普通、意識はわれわれ自身のばらばらの要素(思考、感情、知覚など)をすべて統合して根拠づけると想定される。「意識の統一性」なるフレーズは、自分のあらゆる経験を単一の自己に対して起こっているものとして理解する考え方のことである。しかし、ジャッケンドッフが正しくも指摘するように、意識には同じくらい明らかに「不統一性」が存在している。なぜなら、われわれが意識的に気づきうることは、かなり感覚系に依存するからである。つまり、視覚の意識アウェアネスは聴覚アウェアネスと著しく異なっていて、両者は触覚アウェアネスから著しく異なっている。すでにみたように、ジャッケンドッフの計算理論が現象学的特徴によって束縛されている以上、この経験の不統一性について何らかの説明をつけなくてはならない。意識アウェアネスの各形態は計算する心の表象構造の異なるセットから由来ないし投影される、とジャッケンドッフは示唆する(五二頁)。

以上の考察から導かれる仮説は、それぞれのアウェアネス状態が様々なレベルまたはレベル・セットの表象に由来する、ということである。したがって、アウェアネスの不統一性は、関連するレベルのそれぞれが独自の特徴の幅をもつことに由来するのである……

〔この理論は〕意識は一体化しているという前提に立った上でその独自の源を位置づけようとする、意識に対する普遍的なアプローチに反する。〔この理論は〕意識が根元的には一体化していないのだから、多数の源を捜すべきである、と主張するからだ。

前節でみたように、認知主義が認知主体の不統一性をはらむのは、意識と志向性を根元的に区別するからである。しかし、ジャッケンドッフはこの不統一性をさらに進め、意識そのものが根元的に不統一であると主張するのである。さらに、彼の見解を動機づけているのは、認知がいかにして物理的に可能なのかという問題（計算の心身問題）ではなく、計算する心からいかにして意識経験が生じるのかという問題（心—心問題）なのである。このために、彼は認知主体の不統一性を計算論的な根拠で主張するだけでなく、不統一性を支援する現象論的な証拠に注目し、それを重視するのだ。実際、計算する心と現象論の心を橋渡しする共通項としてジャッケンドッフが利用しているのは、まさにこの不統一性なのである（五一頁）。

しかし、このかなりの前進は、科学と経験との緊張をより明らかにするだけだ。ジャッケンドッフが意識経験に注目するのは、根底にある計算する組織に由来すると考えているためである。ジャッケンドッフからすれば、現象論の心の特徴は、現象論の心によって「つくられた」のではなく、計算する心によって現象論の心へ投影されたものなのである。実際、意識は〔経験に対して〕何らかの因果性があるとする考え方を彼はきっぱりと退けている。その代わり、あらゆる因果律は計算のレベルで起こっていると考えるのである。したがって、自分でもあまり愉快ではない帰結を認めざるをえなくなる。意識に「経験に対する」因果性がないとすれば、何の効能ももちえないのだから、「毒にも薬にもならない」(二一六頁)のだ、と。

こうして、われわれは、認知主義者が志向性と意識を分離した極端な形式の結果に対峙することになる。意識なしに認知が進行し、意識そのものが「毒にも薬にもならない」のに、なぜわれわれは自分自身とこの世界について意識的に覚知しているのか? 認知科学は、とどのつまり、経験を付帯現象としてしか扱わないのだろうか?

まさにこの結論を受け入れるに吝かでない認知科学者もいるようだ。「経験なんて」とまるで理論の要求を満たさぬ経験を咎めるように肩をすぼめるのである。このような結論は、まさにこの手の科学者や哲学者が仕事を離れているときにどんな意味をもつのか? 流れゆく生の経験を変えるのか? ほとんどの現代哲学が危惧するように、哲学的帰結そのものが付帯現象に他ならないのではないか?

経験を捨象するものと疑問を示すことなく受け入れるという上記二種の反応がいずれも極端であり、袋小路に陥ることを論じながら、他の中道の可能性があることをわれわれは仄めかしてきた。次章以後で、そのような中道を探究し、自己という経験をテーマとする。次章では、無自己の心と人間経験への反省における「嵐の私」へ直接目を向ける。いずれわかるように、現代の認知科学が明らかにした自己と意識アウェアネスの不統一性こそ三昧/覚伝統全体の焦点なのである。

第4章 嵐の私（I：アイ）

「自己」の意味

人生の瞬間ごとに何かが進行している。何らかの経験がある。見る、聞く、嗅ぐ、味わう、触れる、考える。喜び、怒り、恐れ、疲れ、惑い、面白がり、自意識過剰に苦しんだり、研究に没頭したり。「私」自身の感情によって「私」が押し潰されそうなこと、他者にほめられると鼻高々に思うこと、損すると落ち込むこと、を私は感じとることができる。馴染みであるがつかまえどころのない、しっかりしているようで脆い、この現れては消える自己というこの自我中心は何なのだろう？

われわれは撞着にとらわれている。経験にざっと注意するだけで、われわれの経験が絶えず変化しており、しかもある特定の状況につねに依存していることがわかるからである。人間であること、生きていることは、いつでもある状況、あるコンテクスト、ある世界のなかに存在することである。こういった状況から独立して不変のものを経験できないのに、ほとんどの人は自らの同一性《アイデンティティ》を確信している：われわれには人格、記憶、思い出、計画、期待があり、これらがある一貫した視点、われわれが世界（自らが立脚している基盤）をとらえる中心にこれらが集束するようにみえるからだ。そのような視点は、単一の、独立した、真に存在している自己または自我に立脚しているから可能なのではないのか。

　この問いは、本書のあらゆること（認知科学、哲学、三昧／覚の瞑想伝統）の共通基盤である。総じて人間の歴史における反省的な伝統（哲学、科学、精神分析、宗教、瞑想）は、自己という素朴な感覚を主題にしてきた。しかし、経験世界の内部における独立不抜、すなわち単一の自己の発見を主張した伝統はこれまでにない。デビッド・ヒュームの名言にあるように、「私に関しては、〈自己〉と呼ぶものに踏み込むとき、私が出くわすのは、熱や冷、明や暗、愛や憎、苦や快といったあれこれの特殊な知覚である。知覚なくして〈自己〉をとらえることはできず、知覚以外のものを観察することもできない」★01。このような明察は、目下検討している自己感覚とはまったく一致しない。

　本書の旅にわれわれを駆り立てたのも、この矛盾、つまり反省と経験がもたらすものの齟齬なのである。すべての西洋的な伝統と多くの非西洋的伝統（瞑想的なものでさえ）が目を背けたり、対峙するのを拒んだりしてきたからだ。よくある手は、単に無視することである。例えば、反省しても自己をみつけられなかったヒュームは、撤退の道を選び、バックギャモンに没頭した。それ以上の探究をあきらめて、人生と反省を別扱いにしたのである。ジャン＝ポール・サルトルは、われわれが自己の存在への信念に「運命づけられて」いることの矛盾を表現した。別の方策は、ウパニシャッド哲学の「アートマン」やカントの超越論的自我のような、経験では知りえない、超越的な自己を前提とすることである[★02](非瞑想的な伝統では、この矛盾に注目さえしない。例えば、心理学の自己概念理論)。この矛盾に直接対峙し、長い間それについて語ってきたとされているおそらく唯一の伝統は、三昧/覚瞑想の修行であろう。

すでに述べたように、三昧/覚修行は、正規の瞑想だけでなく日常生活の経験においても、自らの心身とともにいる能力を徐々に上達させるものである。通常、瞑想の初心者は、知覚、思考、感情、欲望、恐怖および他のあらゆる心的内容物がまるで自分の尻尾を追い回すように猫のようにめまぐるしく現れては消えることに驚かされる。瞑想者は、三昧/覚の安定性を上達させるにつれて、(伝統的なイメージを使うと)渦に呑まれたり、馬から振り落とされることのない時間がもてるようになり、経験される心とは本当はどんなものなのか洞察をもつようになる。経験は無常である。これはお馴染みの「葉は枯れ落ちる」「青春は帰らず」「王は忘れられる」といった類の無常(伝統的には全体としての無常と呼ばれる)ではなく、心そのものの活動の個人的な洞察の無常のことである。瞬時に去来する新しい経験は、心で瞬間的に起きて、すぐに変化する流れなのだ。そして、変化するのは知覚だけでなく、知覚する者もそうなのである。ヒュームが注目したように、経験を受け入れて変わらない経験者はいない。経験が着地する安定した基盤はないのである。憩いの場がないという経験の感覚は、「無自己性」すなわち「無我」と呼ばれる。瞑想者はまた、瞬間ごとに、無常や自己欠如の感覚から離れた心が永遠の経験を求めることを感じとる。そして、定まった知覚者であるかのように様々な経験について語り、三昧を壊す心的娯楽を求め、落ち着きなく次の関心事へ逃げ、絶えざる闘争の感覚とともにこれらすべてを感じとる。この経験に侵入する落ち着きのなさ、執着、不安および不満足感の底流にあるものは、Dukkha（通常「苦」と訳される）と呼ばれている。苦はごく自然に生起し、無常と無我、心が回避しようとすればするほど大きくなってゆく。

仏教で最も重要なのは、日常経験では自己の感覚が存続しているのに、反省のときはその自己を見出しえないという緊張感である。人間の苦の起源は、何もないところで自己の感覚や自我をつかまえて、確固たるものとしようとするこの性向にあるのだ。瞑想者は無常（諸行無常）、無自己性（諸法無我）および苦（一切行苦）［三法印として知られる］と、苦（現世は苦である：第一の根本真理［苦諦］）のもとは自己執着にありとする教え（苦の原因は世の無常と人間の執着にある：第二の根本真理［集諦］）に触れるにつれて、ますます心の研究に精進するようになる。瞬間ごとに心に浮かぶものを強く、しっかりと洞察、詮索しようとするのである。彼らはこういった事柄を問うように奨励される。「この」瞬間はいかに生起するのか、その条件は何か、それに対する「私の」反応の本質は何か、「私」という経験はどこで起こるのか？

自己がいかに生起するかを探すことは、「心とは何で、どこにあるのか」を直接的かつ個人的に問うことである。こういった問いを詮索するときの当初の精神は、デカルトの『省察』と似てなくもないが、この言明に驚く人がいるとすれば、それはデカルトが昨今不評を買っているからである。教父のことばではなくて自分自身の心が省察時に識別するものに依拠しようとするデカルトの当初の決断に、現象学と同じような自己を信頼する研究精神があるのは明らかだ。しかし、デカルトは急停止している。かの有名な「我思う、故に我あり」では、思う「私」の本質にまったく触れていない。デカルトが「私」を根元的には考えるものであると推量したのは確かだが、これは論理の飛躍である。「我あり」が唯一確実に伝えることは、それが一つの思考であることしかない。デカルトが完全に厳密で、マインドフルで、注意深かったならば、私が考える「もの」(res cogitans)であるとする結論へは飛躍せず、心それ自身を「プロセス」として洞察し続けたことだろう。

三昧／覚の修行では、思考、感情および体感のアウェアネスが、不断の移ろいのなかでかなりはっきりするようになる。その経験を見極め、それが何であり、いかに生起するかを識別するため、あるタイプの三昧瞑想では、可能な限り正確かつ冷静に経験をみつめるように指示される。日頃無視していることの移ろいを体系的かつ直接的に検証するには、実践的で開かれた反省をするより他にない。散漫な考え、色合いのある感情や体感が生起するにつれて、瞑想者は、思考の内容や考えている「私」という感覚に関心を抱くのではなく、単に「考えていること」に注目し、不断の経験プロセスに関心を向けることによって注意深くなるのである。

三昧の瞑想者が日常生活において自分がいかに三昧でないかを知って愕然とするのと同じように、自己について問い始める瞑想者が第一に気づくことは、無我ではなく、極端な自己中心癖なのである。あたかも保護すべき自己があるかのように、人は考え、感じ、行動するのが常である。自己の領土を少しでも侵されれば(指のとげ、騒々しい隣人)、怖れと怒りのもとになる。自己を少しでも増大させたいと願えば(利得、賞賛、名声、喜悦)、貪欲と執着を誘発する。状況が自分に関係ない(バス待ち、瞑想)となれば退屈になる。そのような本能的、自動的、普遍的な強い衝動は、日常生活では至極当然のこととされている。

確かに存在し、絶えず起こっているそのような衝動は、問いかける瞑想者からすれば意味をもつのだろうか？　そのような態度を正当化すべきどんな自己があると考えられるのか？　チベット仏教の導師、ツルトリム・ギャムツォはこのジレンマをこう表現している。

何らかの意味をもつとすれば、そのような自己は永続的でなければならない。滅んでしまえば、その瞬間から自己に起こることを気にかけはしないないだろう。もはやそれは誰かの「自己」ではありえないからだ。また、それは単一でなければならない。他から離れた同一性を有さずして、他の誰かにもまして「自己」に起こることを悩むだろうか。それは独立していなければならない。さもないと「私がこれをした」とか「私はそれをもっている」ということに何の意味もないだろう。人が独立した存在でなければ、行為や経験を自分自身のものとして主張する人は誰もいないだろう。……われわれはみな、あたかも永続的な、分離独立した自己を有するかのように行動し、それを守り育てることを常に最大の関心事としている。それはほとんど疑うことも説明することもない、考えることなき習慣なのである。しかし、われわれの苦はすべてこの最大関心事に関連している。あらゆる損失と利得、喜悦と苦痛が生じるのは、われわれがこの曖昧な自己性の感覚とあまりに強く結びついているからだ。「自己」と感情的に関わり、執着するあまり、それを当然と認めてしまう。……瞑想者はこの「自己」について思索しない。それが存在するかしないかの理法をもたないのだ。代わりに、自らの心が自己とか「私のもの」とかいう考えにいかに執着し、この執着からいかに自らの苦が生起するのかをひたすらみつめるように鍛えるのである。同時に注意深くその自己を捜し求め、他のすべての経験からそれを離そうとする。自己をみつけて確かめようとするのは、苦に関する限りそれ（自己）が被告人だからである。しかし、皮肉なのは、どんなに頑張っても、自己に対応するものは何もみつからない、ということである。

経験される自己が存在しないのなら、それが存在するとわれわれが考えるのはどういうことなのか。自己へ奉仕するわれわれの習慣は何に由来するのか。経験においてわれわれが自己と思っているものは何なのか。

五蘊《ごうん》のなかに自己を捜すこと

ここで論蔵《アビダルマ》と呼ばれる仏教の教えのカテゴリーに注目してみよう。★03 このことばは、仏教教理の三蔵の一つ（残り二つは、倫理的な戒律を含むVinaya［律蔵］とブッダの説法を含むSutras［経蔵］）を形成する経典を集めたものである。アビダルマ経典とその後の注釈書に基づいて、経験の本性に関する分析研究の伝統が出現し、それは今日でもほとんどの仏教学派で教示され、瞑想に用いられている。アビダルマには自己感覚の生起を検証する様々なカテゴリー群が含まれている。これらは、例えばアリストテレスの『形而上学』にあるような目的論のカテゴリーとしては意図されていない。むしろ、これらのカテゴリーは、経験に関す

る簡潔な説明としても、研究への指針としても役立つものなのである。★04

これらカテゴリーで最も一般的なのはあらゆる仏教学派に共通したものであり、五つの集まり：「五蘊」（「蘊」と訳されるサンスクリット語、skandhaの字義は、「山状のもの」である）と言われる。このことばは、経験を検証するこの枠組みをブッダが最初に教えたとき、それぞれの蘊を表すのに穀物の山を用いたという逸話に由来する。この五蘊とは以下のことである：

一．色蘊：身体
二．受蘊：感受作用
三．想蘊：識別／衝動
四．行蘊：形成作用
五．識蘊：認識★05

この五蘊の第一が身体的・物質的なことに基づくと考えられるのに対し、残り四つは心的である。この五つは一緒になって個人を構成し、経験の各瞬間を構成する心身の複合体になる。★06 われわれは、五蘊のそれぞれをわれわれ自身に当てはめ、自己の実在への基本的、感情的、即応的な確信に答えてくれるものを見出せるか探究してみる。つまり、完璧な真に存在する自我―自己、依存的で束の間の日常的なパーソナリティの下に一つの基盤があるのだというわれわれの感情的な確信の対象となるようなある永続的な自己を捜しに行くのである。

色蘊：身体

このカテゴリーは、身体と物理的な環境のことである。しかし、厳密には、六つの感覚器官とその対象物という感覚に言及する。[★07] それは、目と見えるもの、耳と音、鼻と臭い、舌と味、身体と触れるもの、心と思考である。感覚器官とは、外部器官そのものではなく、知覚の物理メカニズムのことである。心の器官（それがどんな物理的構造をしているかについては伝統的に論争があるが）と思考が感覚とその対象物として扱われるのは、それらが経験においてそのように現れるからだ。われわれは、見えるものを眼で知覚するのと同じように、思考を心で知覚すると感じる。

この分析レベルでも、既成の世界へパラシュート降下した認知主体のように、別個の独立したカテゴリーとして物質をみる、抽象的で身体化していない観察者という通常の考え方からすでに逸脱していると指摘することができる。ここでは、メルロ＝ポンティの現象学にあるように、物質世界との出会いがすでに状況づけられ、身体化している。物質が経験的に記述されているのである。

われわれの身体はわれわれの自己であろうか？　考えてみよう。自分の身体と所有物がどんなに大切か、身体や大事な所有物が脅かされたらどんなに怖いか、損害を受けたらどんなに怒り、さもなくば落ち込むかを。身体を養い、鍛え、慈しむことにどんなに多くの精力、金銭、感情を費やしているかを。感情的にみれば、われわれは、自分の身体をまるで自分自身であるかのように扱っているが、知的にみても、そうするのがもっともなのだ。われわれの環境や気分は変わるかもしれないが、身体は安定しているようにみえる。身体は感覚の位置する場所であり、われわれはこの身体という視点から世界をみて、自分の身体と空間的に関連づけて感覚対象を知覚する。心は夜となく昼となく眠りながら彷徨するかもしれないが、それは同一の身体へ戻ってくると考えられている。

しかし、われわれは本当に身体を自己と同じものと考えているのだろうか？　指（または身体の他の部分）がなくなれば大いに当惑するだろうが、それによって自らのアイデンティティまで失われたとは思うまい。事実、通常の環境でも、細胞の代謝回転にみられるように、身体の全構成物は瞬く間に変化しているのだ。この点に関してちょっと哲学的脱線をしてみよう。

「私の身体を現在構成している細胞は、将来（例えば七年間のうちに）私の身体を構成するであろう細胞と何を共有するのか」と尋ねてみる。もちろん、この問いにはすでに答えが含まれている。両者はいずれも私の身体を構成し、それ故に、おそらくは私自身であると考えられるあるパターンをしばし構成する。しかしながら、依然としてわからないのは、この私自身と考えられるパターンとは一体何「なのか」ということだ。われわれは堂々めぐりをしただけなのである。

哲学者は、このささやかな問答を、例のテーセウスの船に対するバリエーションとして認識するだろう。その板材がしばしば全部取り替えられるこの船は、同一の船なのだろうか。弁のたつ哲学者ならあっさり答えるだろう、この件についてはどちらにしても確たる答はない、と。それは君が何を言いたいかによる。同じと言いたければイエスだし、同じでないと言いたければノーなのだ。同一性に関する君の判断基準次第なのである。あるものが同じであるためには（ある普遍のパターンないし形態をとるには）、何らかの変化に耐えねばならない。さもないと、同じであるとは認識されえないだろう。逆に、何かが変わるためには、変化が起こったことの判断基準となる暗黙の永続性がなければならない。したがって、この難問に対する答えは、イエスでもノーでもあり、ある特定のイエス／ノーの答えに含まれる詳しい内容は、ある与えられた状況において個人がアイデンティティを判断するときの基準次第なのである。★08

しかし、確かに、自己、「私の」自己は、他者がそれをどうみるかには依存しえないはずである。結局、それは、それ自身の権利において自己なのだ。ならば、おそらく自我―自己は、非常に多くの方法でみることができる存在形態である身体の所有者なのであろう。実際、われわれは、「私は身体です」などとは言わず、「私は身体を〈もっている〉」と言うのである。しかし、私がもっているのは何なのか。私が所有していると思われるこの身体は、また多くの微生物の棲家でもある。私は彼らも所有しているのだろうか？　これは奇妙な考え方である、どちらかと言えば彼らがわれわれを利用しているようにみえることが多いのだから。しかし、彼らが最大限に利用しているのは、一体誰なのか？

われわれが自らの身体をわれわれ自身とはみなせない最も決定的な論拠は、全身移植をしても、つまり他の誰かの身体に自分の心を移植しても（サイエンス・フィクションのテーマだ）、なおわれわれが自分自身のことを考えられるだろう、と想像しうることである。ならば、物質的なものを捨てて、心的な蘊に自己の基礎を捜してみよう。

受蘊：感受作用

あらゆる経験には、快、不快、そのどちらでもないとして分類される、心身の感じ方のトーンがある。自分の感情は非常に気になるものだ。絶えず快楽を求め苦痛を避けようとする。感情が自己に関連しているのは確かであり、激しい感情を抱くときは自分自身を感情の塊とみるものだ。では、感情はわれわれの自己なのだろうか。感情は時々刻々と変化する（これらの変化は、三昧／覚修行において、ずっと正確に覚知しうる。最初に体験するのは、感情と体感が瞬間的に生起すること、そしてそれが変化することである）。感情は自己に影響するが、これらの感情が自己「である」とは誰も言わないだろう。では、感情が影響を及ぼしている相手は何／誰なのか？

想蘊：表象

この蘊は、何か特別なことが起こっていることの最初の瞬間における認識、識別、並びに識別された対象に対する行為への基本的な衝動の活性化のことである。

三昧／覚修行のコンテクストでは、瞬時の経験において識別と衝動を一体化させることが特に重要である。三つの根本的な衝動があると言われる。（望ましい対象への）熱情／欲望、（望ましくない対象への）攻撃／怒り、（関係ない対象への）幻滅／無視である。自我執着の習慣において存在がとらえられる限り、はじめの瞬間でさえ、物的・心的な対象物は、自己に関連して（望ましい／望ましくない／関係ない）識別される。そして、その識別に即して行動しようとする自動的な衝動がある。上記三種の基本衝動が三種の毒素と呼ばれているのは、それからさらに自我執着につながる行為が生じるからだ。しかし、この執着する自我とは誰なのか？

行蘊：形成作用

次の蘊は、考える、感じる、知覚する、そして行動するときにともなう自信、強欲、怠惰、心配などの常習的なパターンに関する（付録B参照）。今やわれわれは、認知科学の言語で認知的と呼ばれ、パーソナル心理学では性格特性と呼ばれる現象のドメインにいるのである。

われわれが自己の習慣や特性、パーソナリティにひどく入れ込んでいるのは間違いない。自分の行動が批判されたり、パーソナリティをほめられたりすれば、自分自身のこととして感じるものだ。他の蘊と同じように、われわれが感情的に反応することは、この蘊を自我—自己とみることを示している。しかし、ここでも、熟慮すれば、われわれの確信は揺らいでしまう。普通、習慣を自己と同一視はしないからだ。習慣、動機、情緒の性向は時とともに変化するが、こういったパーソナリティの変化から区別される自己が存在するかのような連続性の感覚は依然として残るものだ。現在のパーソナリティの基盤である自己からでないとすると、この連続性の感覚はどこに由来するのか？

識蘊：意識

意識は五蘊の最後であり、他のすべてを含んでいる（実は、それぞれの蘊は、このリストにおいて先行するものを含む)。他の四つの蘊とともに進行する心的経験であり、厳密に言えば、各感覚器官とその対象との接触に由来する経験(生起される感情、衝動、習慣を含む)なのである。意識(専門用語ではvijnana[識])とは、経験者、経験される対象、および両者を結びつけている関係からなる二元論的な経験の感覚のことである。

アビダルマの一部派が著した意識に関する体系的な記述にしばし目を転じてみよう(付録B参照)。この心的意識は、意識をその対象へ結びつける関係なのであり、意識はどんなときもその瞬間的な心的意識に依存している(手と指の関係のように)。第二、第三、第四の蘊が心的因子として含まれることに注目されたい。この五つの心的意識は遍在している、つまり意識のあらゆる瞬間において心はこれら因子の五つすべてによってその対象へ結びつけられている。心とその対象との間には、「接触」、快、不快またはそのどちらでもない特定の「感情」、対象の「識別」、対象への「志向」、対象への「関心」があるのだ。第四の蘊以下の心的因子は、必ずしも常在しているわけではない。ある特定の瞬間にともに存在しうるもの(例:自信と勤勉)もあれば、相互排他的なものもある(例:警戒と惰眠)。存在する心的因子の組み合わせがある特定の瞬間の特徴(例:色や味)を構成するのである。

このアビダルマの意識分析は、フッサール主義に沿った志向性の体系と同じなのだろうか? 対象や関係のない意識はないという点では共通している(チベット仏教では、心[sems]は、「他者へ自らを投影するもの」として定義づけられることが多い)。しかし、違いもある。意識の対象も心的因子も表象ではないことである。最も重要なことは、意識(vijunana)こそが唯一の知の形式であり、主体/客体の関係では智慧(prajna)がわからないとしていることである。意識的な経験によりなされるこの単純な経験的／心理学的観察を主体／客体の「前志向性（protointentionality）」形式とでも呼ぼうか。フッサールの理論は、前志向性だけでなく、後にフッサールによって完全な表象理論へと精緻化されたブレンターノの志向性の概念にも基づいている。

意識とその対象との束の間の関係は、アビダルマ部派では激論の主題であった。対象と心の発生が同時であると論じたものもいれば、対象がまずはじめに出現し、次の瞬間に心が後続する（まず、見てから、見る意識が起こる）と論じるものもいた。第三の主張では、心と対象は、視界、音、匂い、味、触知については同時であるが、考える意識の対象は先行する瞬間の意識である、とされた。この論議は、どんな事物が本当に存在するのかについての哲学論議へ統合された。どの因子を包含すべきか、それらはいかに特徴づけられるか、といった論議もあった。

ある問題をめぐる論議の雰囲気にもかかわらず、感覚器官のそれぞれ（眼、耳、鼻、舌、身体および心）が別々の意識を有する（ジャッケンドッフ参照）という、より直接経験的な主張は、全員が一致した。各瞬間の経験にはそれぞれの経験者とそれぞれの経験対象があるというのである。そして、もちろん、意識にあっては、経験する者、経験の対象、両者を結びつけている心的因子のいずれにも正真正銘の自己を見出しえないとする点で一致していた。

われわれの常習的で非反省的な状態では、意識が連続し、（攻撃、貧困などに関する）完璧な論理をもつ一見首尾一貫した環境全体という「領域」において、意識がいつでも発生するのはわれわれのあらゆる経験のためとされる[★09]。しかし、原因と結果によって互いに関連づけられる瞬間的な意識の不連続性を隠すのは、この一見全体的かつ連続的な意識なのである。この錯覚的な連続性についての伝統的な比喩は、第一のローソクから第二のローソクへ、それから第三のローソクへと炎を移すことである。物質的な基体が伝わらないのに炎は伝わってゆく。しかしながら、この流れを本当に連続しているものとして、この意識にとらわれると、死という終末に怯えてしまうものだ。だが、三昧／覚によりこの経験（視界、音、思考、別の思考等）の不統一性が明らかにされると、われわれが尊重し、今求めている自己として意識そのものをとらえることができないことが明らかになる。

五蘊をひとつひとつ取り上げても、それぞれのどこにも自己を見出しえないようだ。となると、五蘊はあるやり方で一体化して自己を形成するのではないか。自己とは五蘊全体と同じなのではないか？　この着想は、その生かし方がわかっていればさぞかし魅力的であろう。それぞれの蘊は、単独にみれば束の間で、反永久的なものである。ならば、どうすればそれらを一緒にして、永続的で一貫性のあるものとすることが可能なのか？　おそらく、自己とは、五蘊から「創発する」特質なのではないか？　事実、（多分、心理学の教室で）自己を定義するように求められるとき、この創発の概念を解答に用いる人は少なくないだろう。ある複雑な集まりの創発性や自己組織化の特質に対する現代科学の関心を前提にすると、この考え方がさらにもっともらしくなるのは確かだ。しかし、現時点では、この考え方は何の役にも立たない。そのような自己組織化や協同現象のメカニズムが経験的に明白ではないからだ。さらに重要なのは、われわれが自らの自我として懸命にも執着するものが創発する自己という抽象概念ではない、ということである。われわれが執着するのは「真の」自我―自己なのだ。

そのような自己が経験において与えられないとすれば、対極へ振れてしまうかもしれない。自己は五蘊とは根本的に異なるものなのだ、と。西洋の伝統でこの動きを最もよく具体化しているのは、パターン化された経験が観察されるには、そのパターンの背後にエージェント、つまり動かすもの(mover)が存在しなくてはならないとするデカルトとカントの主張である。デカルトにとって、この動かすものは、考えるもの(res cogitans[思惟するもの])であった。より緻密で正確であったカントは『純粋理性批判』においてこう書いている。「内部知覚におけるわれわれの状態を決定しているものによると、自己の意識は経験的なものにすぎず、いつでも変化している。この内部に現れる流れにおいては、固定ないし一定した自己は存在しない……[したがって]あらゆる経験に先行し、経験そのものを可能にする条件があるに違いない……この純粋で始源的な不変の意識を〈超越論的統覚〉と呼ぼう」[★10]。「統覚」とは、アウェアネス、特に認知プロセスのアウェアネスを基本的に意味する。このアウェアネス経験には自己に対応するものが何も与えられていないとごく明瞭にみてとったカントは、超越論的であり、あらゆる経験に先行してその経験を可能にする意識があるはずだと論じた。また、この超越論的アウェアネスがわれわれの経時的な統一性や自己同一性の感覚の原因であるとも考えていた。それで日常の自己に対して超越論的な根拠を与えるものを「意識の超越論的統一性」と呼んだのである。

カントの分析は見事だが、苦境を深めるばかりである。自己は存在しているが、それについては決して知りえないとしたからだ。さらに、この自己はほとんどわれわれの情緒的な確信に対して答えていな

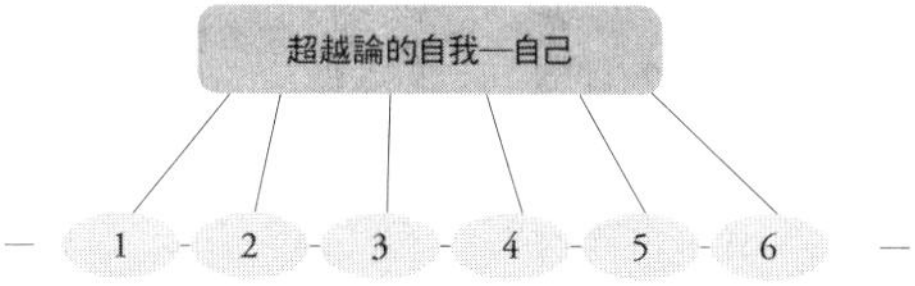

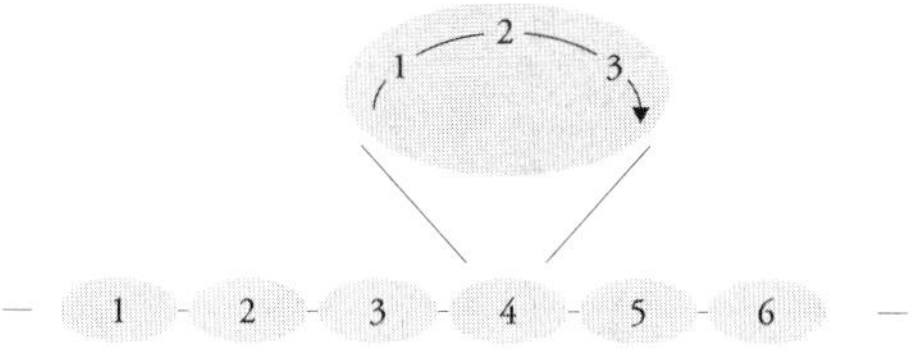

図4·1　経験の刹那。(上)

図4·2　ある超越的な自己が経験の刹那性の基盤となるという説。(中)

図4·3　ある経験の刹那に生じる自我—自己への執着心。(下)

い。「私」でも「私自身」でもないからだ。それは自己全般、ある非人間的なエージェントで経験の背後にあって動かすものでしかないのである。それが純粋で、始源的で、不変であるのに、私は不純で移ろいゆく。かくも根本的に異なる自己が私のあらゆる経験の基盤であり、しかも経験とは接触しないなどということがありうるのか？　経験に関わるには、世界の相互依存性の織物にあずかるほかないのだが、そうなると純粋で絶対的な条件が崩れてしまうのは明らかだろう。

自己に関するカントの見解と三昧／覚の見解との違いを図式化してみよう（図4・1〜4・3）。カントと三昧／覚伝統のいずれにも、すでにみたように、瞬時の経験のなかに実質的な自己はないとする認識がある（図4・1）。カント流の考えでは、純粋で、始源的で、不変の意識（超越論的自我）を根拠として仮定することによって、この刹那に対峙しても自己の存在を信じようとする性向の謎に立ち向かうことを避けている（図4・2）。三昧／覚伝統では、自己への執着は経験の任意の瞬間で起こりうると考察することによって、この刹那の謎を心にはっきり刻みつけようとする態度をとる（図4・3）。ここで、読者はかなりいらつき、こう言いたくなるのではないか。「自己が本当は永続的でも一貫したものでもないのはよくわかった、連続した経験の流れに他ならないのだね。それはプロセスであって事物ではない、と。それでどうだというのだ?」しかし、思い出していただきたい。これまで捜してきたのは、われわれの情緒的／即応的な確信に答える自己なのである。この即時経験レベルでは、自己が「単に」経験の流れであるかのようには感じないものだ。たとえそれを流れと呼んだとしても、われわれがある確固たる感覚に執着しているのは明らかである。なぜなら、この比喩は、経験が連続的に流れることを示唆するからだ。しかし、この連続性を分析にかけると、感情、知覚、動機づけ、アウェアネスの不連続的な瞬間しか見出せないようである。もちろん、こういった問題を克服するには、あらゆる手段で自己を再定義してもよい。可能世界の意味論といった、ごく洗練された論理学の技法を駆使する現代の分析哲学者に倣ってもいいのだろう。しかし、これらの新しい説明は、いずれもわれわれの基本的な反応行動や日々の性向を決して説明しないだろう。

肝腎なのは、心地よく知的に満足できるやり方で自己を再定義しうるかどうかということでも、それでも接近しえない絶対的な自己が真に存在するのかどうかを決定することでもなく、われわれが今ここで経験するような状況に三昧になり洞察力を高めることなのである。ツルトリム・ギャムツォが述べているように、「仏教では、汝が自己を有するとか有さないと信ぜよとは教えない。仏教の教えは、人が人生に対して苦しみ、考え、情緒的に反応しているのをみると、〈永続的で、独立した単一の自己の存在を信じたくなるが、よくよく分析してみると、そのような自己は見つからない〉というものである。言い換えると、五蘊(skandha)に自己はないのである」。

刹那と脳

瞑想修行をしたことがない現代の読者は、ここで欲求不満に陥って、こう尋ねるかもしれない。「ならば、脳についてはどうなのか」。心と意識に関する質問を脳へ転嫁するのは、わが科学文化の一般的な傾向である。脳の機能が連続的で統一されていると仮定できれば、心も連続的であると考えられるのではないか、と。ここでは（熱っぽく討議されるような）哲学的前提のことではなく、心理学的な態度について述べているのである。厳密に言うと、アビダルマの文脈で第一の蘊とされた身体に関する議論で、この問題はすでに処理されたのだが、刹那について神経科学との対話の可能性についてはまだ未解決のままである。脳の機能には刹那についての証拠があるのだろうか？

　われわれが何を検討しているのか明らかにしておこう。三昧／覚に関する経験の検証から明らかにされたのは、経験が不連続で、ある刹那に意識がおこり、しばし存在してやがて消滅し、次の刹那が訪れることである。[★1-1] 経験に関するこの説明（われわれが求めてきた正真正銘の人間経験に関するような説明）は、神経科学から得られる説明と一致しているのか、いないのか？　因果関係の方向性について論じているのではなく、また、経験を正当化するのに神経科学の助けを借りようというのでもない（それは科学の帝国主義であろう）。できるだけオープンな方法で刹那の問題について神経科学が何を言えるのかに興味があるだけなのだ。

　神経科学と心理学で「知覚フレーミング」と呼ばれる、感覚運動の律動性とパーシング（parsing）を扱った文献において紹介された最も著名な現象の一つに「知覚同時性」とか「仮現運動」と呼ばれるものがある。例えば、二つのライトが〇・一〜〇・二秒より短い時間間隔で連続して示されれば、それらは同時または仮現的に同時であるものとして見られる。この間隔がわずかでも増加すれば、閃光が素早く運動しているように見える。この現象によく似ている例は、最後のライトが矢印の形をした、閃光が連続する広

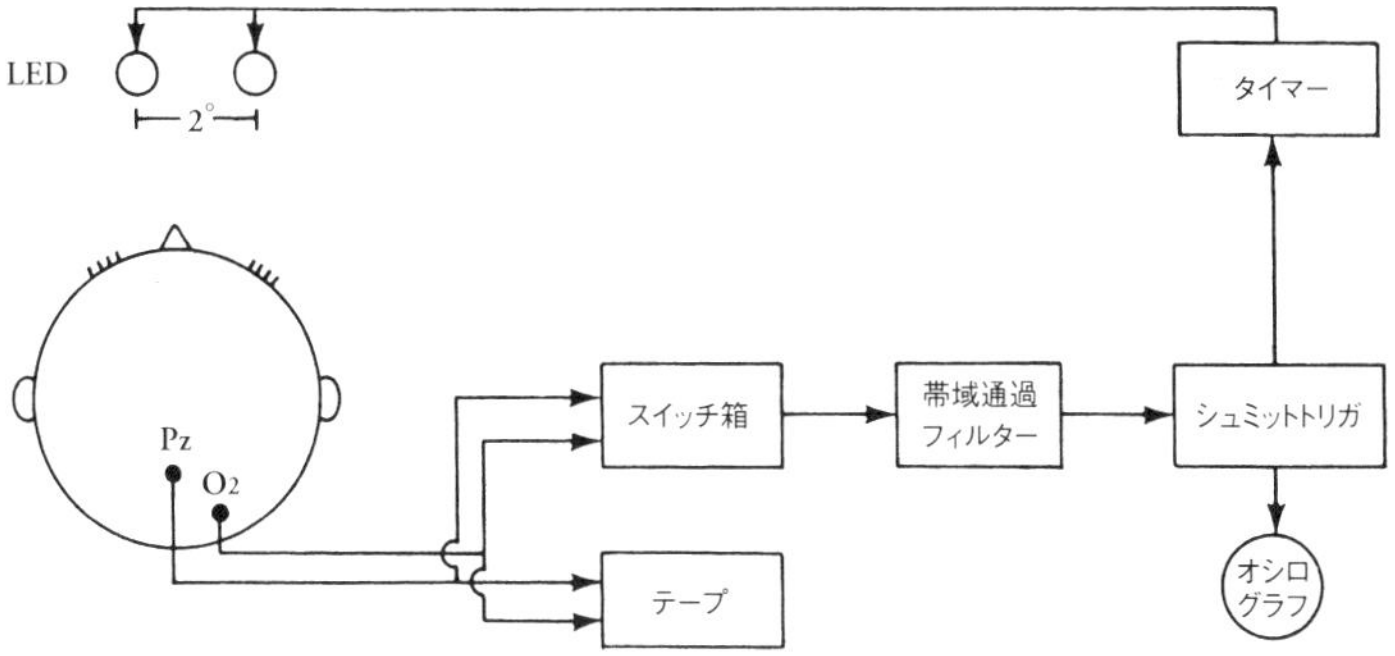

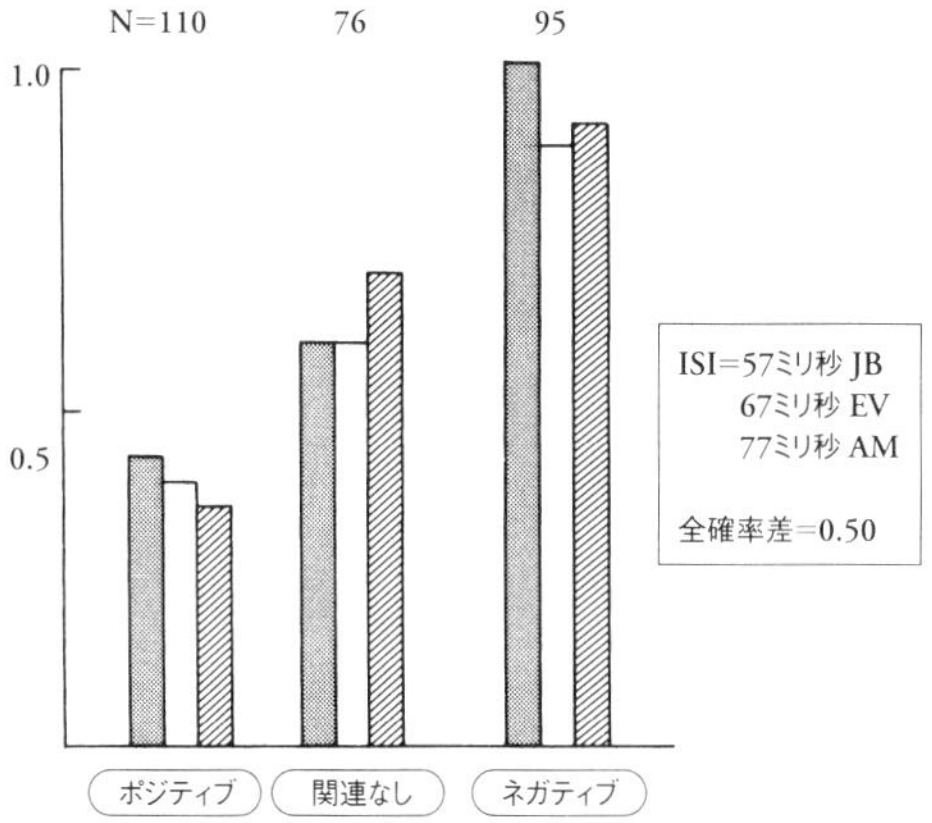

図4·4　知覚現象の自然パーシングを研究する実験。本文参照。Varela et al., Perceptual framing and cortical alpha rhythm より引用。(上)
図4·5　100～150ミリ秒で知覚現象の一過性パーシング(分割)が起こることを示す実験結果。(下)

告ディスプレイである。次々と点滅するライトは矢印の方向へ次々とジャンプしている印象を与える。

脳が脳波図（EEG）で検出される周期的な活動リズムを有することはよく知られている。視覚皮質の主要リズムも約〇・一五秒なので、時間的フレーミングと皮質のα波との間に関連があると仮定するのは自然なことである。

この関連性は実験的に試験されうる。図4・4はその実験デザインを示す。被験者に表面電極を装着させ、皮質の電気活動から主たる〇・一秒のリズム（いわゆるα波）が摘出されるようにする。次いでこのリズムを利用して、被験者の前に示されるライトのオン／オフの引き金になるようにした。このライトのオン／オフ・タイミングをある範囲内に設定すれば、被験者はライトが同時に点いているという。この間隔が広がると、被験者はライトが移動するとか連続的であるとかいう。刺激間隔（第一のライトが点くのと第二のライトが点く間）が〇・〇五秒以下ならば同時的、〇・一秒以上では連続的、〇・〇五〜〇・一秒では移動したように見える、と報告されるのである。

しかし、この実験では、被験者は彼「自身」の皮質リズムの様々な刹那にこのライト・セットがどう見えるのかを尋ねられた。図4・5にその結果を一部示す。図4・5の棒グラフ三群で、中央のものは、被験者の脳リズムとライトとの間に関連性がない場合に見えたものを示す。ここでは、ライトの間隔は、同時か仮現運動のいずれかをほとんど偶然のレベルで見るように設定されている。この中央バーの両側では、ライトの知覚と皮質リズムとの間に、リズム相の二つ（ポジティブ・ピークとネガティブ・ピーク）で関連性がある。二つのライトがネガティブ・ピークのときに始まれば、被験者にはそれらがほとんどいつでも同時に見える。一方、ポジティブ・ピークで開始されれば、それらが仮現運動をしているようにみえる。ライト間の時間間隔は変えず、被験者にライトを提示する瞬間だけを変えた。

このような実験は、視覚フレームのなかに自然のパーシングが存在すること、およびそのようなフレーミングが少なくとも約〇・一〜〇・二秒の間の範囲にある人間の脳のリズムに少なくとも部分的かつ局所的に関連していることを示唆する。概して言えば、もしこのライトがこのフレームの開始時に提示されれば、それらが同時に起こっているとみる可能性は、このフレームの後半時に示される場合よりもずっと大きい。つまり、この視覚フレームの後半時に提示されるときは、第二のライトが、いわば次のフレームに落ちるのである。あるフレームの内部に落ちるものはすべて一つのタイムスパン、一つの「今」のなかにあるかのように被験者には処理されるのである。

そのようなニューラル・パーシングは、脳が網膜から筋肉へ至るリレー・ステーション系列ではないという事実に照らせば予期されるものだ。各レベルには、往復かつ枝分かれした強い結合があり、全ネットワークは、全レベルでの多量の協同的、往復的な活動の適合化によってはじめて機能しうるのである。さらに、中枢神経系のニューロンには、イオン伝導度に基づいたごく多様な電気特性があって、それが自己律動的な振動特性を与えるという証拠もある。この完全に協同的な活動が始動から最高潮に至るにはある時間がかかる。そのような振動／共鳴は、（他の可能な機能上の役割のなかでも）感覚運動を時間的に調整するものと考えられる。

当面のケースでは、律動は、視床と視覚皮質との往復的な結合と残響に密に関連している。実際、哺乳動物の視床および皮質のニューロン活性がシナプス前電位の発火後に約〇・一秒の一様な時間経過を有することを示す十分な証拠がある。さらに、α波は、同調化した視床皮質の残響と同調的に発動するニューロン群の結果であると一般に受け入れられている。これらは、時間フレームの基礎を示す二、三の例にすぎない。次章では、自己組織化ネットワーク機能を基にして視覚事象を再び検討する。

記述可能で認識可能な知覚が生起するのに要する最小時間の臨界値が約〇・一五秒であることは注目に値する。もちろん、この最小量を超えたところでは、より複雑な概念化がずっと長く、約〇・五秒まで続きうる。この限界は、事象関連電位（ERP）として知られる皮質活動の成分において明らかにされる。被験者には電極セットを装着してもらい、タイムロックされている刺激を用いて、表面電気活動のサンプルを大量に回収するのである。これらERPは、多量のニューロンを遠隔感知することから予測されるように、悪名高いほどにノイズに満ちている。しかし、重要な関連性を識別できるアルゴリズムを用いた最近の方法では、これら「思考の影」がイメージ化されるようになってきた。

図4・6aは、例えば、被験者の頭全体に及ぶ一五個の電極モンタージュを示す。この研究での作業は、示される矢の軌跡を判断して動かすべき標的の距離を見積もることであった。「動かす」作業では、その距離に比例した力で、右手指の下にあるボタンを押すことが求められた。対照的に、「動かさない」作業では、矢印が直接標的に向かっているので、押す必要はなかった。したがって、全体的な刺激条件は同等であったが、空間的な判断と応答は、二つのケースで異なっていた。図4・6bは、二つの作業のERPを示す。それらがたった〇・三〜〇・五秒の範囲でのみ異なり、その前後では同一であること

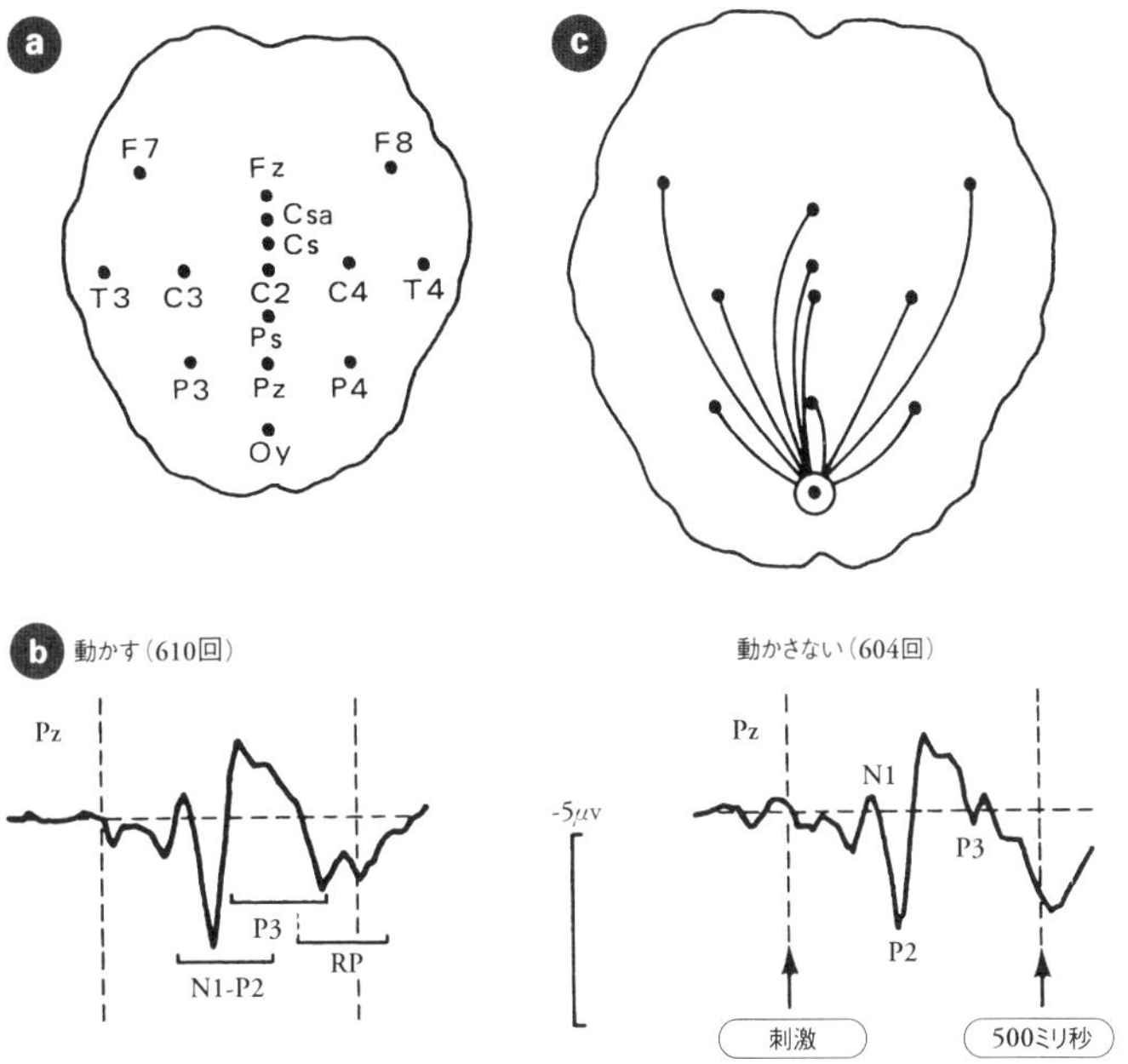

図4･6　a）単純な視覚—運動作業に対峙したときに発生する事象関連電位を抽出する15個の電極モンタージュ。b）0.5秒に及ぶ一連の電気事象を示すERP。2つの作業（「動かす」と「動かさない」）は0.3～0.5秒の部分でのみ異なる。c）「思考の影」のような一過性フレーム全体の電気的パターン運動変化。実線は「動かす」作業において○で囲んだ電極と強く関連することを示す。「動かさない」作業では別の関連パターンをとる（データ示さず）。Gevins et al., Shadows of thought より引用。

が明らかである。さらに、図4・6cが示すように、様々な瞬間と様々な作業における脳全体の活動領域は、移動しては消えてゆく電気活動の動く雲、経験の刹那の電気的投影であるようにみえる。

この神経心理学的パースペクティブがわれわれの目的にとって興味深いのは、経験のパーシングが三昧／覚修行者の五蘊と自然に対応するからである。パーシング現象は、神経心理学者にも修行者にも、一見しただけでは明らかでないが、三昧／覚のような、経験を検討する訓練された方法を介して明らかにされうるのである。

三昧／覚修行の立場からすれば、五蘊は連続的に生起する要素の直接観察を表すのか（それらを個別にリストすることで示唆される発展の系列があるのか）、または時々刻々同時に生起するのか（リストの順番に意味はない）は、興味深い問いなのである。この問題は、人の注意や観察の習慣に関連して、おそらくは（五蘊について誰がどんな理由で教えているのかといった）文脈上の目的のために、五蘊がどう変化するかという古典的な例題を提供する。ある著者の記述では、五蘊が連続的であると説くこともあれば、他の記述（特にこの問題にあまり関わらない、より古典的な経典）では、この問題についてあまり明確に述べられていない。これは、仏教講話において五蘊の説明が果たす機能からすれば、十分意味があることなのである。

五蘊が連続的か同時的であるかということを研究対象として取り上げるときでも、ほとんどの人々にとっては、五蘊は現象学的にあまりに早く生起するので、見分けることはできない。経験ユニットが短いタイミングで生起するという神経生理学上の観察に照らせば、五蘊は一つのパッケージとして生起するようである。例えば、現代の認知心理学における情報処理の視点からみても、形態（色蘊）と識別（想蘊）

はお互いを特定するようだ。形態は、ある背景から特徴的なものが生起することと見られる（背景からの姿）が、識別は、単純に区別をつけることではない。それは活発な、（つまり、トップダウン式の）概念化プロセスであり、形態のどんな単純な特徴でも見分けることを可能にする。形態も識別も、前もって与えられるものではない。すでにみたように、われわれの知覚は志向的に構築されるのである。

一方、神経生理学的な観察によれば（例えば図4・6に示すように）、知覚組織化の初発段階は（少なくとも上記の実験室条件および単純な視覚運動パターンでは）より認知に関連した電気的反応より約〇・一〜〇・二秒だけ先行する。この時間の違いは、注意における訓練が十分安定して、その違いに気づくようになるときを除けば、より詳細な注意のためには余りに短すぎるかもしれない。たとえそうでも、何世紀も前の修行者により、そのような観察の細かな点が神経生理学的証拠との比較を可能にする大変興味深い表現で提示され、繰り返し正当化されてきたのは注目に値する。

さらに、経験を積んだ瞑想者が利用できるものは、必ずしも初心者には利用できない。特に、五蘊の分析の事例では、三昧／覚によって提唱される変更可能な開かれた姿勢において人間のアウェアネス／注意が受ける変化のプロセスが浮き彫りにされる。第2章で概説したように、三昧／覚修行の基礎は、端座（三昧／覚の「研究室」的状況）の間や日常生活において瞬時に生起する経験に心を弛緩させて集中することにより三昧を鍛えることなのである。身体としてある状況の詳細に繰り返し注意を払うことによって、起こっていることに対するアウェアネスはますます自発的になる。最初は思考や感情の閃きにすぎないものが、その生起を詳細にみることで、より鋭く、より明瞭になっていく。さらなる上達により、心の動きへ払われる注意は十分繊細かつ迅速になり、三昧を特別な態度としてみなさなくなるに違いない。三昧は自発的に存在するようになれば存在しなくなる。次いで、アウェアネスと心の動きとのこの分かちがたい状態がさらに安定すると、五蘊の刹那から刹那への微妙な進歩（連続的であれ同時的であれ）を観察することが可能になるのだ。

この注意の進歩は、仏教伝統ではさらに深く、より詳しく考察することの対象となってきたが、その基本的な上達をわれわれの目的に照らして提示することはもう十分である。はじめの主題であった自我——自己の本性へ立ち帰って本章を締め括ろう。

自己のない五蘊

五蘊のなかの自己探索では、空手《くうしゅ》で戻ってきたようにみえる。つかもうとしたものがすべて指からすり抜けて、残ったのは、つかめるものは何もないという感覚だけである。ここで小休止して、われわれが見出せなかったものが何であるかを想起することが肝腎である。

われわれは、物理的な身体を見つけ損なったわけではない。もっとも、それを「私の身体」と呼ぶのはわれわれの事物の見方次第であることを認めなければならなかったが。われわれはまた、感情や体感を適切に位置づけることができなかったわけではなく、また様々な知覚を見出した。素因、意思、動機（要するに、われわれのパーソナリティや情緒的な自己感覚を構成するものすべて）を見出した。また、覚知しうるあらゆること（見る、聞く、嗅ぐ、味わう、触れること、さらに、われわれ自身の思考プロセスに関するアウェアネス）も見出した。したがって、われわれが見出しえなかった唯一のことは、真に存在している自我ないし自己なのである。しかし、注目すべきは、われわれが経験を見出したことである。実際、まさに嵐の経験を見る眼のなかに入ったのだが、われわれが識別できたことは、そこに自己、「私《アイ》」はないということである。ならば、どうして空手であると感じるのか？　われわれがそう感じるのは、そもそも決して存在しないものをつかもうとしたからである。この執着は常に続いていて、それはまさにわれわれの行動のすべてを条件づけ、われわれが生きている状況のすべてを形成する、根の深い感情的な反応なのである。五蘊が「執着の集まり（upadanaskandha）」として総括されるのはこのためである。主に素因から形成されているわれわれ（われわれのパーソナリティ）には、実は自己がない（synya：空）のにそれが自己であるかのように五蘊に執着するのだ。しかも、自我—自己は空であるにもかかわらず、五蘊は経験に満ちている。これはどうして可能なのか？

　洞察が徐々に深まるにつれ、穏やかな三昧の経験が強化され、あらゆる経験的な生起が現れる空間は拡大する。この修行が上達するにつれ、（事後の反省だけでない）即時的な態度は、これらの経験（思考、性向、知覚、感情、体感）が固定しえないというアウェアネスにますます集中するようになる。それらに対してわれわれが常習的に執着すること自体は、心の一部である別の感情や素因にすぎない。

　この生起と消滅、出現と衰退こそ、経験の五蘊における自己の空性なのである。換言すると、五蘊が経験に満ちていることがまさにそれに自己がないことと同義なのである。確固たる、真に存在する自己が五蘊のなかや背後に隠されていれば、その変化不能性により、いかなる経験も生じることが妨げられるだろう。また、その不活発性により、絶えず生成／消滅する経験に急ブレーキがかかることだろう（したがって、そのような自己の存在を前提とする瞑想技術が五感を閉じて、経験世界を否定することによって進行するのは驚くにあたらない）。しかし、生起／衰退する経験のサークルは、連続的に回転する。それが可能であるのはそこに自己がないからだ。

本章では、認知と経験が真に存在する自己を有するようには見えないことだけでなく、そのような自己―自我の存在を常習的に信じること、そのような自己に絶えず執着することが、人間の苦と常習的なパターンが始まって、継続することの論拠となることをみた。われわれの文化では、固定された自己はないと明らかにした科学は、一歩離れてそのことを記述しただけである。科学は、固定された自己が心には必要でないことを示したものの、このもはや必要でない自己こそが誰もが執着し、しっかりつかもうとする自我―自己に他ならないという基本的な事実を扱う方法は何も提供しなかった。説明のレベルにとどまるために、非人間的で仮定的な理論的に構築された自己も自我―自己もない心の経験が変容可能であるとする考え方に気づいていないのである。

これ以上を科学に求めてはいけないのだろう。メルロ＝ポンティのことばを借りると、科学の強みは、事物の渦中にあることを放棄する代わりに、事物を操作することを選択することにあるのだろうから。[★12] しかし、この選択が科学の強みであるとすれば、それはまた弱みでもある。経験に満ちた事物の渦中にあることを断つことにより、科学はその発展によってさして影響されないままでいられるのである。過去二〇〇年間は許されたこの状況も、現代認知科学の時代では、急速に許されなくなりつつある。

科学が、責任ある啓発されたやり方で、その事実上の権威ポジションを維持し続けようとすれば、その範囲を広げて、ここで取り上げるような、三昧経験や開かれた分析を包含しなければならない。少なくとも現段階の認知主義にはそのようなステップが可能であるようにはみえない。帰納法の形式に倣った記号計算として認知を狭い概念でとらえているからだ。認知主義は、ゼウスの頭からアテナが生まれたように、即席で現れたわけではない。その草創期のルーツとその後に決定された探究の方向をよくわかっている認知主義者はごくわずかしかいない。しかし、この草創期は、再び、認知への新しい論争多きアプローチへの霊感の源泉となっている。生物学的集まりが有する自己組織化の特質が中心的な役割を担うこのアプローチは、これまで触れてきたテーマのすべてに新たな光を投げかけるものである。第3部の探究はここから始まる。

第3部
創発の多様性
Varieties of Emergence

第5章 創発特性とコネクショニズム

自己組織化：ある選択肢の根源

三昧／覚瞑想の伝統を介した人間経験の検証と認知科学との対話は、探究の第二段階に入る。第一段階では、今日の認知主義と、開かれた三昧の経験を検証する初期段階の双方で、認知エージェントを表象の束とする考え方が中心的な役割を担うことをみた。この第二段階の主要テーマは、「創発する」特性という考え方である。この重要な概念には複雑な歴史があり、それが議論の糸口になる。

認知科学における記号操作という支配的アプローチに代わる考え方は、初期のサイバネティクス形成期にすでに提唱され、広く論じられていた。例えば、メイシー会議［一九四六年から五三年にかけて一〇回開催。フォン・ノイマンやグレゴリー・ベイトソンらが参加］では、実際の脳には規則も中央論理装置もなく、情報が正確なアドレスに保管されているようにもみえないとする論点が広範に議論された。むしろ、脳は大量のニューロン相互連結を基盤に分散して機能しており、経験の結果、ニューロン集団間の連結が変化するのだ、と。要するに、この集団こそが記号操作のパラダイムにはみられない自己組織化の能力を提供するのである。一九五八年、フランク・ローゼンプラットは、ニューロン様の要素の連結性の変化にのみ基づいて、「パーセプトロン」という認識能力を備えた簡単な装置を組み立てた。同様に、W・R・アシュビーは、ランダムな相互連絡を有する超大型システムのダイナミクスについてはじめて研究し、それが一貫した全体行動を表すことを示した。

標準的な歴史ならば、これらオルタナティブな見解は、第3章で論じた計算論的な考え方によって、文字通り知的舞台から追放されたとなるのだろう。こういった考え方が爆発的に再燃したのは、認知主義の正統教義(ダニエル・デネットが「高教会の計算主義」と揶揄した)の支配から二五年経った、一九七〇年代後半からである。この背景には、物理学と非線形数学における自己組織化の概念の同時的な再発見と高速コンピュータの活用があった。

自己組織化を見直す最近の動機は、認知主義の広く知られた二つの欠陥にあった。その第一は、記号情報処理が一度に一つへ適用される「連続」ルールに基づいていることである。この「フォン・ノイマンのボトルネック」は、当面の作業に多数の連続操作(例:イメージ分析や天気予報)が必要とされるときに明瞭な限界となる。「並列」処理アルゴリズムへの継続研究がほとんど成功してこなかったのも、計算論的な教説が真正面から対抗しているからであろう。

第二の重要な限界は、記号操作が局在化していることである。このため、記号の一部が失われるか、システムのルールが機能しなくなると、重大な機能不全に陥ってしまう。対照的に、「分散」機能がきわめて望ましいのは、損傷に対してほぼ等価の能力と免疫性が全体にゆきわたっているからだ。

認知主義が支配した最初の二〇年間の特徴を最もよく表現しうるのは、実践面では熟練者と子供を逆転させる必要があるという、研究者共同体の間に徐々に成長した確信である。当初試みられたのは、自然言語の翻訳のような最も一般的な問題や「一般問題解決者」を設計する問題を解くことである。ごく訓練された熟練者である個人の知性に合わせたこれらの試みは、興味深い難題に直面する羽目になった。試みがより限定的になるにつれ、日々のまばらな発声から言語を獲得し、光の海から意味のある対象物を構成する赤ん坊の知性のほうがより深くてより根元的であることが明らかになった。認知主義は生物学的なインスピレーションからはあまりに離れており、認知的なものを生物学的なものへ還元しようと望む者はいない。しかし、ごく通常の作業は、認知主義の計算論的な戦略よりもちっぽけな昆虫が実行するほうが速いのである。同様に、損傷に抵抗しようとする脳の回復力や新しい環境へ適応しようとする生物学的認知の柔軟性は、神経生物学者にとっては当たり前だが、計算論パラダイムのどこにも見られないものである。

コネクショニストの戦略

このオルタナティブな認知科学の方向性において、脳は再び比喩と着想の源泉となった。抽象記号の記述ではもはやなく、神経のような、単純で非知性的な要素の全軍(適切に連結されると、興味深い全体特性を示す)が理論やモデルになった。これらの全体特性により、求められる能力が具体的に発現されるのである。

このアプローチ全体は、適切な連結に依存して、通常それはかなり恣意的な初期状態に始まり、しだいに変化するルールによりなされる。最も徹底的に研究された学習ルールに「ヘッブのルール」がある。一九四九年、ドナルド・ヘッブは、学習はニューロン間の関連した活動度による脳内変化に基礎づけられると示唆した。二つのニューロン間の連結は、ともに活動する傾向があれば強められ、それがなければ消滅する、と。したがって、そのシステムの連結性は、その変容の歴史から不可分となり、この系に対して定義される作業の種類に関連するようになる。真の行為は連結《コネクション》のレベルで発生するという理由で、この研究方向に対してコネクショニズムという名称(しばしばネオコネクショニズムとも呼ばれる)が提唱され、今日に至っている。★01

このアプローチが急速に陽の目を浴びるようになった重要な要因の一つは、これらネットワーク内に起こりうる変化を跡づける、有効な方法がいくつか導入されたことである。特に注目を惹いてきたのは、システムが集束する様子を跡づけることを可能にする全エネルギー関数をシステムに賦与する統計手法の導入であった。

一例を挙げよう。全数N個の単純なニューロン様の要素を取り、それらを交互に連結する。次に、その節点の一部を感覚末端(お望みなら、網膜)として扱うことにより、このシステムに連続したパターンを提供する。その後で、ヘッブの原理に倣ってその連結部を再構成すること、すなわち、提供された項目についてたまたま一緒に活動しているニューロン間の連結を増加させることによって、このシステムをそれ自体で再構成させる。全体のパターン・リストを提供することがシステムの学習フェーズとなる。

この学習フェーズの後で、再びこれらパターンの一つをシステムへ提供すると、学習項目を表現するとされる独自の全体状態または内部配置に落ちるという意味で、それが認識される。この認識が可能であるのは、提供されるパターンの数が参画ニューロン全数の分画（約0・15N）より大きくない場合である。さらに言うと、たとえそのパターンにノイズが入ったり、システムが部分的に切断されたりしても、このシステムには正確な認識が可能なのである。

創発と自己組織化

上記の例は、全体的なニューラル・ネットワークかコネクショニスト・モデルの一つでしかないが、今後さらに深く論じることになろう。しかし、まず議論の幅を広げて、これらネットワークを研究するときに問題となることを理解する必要がある。この戦略は、すでに述べたように、記号やルールからではなく、稠密な方法で互いに動的に連結する単純な成分から始めることにより認知システムを組立てることである。このアプローチでは、各成分がその局所的な環境においてのみ機能し、このシステムの中心軸をずらすような外部エージェントは存在しない。しかし、このネットワーク・システムには、あらゆる参画「ニューロン」の状態が相互に充たされた状態に達すると自発的に創発する、全体的な協同作用が存在する。したがって、そのようなシステムでは、オペレーション全体を導く中心処理ユニットの必要はない。局所ルールから全体的一貫性へのこの変遷は、かつてサイバネティクス時代に自己組織化と呼ばれたものの核心である。今日では、創発特性、全体特性、ネットワーク・ダイナミクス、非線形ネットワーク、複雑系、シナジェティクス(synergetics)とさえ呼ばれている。

創発特性に関する統一された公式の理論はないが、創発特性があらゆる分野、渦巻き運動とレーザー、化学振動、遺伝子ネットワーク、発生パターン、集団遺伝学、免疫ネットワーク、生態学および地質物理学などに見出されているのは明らかである。これら多様な現象に共通するのは、ネットワークから新たな特性が生じることであり、その普遍的な理解への探究が試みられている。上記の様々なシステムが共有している創発特性をとらえる最も有用な方法の一つは、力学系の理論の「アトラクタ」という考え方である。この概念は今後の議論でも重要になるので、例を挙げて考察してみよう。★02

「細胞オートマトン」とは、両隣りからインプットを受け取り、その内的状態を同じ両隣へ伝える単純ユニットである。この細胞ユニットが二種類の状態(0か1：活性か不活性)しかとりえず、各オートマトンの変化を支配するルールが二つの命題のブール関数(「と(and)」か排除的な「か(or)」)であるとする。細胞オートマトンの二種の状態それぞれについてそのような関数を選択できるので、各ユニットの作動はブール関数の対によって完全に特定される。

複雑なネットワークで研究する代わりに、そのような要素ユニットを環状に連結し、リング全体からのインプットもアウトプットもなく、内部の活動しかないようにする。しかし、表示のためには、このリングを切開して直線状にして、1の状態の細胞を■で示し、反対状態の細胞を空白スペースで示すことにする。したがって、図5・1に表示されるように、細胞ポジションは左から右へ動く(リングなので最後の細胞は最初の細胞につながっている)。

この細胞オートマトンのリングが動的状態を獲得するには、ある種のランダム状態で始動し、各細胞がそれぞれの(個別の)瞬間において、同時作動的に更新状態に到達する(すなわち、細胞のすべてがそれぞれの状態に一緒に到達する)ことによる。図5・1では最上列に初発時を示し、下方へ連続した時間経過を示す。したがって、同一細胞の連続状態が縦方向に読み取れ、細胞の同時状態が横に読み取れる。図5・2に示すあらゆるシミュレーションにおいては、リングは八〇個の細胞から構成され、その最初の出発状態はランダムに選択された。

注目すべきは、この単純な、ほとんど最小のネットワークにさえ、豊富な自己組織化能力が観察されることである。最近、S・ウルフラムは、この能力を徹底的に検証した。彼の研究をここで繰り返すつもりはないが、われわれの目的に照らせば、これらリングが動的に四種の主要クラス(アトラクタ)へ分類されることに注目すれば十分である(図5・2)。第一のクラスは、すべての細胞が一様に活性または不活性になる単純アトラクタを示す。第二の、より興味深いリングのクラスでは、このルールにより空間的な周期性が生じ、活性なままの細胞もあればそうでない細胞もあるようになる。第三のクラスでは、このルールにより、二個以上の長さの時空的なサイクルが生じる。第二、第三のクラスはサイクリック・

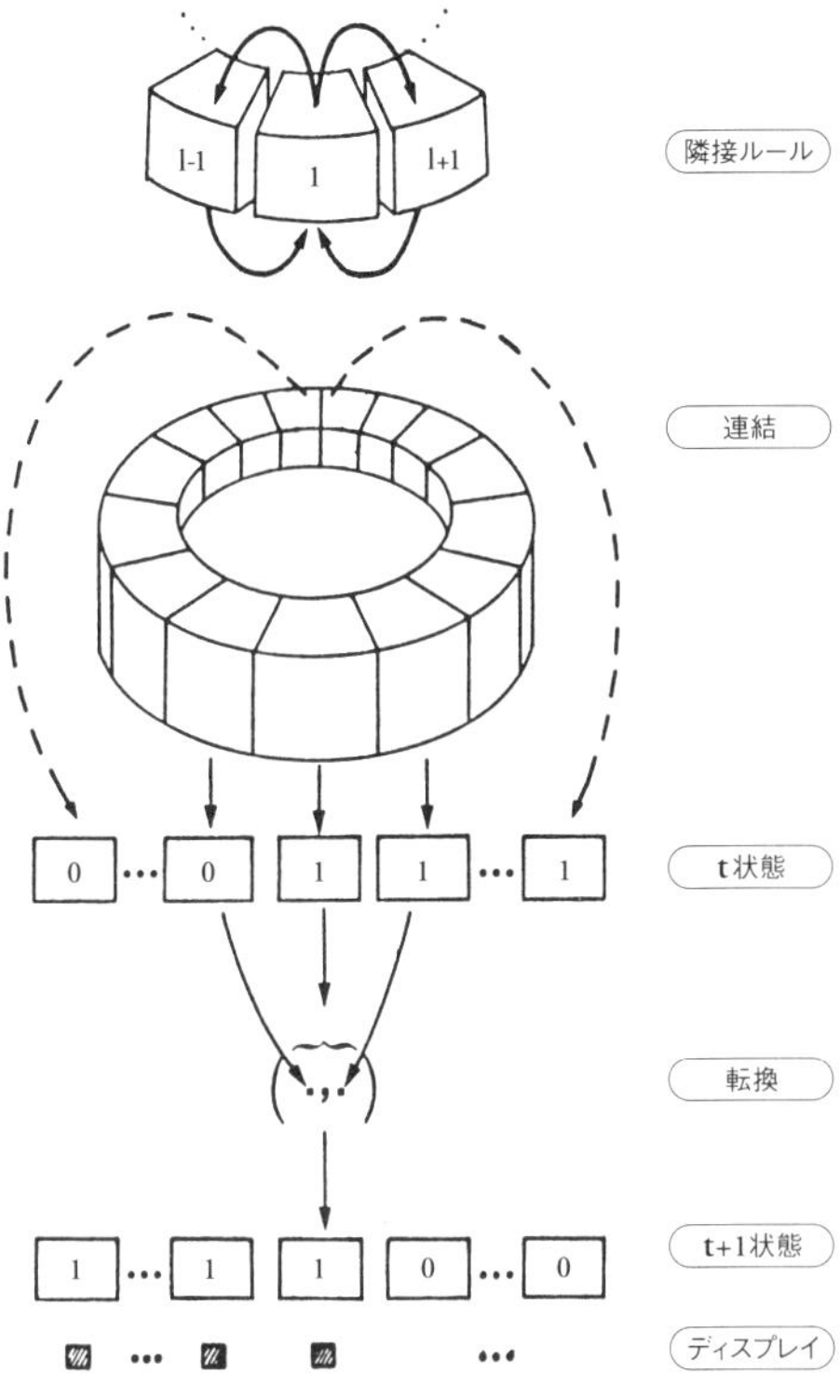

図5·1　単純な細胞オートマトンの構築。

アトラクタに相当する。最後に、いくつかのルールでは、動的状態から空間・時間においていかなる規則性も検出されないカオスのアトラクタを生じるようである。

ここで例示されている基本的な論点は、相互作用している要素のシステムにおける全体的なパターン配置の創発は、単離されたケースに偶然なものでも神経系に特有なわけでもないということである。実は、稠密に連結した集合体は創発特性をまぬがれないようなのだ。したがって、そのような特性の理論は、自然／認知現象における様々な説明レベルと必然的に関連するのである。このより大きな自己組織化の見解に留意して、神経ネットワークとコネクショニズムについてさらに考察してみよう。

今日のコネクショニズム

コネクショニズムの理論は、驚くべき優美さで、迅速認識、連合記憶、範疇的一般化といった数多くの興味深い認知現象についての作業モデルを提供する。今日この方向性が熱狂的に支持されているのにはそれなりの理由がある。第一に、認知主義のＡＩや神経科学が上記に紹介したような認知プロセスを説明する（再構成する）のに、確信的な結果をほとんどもたらさなかったこと。第二に、コネクショニスト・モデルが生物学的システムにずっとよく似ているので、これまで考えられなかったＡＩと神経科学を統合した研究がかなり可能になること。第三に、実験心理学において、コネクショニスト・モデルが行動主義的な方向性を取ることにより、高次の普遍的な精神を対象にした（認知主義では正当化されたが、心理学的

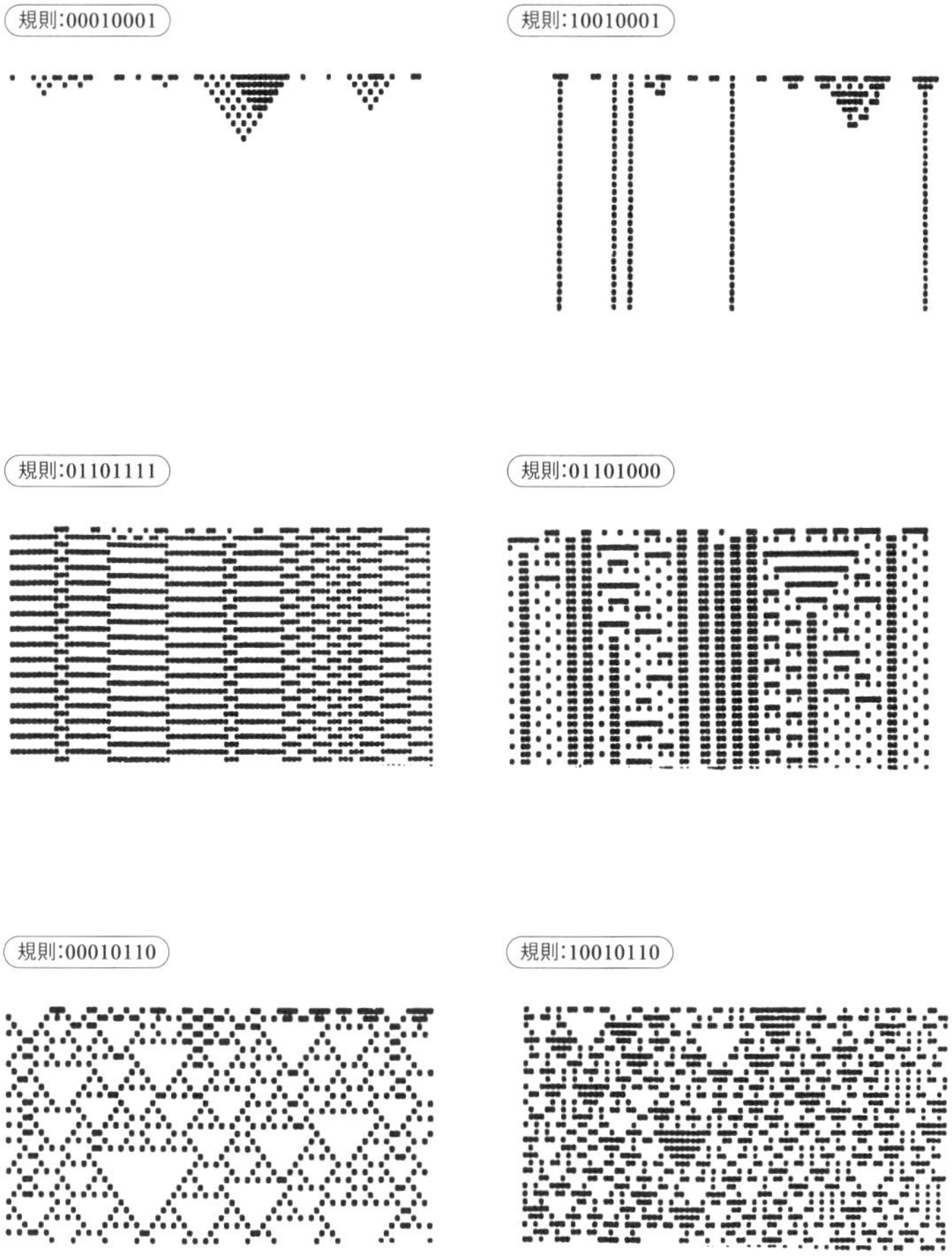

図5·2　細胞オートマトンにおいて創出される協同パターン(または「アトラクタ」)。

には賛否両論があった）理論化が避けられること。最後に、このモデルが、視覚やスピーチ認識のような様々なドメインに対し、ほとんど変更せずに応用できるほどに一般的であること。

眼球運動や不随意運動のような、学習を必要としない作業についての創発する神経状態の例は枚挙に暇がない。最初の例として紹介したヘッブの学習ルールのような経験に依存して変わる認知作業の理解が待たれているのは言うまでもない。そのようなルールは、ニューラル・ネットワークに、（単純なリング・オートマトンにさえ認められた）創発だけでなく、経験に応じた新しい状態を合成する能力ももたらす。

ここでは、柔軟なニューラル・ネットワークという新しい研究分野や、脳や人工知能研究への応用について論じるつもりはない。われわれの目的としては、現在二種の主要な学習方法が探究されていることを知っていれば十分である。第一は、ヘッブのルールにより明示され、脳メカニズムにより示唆されたもので、「相関」により学ぶことである。つまり、学習システムには全系列の事例が提示され、将来の出会いのために形成されるというもの。第二の選択肢は、「複製」によって学ぶこと、すなわち、ある活動指針として作用するモデルを有することである。この戦略は、実際ローゼンブラットがパーセプトロンにおいてすでに提唱したものだが、その現代版では、「逆伝達（バックプロパゲーション）」として知られている。この技法では、ネットワーク内側のニューロン連結（「隠れユニット」）における変化が、ネットワークの応答性とその結果の差違を最も小さくするように設定される。★03 ここでは、学習はインストラクターを模倣しようとする人に似ている。この方法の素晴らしい最新例であるネットトーク（Net-Talk）は、英語テクストの数頁がその学習フェーズに示されることによって作動する書記素―音素変換装置である。その結果、ネットトークは、不十分だが理解できる英語とみなされるもので新しいテクストを声に出して読むことができる。

ニューロンの創発

最新の研究により、創発特性が脳そのものの機能にとって根元的であるという詳しい証拠がいくつか得られた。このことは、脳の解剖学を詳しくみれば、さして驚くことでもない。実は、シェリントンとパブロフの時代以来、分散特性を理解することは、神経科学の黄金郷《エルドラド》、見果てぬ夢であった。この困難さの理由は、技術的かつ概念的なものであった。技術的に難しかったのは、脳全体に分散した複雑錯綜としたニューロンが何を同時に実行しているのかを知ることが容易でないからである。本当に有効な方法がみつかったのはつい最近のことだ。しかし、概念的にも困難であったのは、六〇～七〇年代の神経科学者が認知主義の眼鏡をかけて脳をみたからである。したがって、脳はフォン・ノイマン型コンピュータであるという情報処理の比喩のほうが、創発的なネットワークの説明よりずっと流行っていたのである。

しかし、情報処理の比喩は使用が制限されている。例えば、視中枢のニューロンは特徴的な視覚刺激に対して特別の応答を有するが、これらの応答が起こるのは、ごく単純化された内部／外部環境下にある麻酔状態の動物においてだけなのだ。より正常な感覚環境が許容され、覚醒状態で活動する動物が研究される場合、神経応答が前後の状況に対してごく敏感になることがますます明らかになってきた。例えば、身体の傾きや聴覚刺激がもたらす特徴的な効果がある。さらに、ニューロン応答の特徴は、その受容フィールドから離れて局在化しているニューロンに直接依存するのである。同一の感覚刺激を保持している間に姿勢を変えることさえ、一次視覚野におけるニューロン応答を変化させる。このことは、離れているようにみえる運動野でさえ感覚野と共鳴していることを示している。このような構造をもつシステムを各段階ごとに記号で説明してもうまくいかないだろう。

したがって、ニューロン研究は、コンテクストに依存して変化する協同的な相互作用を介して絶えず消滅しては出現する大きな集団の構成メンバーとしてニューロンをとらえなければならないことが神経科学者にはますます明らかになってきたのである。脳の構成ルールは、ある領域(核、層)AがBに連結すればBは互恵的にAへ連結するというものだ。この相互依存の法則には二、三の些細な例外しかなく、かくて脳は高度に協同的なシステムになる。その成分同士が稠密に相互連結しているために、最終的には、すべての成分が実行していることに進行中のものすべてが関わるようになるわけだ。

この種の共同性は局所的にも全体的にも有効である。脳のサブシステムだけでなく、そのようなサブシステム間の連結レベルでも機能するのだ。脳全体をとって、視床、海馬、皮質回といった細胞や領域の種類によっていくつかのサブセクションへ分割する。これらサブセクションは、複雑な細胞ネットワークから構成されるが、サブセクション同士もまたお互いにネットワーク形式で関連している。結果としてシステム全体は、どうやって起こるのかは正確に言えないが、内的一貫性の精妙なパターンを獲得する。例えば、人工的に網様系を可動させれば、生物の行動は、覚醒状態から睡眠状態へ変化するものだ。しかし、

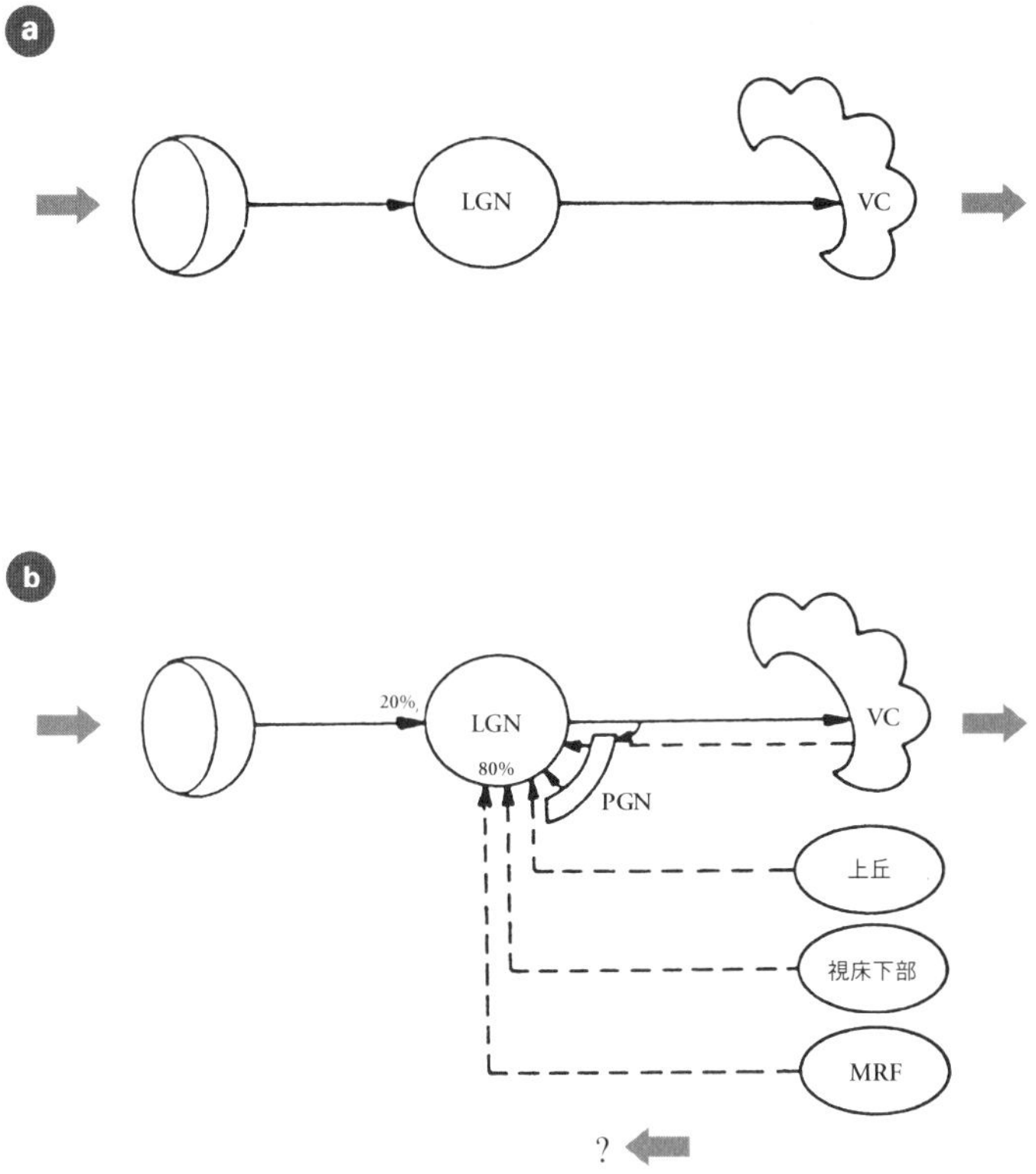

図5·3　哺乳動物の視床レベルにおける感覚経路の連結。

この変化は、網様系が覚醒を制御することを示すものではない。その系は、ある内的一貫性が生起することを可能にする脳内アーキテクチャーの一形態なのである。しかし、こういった一貫性が生起するとき、それは単にある特定のシステムによるのではない。網様系は、覚醒／睡眠のようなある一貫した状態に必要ではあるが十分ではないのである。眠ったり醒めたりしているのは動物なのであって、網様系のニューロンではないからだ。実際、そのようなニューロン創発は細胞レベルから脳領域全体に及び、各レベルを詳しく研究するにはそれぞれの方法論を要するのである。

視覚の末梢段階で起こることを考察する。図5・3aに示すのは脳の視覚経路である。眼からの視覚神経は、外側膝状体（LGN）と呼ばれる視床後部の神経核に連結し、そこから視覚野（VC）へ至る。標準的な情報処理の説明（教科書や一般読物にまだ見られる）は、眼から入った情報が視床から連続的に「高次処理」の実行される皮質へリレーされるというものである。しかし、全体システムが一体化される方法に注目すれば、この連続説はとても支持できなくなる。図5・3bに示すのは、LGNが脳ネットワークに埋め込まれる方法である。LGN細胞が受ける情報の八〇％が、網膜ではなく脳の他の稠密に連結した領域に由来することが明らかである。さらに、LGNから皮質への方向よりも、皮質からLGNへ戻る方向により多くの繊維があることがわかる。逐次処理装置をとして視覚系をとらえるのは、全く恣意的ではないのか。なぜなら、この流れを逆方向にみることも可能だからである。

したがって、視覚系の最末端でも、眼からの情報は、皮質から流出するより多くの情報に遭遇しているのである。ニューロン活動におけるこれら二つの集団の出会いから、一次視覚野での感覚運動と内部環境

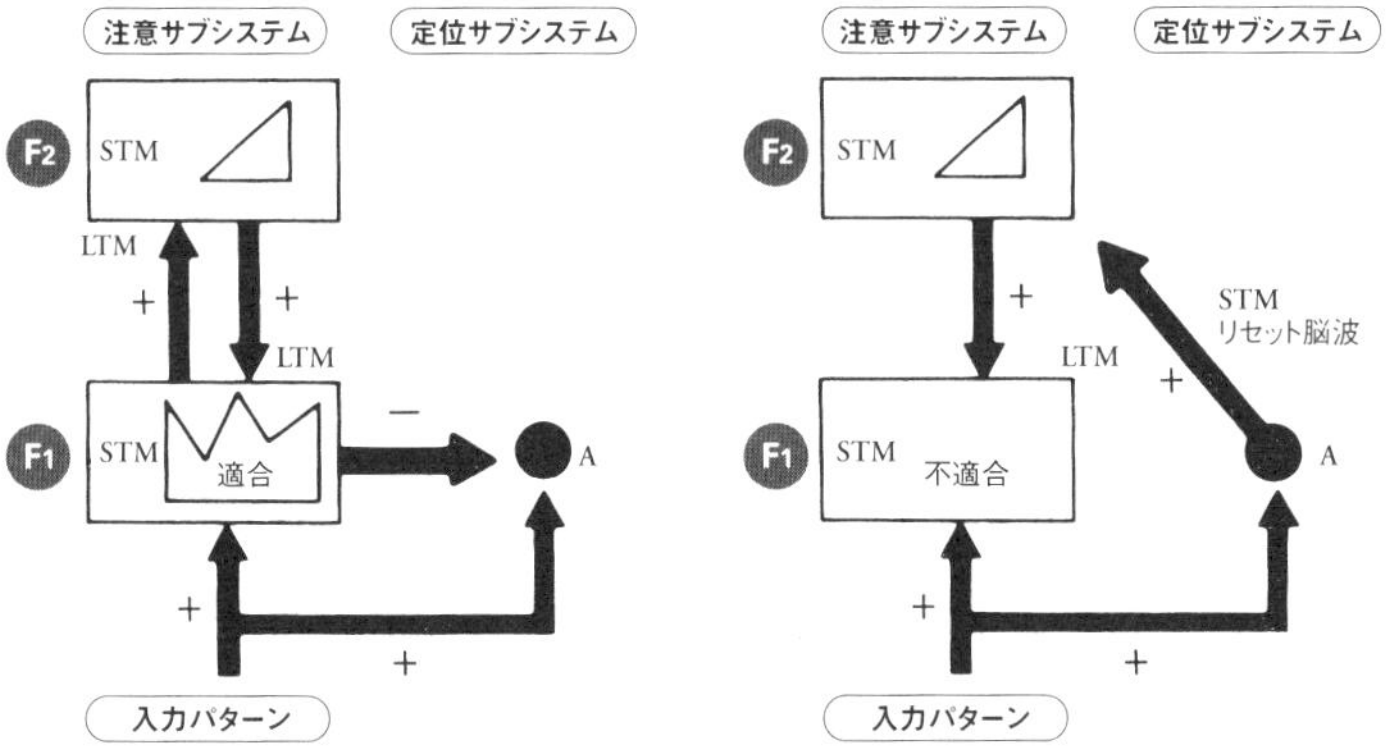

図5·4　注意定位的サブシステムを介した視覚処理のARTモデル。詳しくは本文参照。Carpenter and Grossberg, A massively parallel architecrure for a self-organizing neural recognition machine より引用。

間のある種の共鳴（適合—不適合の変動）により、新しい一貫性のある配置が瞬間的に創発される。しかし、一次視覚野は、LGNレベルにあるこの特殊な神経回路の一パートナーにすぎない。網様体形成、上丘由来の繊維、眼球運動を制御するニューロンの自然放電といった、他のパートナーも同様に活発な役割を果たしている。したがって、全体システムの振舞は、上意下達よりはカクテルパーティーの会話にむしろ似ているのである。

LGNと視覚について述べてきたことは、もちろん、脳全体に通用する原理である。視覚がケース・スタディーとして有用なのは、他の神経核や皮質野よりも詳しく知られているからだ。それぞれのニューロンは多くのそのような全体パターンに参画しており、個別にとらえてはほとんど意味がない。視覚対象（属性）を認識する基本メカニズムは「共鳴ニューロン集団」の全体状態の創発なのである。

スチーブン・グロスバーグが先駆けて詳しく分析したこのような適応共鳴ニューロン・ネットワーク、ART（「適応共鳴理論」）の骨格を図5・4に示す。これらのモデルが興味深いのは、ここで概説したばかりの視覚系の全体アーキテクチャーに適合するだけでなく、数学的に正確でシミュレーションや人為的な操作が可能だからである。ARTは、自己組織化、自己安定化することに加え、多くの任意な入力パターンの任意な配列に対応して、認識「コード」（安定化された内的配置のセット）を自己尺度化することができる。ARTの核心は、短期記憶（STM）の活性パターンに反応する一種の連続ステージ（図5・4でF1、F2と標識化されるが、これはLGNと視中枢を連想させる）である。このボトム・アップの流れは、長期記憶（LTM）痕跡の活性化を介してトップ・ダウンの流れと合う。ARTの残りは神経伝達物質の制御や脳波リセットのようなSTMやLTMプロセスを調節する。カーペンターとグロスバーグは、自己組織化のフェーズでは、学習にとって「注意」メカニズムがきわめて重要であること、つまりボトムアップとトップ・ダウンのパターンに齟齬があるときにこれらのメカニズムが出現することを見出している。これら共鳴ネットワークは、前定義されたリストがなくても、文字分類のような様々な入力の流れを速やかにカテゴリー化できることが示されている。ARTにおけるあらゆるルールにより、並列ネットワーク相互作用の創発性が説明されるわけである。

ここで、創発的な生物プロセスと、前章で論じた五蘊の問題へ戻りたい。五蘊は連続的に生起するのか、それとも同時に生起するのか。伝統的な仏典にこの問題がほとんど現れないのは、五蘊が情報処理理論にならず、むしろ自我心(自我に方向づけられた体験)の心理学的・現象学的な説明として、また自我心の経験をはじめに検証するときのカテゴリーのセットとして用いられるからである。しかしながら、この問題を追求する価値があるのは、経験のパーシングに対する関心が、認知科学と三昧/覚伝統との注目すべき収束点の一つとなるからだ。五蘊連続説は、脳活動の連続説に似ているようだ。網膜や膝状核のレベルでのある前注意的な分節化を介して形態が最初に出発し、次いで網様や丘の入力で感覚や知覚が生起し、さらにV4、MT、側頭葉下部などにある、様々なステージの「高次」脳の中心で概念や意識が加えられる。しかしながら、知覚活動がかくも単純に直線的な配列へ分析しえないとすると、形態という「低次」レベルを体感や識別といった「高次」レベルから分離することが難しくなる。形態の生起には、いつでもわれわれの構造の側にある何らかの素質が関係するものだ。山とか山状のもの(skandha)の概念をニューラル・ネットワークの創発配置に対する比喩として受け入れれば、五蘊は創発の一瞬における共鳴パターンとみなせるだろう。そのような共鳴パターンには、参画するすべての局所ネットワーク間の往復サイクルが多数関係するのだから、生起するのに実際に時間がかかるものである。前の章では、この瞬間に生起するパターンが知覚的(電気的)にいかに観察されるかをやや詳しく論じた。さらにまた、そのような生起を観察する能力に十分熟達すれば、より細やかな時間でさえ識別可能になることも論じた。そのような一過性の配置を情報単位とすることは、脳のようなネットワークの創発特性なら当然なのではないか。

そうすると、山や山状のものの概念をいわゆる自己組織化プロセスの比喩としてみることが可能になる。五蘊は、厳密に言えば同時的(創発パターンそのものが全体として生起するので)かつ連続的(あるパターンが生起するには参画する成分間に行きつ戻りつの活動がなければならないので)な二者択一を超える共鳴ネットワークにおけるように、瞬間的な創発として生起するのだろう。もちろん、すでに述べたように、五蘊は情報処理の理論にはならない。それでも、この概略を示したばかりの神経生理学的なアプローチは、三昧/覚瞑想に基づいた直接観察と適合するようにみえる。経験パーシングが、一貫性のある創発の瞬間としてこの伝統によって示されたことは、それだけに注目に値する。

記号の退場

コネクショニズム、創発、自己組織化、連合論、動的ネットワークといったオルタナティブな方向性は、真新しくて多様化している。こうした研究者の多くは、認知科学とその将来について多岐に渡る見解を抱いている。この観点から、すでに認知主義に対して提起した問いに答えてみよう。

問1：認知とは何か？
答え：単純な成分のネットワークにおける全体状態の創発である。
問2：それはどう機能するのか？
答え：個別操作についての局所ルールと要素連結性における変化のルールを介して。
問3：認知システムが十分機能しているときをどうやって知るのか？
答え：創発特性（および結果として生じる構造）が特定の認知能力（要求される作業に対するうまい解決策）に対応するとみなされるとき。

認知科学におけるこうしたアプローチの最も興味深い側面の一つは、記号が従来の意味においては、何の役割も果たしていない点である。コネクショニストのアプローチでは、記号計算が数多くのきめ細かい演算（例えば、力学系を支配する微分方程式）に置き換えられている。単一で個別の記号計算は、コネクショニストのモデルでは、単純ユニットのネットワークを支配する非常に多くの数的演算によりなされる。そのようなシステムでは、意味のある項目は記号ではなく、ネットワークを構成する無数のユニット間の複雑な活動パターンなのである。

この非記号的アプローチは、認知を説明するには別個の記号レベルがなければならないとする認知主義的な基本仮説から根本的に逸脱している。認知主義は、意味レベルすなわち表象レベルに対する必要性とこのレベルを究極的には物理的なものとする束縛とをつなぐための方法として記号を導入した。記号は意味があると同時に物理的であり、コンピュータは、記号の意味を重視するとともにその物理的形態でのみ作動する装置なのである。このように形態と意味を分離したことが、認知主義的アプローチを創出した妙手であり、これは現代論理学を創出したのと同じ妙手だった。しかし、この根元的な運動にも、記号がどうやってその意味を獲得するのかというより深いレベルの認知現象に取りかかるとなると、弱点がみえてくるのである。

表象される項目の空間が束縛され、明瞭である状況(例えば、コンピュータがプログラム化される場合やある前定義された視覚刺激セットを用いた実験がなされる場合)では、意味の配置は明瞭である。それぞれ別個の物理的・機能的な項目は外部の項目(その関連する意味)、つまり観察者が容易に提供するマッピング操作に対応するようになされる。これらの束縛を取り去ると、記号の形態は残されているものだけとなり、意味はゴーストになる。操作マニュアルが失われたコンピュータにおいて、ビット様式を考慮しなければならないようなものだ。

しかし、コネクショニスト・アプローチでは、意味は特定の記号に局在化していない。それはシステムの全体状態の関数なのであり、認識や学習のようなドメインの全体機能に結びついているのである。この全体状態が記号よりも繊細なネットワーク単位から出現することから、コネクショニズムのことを「サブ記号パラダイム」と呼ぶ研究者もいる。既知の形式原理はこのサブ記号ドメイン（生物学的ドメインより上位にあって、認知主義の記号レベルより下位にある）に存在すると論じる。このサブ記号ドメインでは、より高次のレベルでは明瞭な記号となりうる構成物から認知の説明が組立てられる。しかしながら、これら構成因子そのもののなかに意味はない。それはそのような多くの構成因子の相互作用から創発される複雑な活動パターンに存するのである。

記号と創発を関連づけること

サブ記号と記号とのこの違いから、認知研究の様々なレベルにおける説明の関係について質問を発したくなる。サブ記号創発と記号計算とはどう関連しうるのか、と。

最も明白な答えは、上記二つの見解をボトム・アップとトップ・ダウンという相補的なアプローチとしてみるべきだというもの、つまり実践的には適当に一緒にするか、単に異なるレベル（ステージ）ごとに使えばよい、というものである。この動きの典型的な例は、例えば、一次視覚野に至る早期視覚をコネクショニズムの用語で説明すれば、側頭葉下部のレベルでの説明は記号プログラムに基づくことになろう。しかしながら、そのような統合の概念は明晰性に程遠く、具体的な事例は依然不足したままである。

われわれの見解では、サブ記号創発と記号計算との最も興味深い関係は「包摂」の一つであり、そこでは根底にある分散システムに究極的に埋め込まれている特性を高レベルで説明するものとして記号がとらえられる。いわゆる遺伝暗号は典型的な具体例である。

何年もの間、タンパク質(アミノ酸)の配列は、DNAにコードされている指令として考察されてきた。しかし、DNAのトリプレット[C、A、G、Tの三つ組]がタンパク質のアミノ酸を特定できるのは、複雑な化学ネットワーク内の何千もの酵素調節を受けている細胞代謝にそれらが埋め込まれている場合にかぎる。この代謝背景を度外視し、アミノ酸のコードとしてトリプレットを扱うことができるのは、そのようなネットワーク全体に創発の規則性があるために他ならない。つまり、この記号による説明は別のレベルで可能なのである。そのような記号の規則性をしかるべく処理することが可能であるのは明らかだが、それらの状態と解釈は、それらを創発する基底から独立したものとして額面価値でしかみない場合とは全く異なるのである。

遺伝情報の例は、神経科学者やコネクショニストが研究する認知ネットワークへ直接転用しうる。事実、最近ではこの視点を明確に表現する研究者もいる。例えば、ポール・スモレンスキーの調和理論では、電気回路に関する知識をもった断片的な「原子」が分散した統計アルゴリズムに関連づけられ、このドメインにおける直観的な推論のモデルとなっている。この全体システムの能力は、記号規則に基づいた推論をすることとして説明されうるが、その性能は様々なレベルにあるので、記号を解釈するものへ関連づけても決して達成されえない。

この包摂的な見解は、説明レベルの認知主義的な概念とどう違うのか？　その違いは実はかなり微妙であり、ほとんどパースペクティブにおけるシフトの問題なのである。ほとんどの人々が賛成している基本点は、説明用の概論を論述するには適切な種類の記述用語や命名法がいる、ということである。認知主義は、すでにみたように、この命名法が記号からなるという仮説の上に構築されていて、この記号レベルは認知システムに可能な種類の行動を束縛し、独立した、説明可能な状態を有すると考えられている。包摂説では、記号レベルの必要性は認められるものの、このレベルが近似的にすぎないとする可能性は残っている。換言すると、記号は額面通りに受け取るものではなく、サブ記号レベルに支配原理が存在している諸機能の近似的なマクロレベルの説明としてみられるのである。

この可能な統合により変化する多くの課題では、特に二つのことが注目に値する。第一は、記号の起源と意味に関する問い（なぜコードATTがアラニンなのか）がより明瞭にアプローチされうること。第二は、任意の記号レベルが根底となるネットワークの特質や特徴に強く依存するようになり、さらにその歴史に結びつけられること。それ故、その歴史や認知が埋め込まれる方法から独立して、認知を純方法論的に説明することがひどく問題になるのである。

遺伝コードにみられるような低次プロセスに関わる場合はそのような混合ないし包摂の形式で結構である、と認知主義者は必ず応じるものだ。しかし、文章を解読したり、推論をしたりする能力のような高次プロセスに目を転じれば、独立した象徴レベルが必要になる、人間の言語のような高度に再帰的な構造では、象徴レベルは決して近似的ではなく、生産的で体系的である表象の形態に利用しうる唯一の正確な説明なのである、と。

こういった論調について言うべきことは多いが、答えるべき要点は、それがごく高次のプロセスへ認知のドメインを不当にも限定していることである。例えば、ジェリー・フォーダーとゼノン・ピリシンは、最近の論文でこう述べている。「証明理論の方法を思考モデリングへ適用することの拡張された試みとして古典的な認知科学[認知主義]を説明しても、決して不合理ではないだろう(そして、同様に、他のどんな心的プロセスも主として学習と知覚といった推論に関するものとみなしてよい)。要は、論証そのものが人間の思考において非常に重要であるということではなく、それらを扱うやり方により、知識に依存したプロセス全般を処理する方法を解く鍵が提供されるということである」。しかし、この最後の保証にもかかわらず、この論文の後半で彼らの論拠には、帰納法こそが人間の思考、したがって、おそらくは認知全般のパラダイムそのものであることを求めているようだ。

この狭量な認知の概念に降参する理由はない。本章で説明したニューラル・ネットワークのような多くのクラスのシステムがあり、その振舞は認知的とみるべきであるが、その能力により上記の高度に体系的かつ生産的な特徴が網羅されるわけではない。事実、認知的な特質を示すニューラル・ネットワークもある(例えば、免疫系)と論じることさえ可能だからである。パースペクティブを広げてそのような認知行動の形態を包含すれば、記号計算は、狭い、高度に特殊化された認知の形態にすぎないとみなされるようになろう。この特殊化された形態を、(それが埋め込まれているより大きなシステムを無視して)高度の自律性を有するものとして扱うことは可能であるが、認知の研究は、それぞれがおそらくは独自の特徴的な認知ドメインを有する多くの認知プロセス・ネットワークからなるシステムを包含するのが筋というものだろう。

認知主義は、おそらくは成熟した研究プログラムとして確立しようとする願望のために、そのようなパースペクティブへ抵抗してきた。しかしながら、創発説は、自己組織化研究の草創期においても、その今日のコネクショニストの形態にあっても、多様な認知ドメインを包含することに開かれている。したがって、包摂的または混合的な形式は、掘り下げるべき当然の戦略と思われる。記号の規則性が並列分散処理から創発されるという、非正統的な認知主義と創発説との実り多き連結から、工学的な、実用応用性が特に強いＡＩにおいて、具体的な成果がもたらされる可能性がある。この相補的な営為が目にみえる結果を生み出し、来るべき認知科学の主流となる可能性も十分にある。

これらの問題をこれ以上論じないのは、未解決のままであり、将来の研究によって決定されるからである。われわれは、認知科学と人間経験の対話というわれわれの中心的な問いかけの文脈においてそれを提起したいのである。

第6章 自己のない心

心の社会

脳が高度に協同的なシステムであることをやや詳しく述べてきたが、それは必ずしも一様に構造化されたネットワークではない。様々な方法で互いに連結する多くのネットワークから構成されているからだ。すでに視覚系の例について述べたように、この全体システムは、ある明瞭な、統一された設計から生じるシステムというより、複雑な修飾プロセスによって組立てられたサブネットワークのパッチワークに似ている。この種のアーキテクチャーでは、あらゆるネットワーク活動についての全体的な統一モデルを捜すのではなく、特定の認知活動に能力が制限されているネットワークを研究し、次いでそのネットワークを連結させる方法を捜すべきだろう。

この認知アーキテクチャー観は、認知科学者によって様々なやり方で真摯に受け入れられ始めている。本章では、人間経験に対する認知科学と三昧／覚アプローチとの対話の次段階への自然な入り口を提供する。議論をわかりやすくするために、この次段階を探究するには、心を一つの社会として研究すべきだと論じるマーヴィン・ミンスキーとシーモア・パパートの最近の提言に基づいてみよう。なぜなら、この提言は、認知のパッチワーク・アーキテクチャーを中心要素とするからである★01。

ミンスキーとパパートは、心が多くの「エージェント」から構成されるという説を提示している。エージェントの能力はごく制限されていて、各エージェントは、小スケールの微小世界または「玩具」問題でしか機能しない。問題が小スケールでなければならないのは、スケール・アップすると、単一ネットワークでは管理不能になるからだが、この分かれ目は認知科学者にはまだ明白でない。例えば一般解を求める形式で全体的な解答をＡＩで見つけようとしても長いことうまくいかなかったが、より局所的な作業に対する解答（ただし、特定ドメインの範囲外へ拡張できない解答）の発見のほうは相対的にうまくいったのである。したがって、これら特定のドメインにおいて機能するエージェントを、有効でより大きなシステムの「エージェンシー」へ組織化すること、さらにこれらエージェンシーをより高次のシステムへ組織化することが当面の作業となる。そうするとき、心は一種の社会として創発する。

脳への注目をうながすこのモデルは、あくまで心のモデルなのである。換言すると、ニューラル・ネットワークや社会のモデルではないのであり、神経学的知識から抽象化される認知アーキテクチャーのモデルなのである。したがって、エージェントやエージェンシーは実体や物的プロセスではなく、抽象的なプロセス（機能）なのだ。すでに読者は疑いもなく様々なレベルというこの主題に馴染みがあるが、この点を強調しておくべきなのは、ミンスキーとパパートが認知についてあたかも脳のレベルで論じるような書き方を時々するからである。★02

数多くのエージェントからなる社会としての心のモデルは、分散した自己組織化ネットワークから、局在化した、連続記号処理という典型的な認知主義の概念に至る多数の認知研究アプローチを網羅するように意図されている。したがって、心の社会は、今日の認知科学における中道のようなものであり、分散ネットワークにせよ記号処理にせよ、心の同質モデルの両極に対し異議を唱えるのである。

この動きが特に明らかなのは、分散だけでなく絶縁（様々なプロセスを離れ離れの状態に保つメカニズム）にも利点がある、とミンスキーとパパートが論じるときである。★03 エージェンシーの内部にあるエージェントは、分散ネットワークとして連結されうるが、エージェンシーそのものが同じやり方で連結されると、機能が一様分散した一大ネットワークを構成することになる。そのような一様性は、個々のエージェンシーの機能を生産的に一体化しにくくさせる。各エージェンシー機能を活動的に保ちつつお互いに干渉しないようにすることが難しくなるのである。しかし、様々なエージェンシーを互いに絶縁させるメカニズムがあれば、これらの問題は生じない。これらエージェンシーはそれでも相互作用するだろうが、連続的な記号処理に典型的な、より制限された連結を介してであろう。

もちろん、上記のような見解の細部には議論の余地がある。しかし、統一された等質な実体とか実体の集まりとしてではなく、非統一的で異質なプロセス・ネットワークの集まりとしての心の全体像は、魅力的なだけでなく、認知科学の主分野で蓄積されてきた経験と強く共鳴するようである。そのような社会は、明らかに、複数のレベルで考察しうる。エージェントの集まりとされるエージェンシーは、焦点を変えれば大きなエージェンシー内の一つのエージェントにすぎないと考えられるし、逆にエージェントとされるものも解像度を上げれば、多くのエージェントからなるエージェンシーとみなされる。同様に、社会とみなされるものも、われわれの選択した焦点のレベルに依存するものなのだ。

一例を挙げる。ミンスキーは、積み木から塔を作る能力をもったエージェントの例から『心の社会』を始めている。しかし、塔を作るには、塔の土台を作り、新しい積み木を加え、完了すべきときをわかっている必要がある。そこで、作り屋(Builder)というこのエージェントは、「始める」「加える」「終わる」というサブエージェントの助けを必要とし、これらサブエージェントには、「みつける」と「手にする」のようなさらに多くのエージェントが必要である。これらエージェントの全活動が一体化して、塔作りの作業が達成される。作り屋のことを単一のエージェント(おそらくは意思さえもった小人)として考えれば、作り屋とは、何であれこれらのエージェント全部を始動させる。しかし、創発説からすれば、上記エージェントのすべてが一体化して、玩具の塔を建てるエージェンシーとしての作り屋を産生するのである。

ミンスキーとパパートの心の社会は、もちろん、直接経験の分析には関心がない。しかし、ミンスキーは、子供の積み木遊びから達人の覚知や内観に至る、驚くほど広い範囲の人間経験を引用している。多くの点で、ミンスキーの研究は、認知科学と人間経験に関する広範な反省であり、「サブパーソナル」なものに傾倒しているものの、パーソナルなことや経験的なものをみないで済まそうとはしていない。

ある点で、ミンスキーは、彼の着想の一部と仏教伝統の考え方との間に共通性を感じとってさえいる。六頁はブッダのことばからの引用で始めているほどだ。★04

ミンスキーはこの引用を深追いしなかったが、認知科学においては真に存在する自己の余地はないが、そのような自己への確信を断念することはできない、と論じている。『心の社会』の最後では、科学と人間経験は、あっさりと分離され、その中間を選ぶことができないわれわれは、真実ではないと知っているもの(われわれのパーソナルな自己)の存在を信じるように(われわれの体質により)「運命づけられた」精神分裂の症状をもったままなのだ、と結ばれる。

この種の帰結はミンスキーに限ったことではない。ジャッケンドッフについて論じたときのように、認知主義では、表象としての認知を意識としての認知からあえて分離することで、ジャッケンドッフ流に「意識は毒にも薬にもならない」とする見解へ導かれるのは必定である。したがって、ジャッケンドッフは、計算する心と現象論の心との間に真の橋を架けないで後者を前者の単なる「投影」に還元している。しかも、「意識は人生にとって尽きぬ楽しさがあり、重要すぎて役立たずとは思えない」とも述べているのである。ここでも、科学と人間経験はあっさりと分離しているのだ。

この苦境を避ける可能性があるとすれば、認知科学の範囲を拡大して、人間経験の開かれた分析をするよりない。後でミンスキー形式のこの袋小路をより詳しく考察するが、現時点では、認知科学以外のパースペクティブから経験を検証する二つの学問において、社会という概念や創発の特質に関する議論へ注目してみる。つまり、精神分析をざっとみわたし、三昧/覚の瞑想伝統をより詳しく論じてみよう。

精神分析の新しい学派が登場している。パラダイム・シフトと呼ばれるほどフロイト理論とは非常に異なっており、★05「対象関係論」というものだ。すでにフロイトは、萌芽的な形態でこの理論を予見していた。フロイトによれば、超自我は内面化された両親像としての親の道徳性に由来する。フロイトはまた、自己のそのような内面化された親との関係に関連して、悲哀のプロセスのような特殊な心理状態についても論じた。対象関係論は、この着想を拡張してあらゆる心理学的発達を包含し、成人機能を解釈するフレームワークとして活用するものである。例えばメラニー・クラインの対象関係論★06では、基本的な心的発達プロセスは、豊富な人々を様々な面から内在化することとされる。フェアベアンは、動機の概念を対象関係論の用語で再概念化することまでしている。フェアベアンによれば、人間を基本的に動機づけているのは楽しみの原理ではなく、関係形成の欲求なのである。ホロビッツは認知科学と対象関係論を結びつけている。内在化された対象関係を対人スキーマとして説明することにより、これらのスキーマとサブスキーマはまさしくミンスキーのエージェントのように作用する。

対象関係論のような精神分析と、人工知能における社会としての心という概念が収斂することは大変興味深い。この収斂はいずれにも利がある、とタークルは示唆している。対象関係論は、相互依存的な流動する心的「プロセス」を独立した静的な心的「構造」へ物象化するという理由で大いに批判されてきた。

しかし、エージェントからエージェンシーが創発されるという心の社会の描写においては、（先に挙げた作り屋のように）そのような概念システムを物象化せずにどうやって構築しうるか（つまり対象関係論が指摘する心の不統一性の諸相をいかに取り込むことができるのか）が至極明瞭になるのである。

精神分析は理論であると同時に実践でもある。悩みを抱えた患者も、自分の心、行動、情緒を対象関係のことばで探究するセラピストに会えば、自らの反応を内在化されたエージェントのことばでみるようになる。彼らは自己についての基本的な感覚を問うように導かれるのだろうか？　才能あるセラピストと治療に専心する患者との間でそういったことが起こることも確かにある。しかし、より一般的に言えば、精神医学が精神分析をかなりカバーするようになった今日の英米文化圏では起こりそうにないのである。しばしば精神分析は心の本質に関する知識を得るための手段というより医術としてみられている。成功する対象関係分析は、他の分析のように、改善された対象関係とより大きな情緒の慰安を介して患者をよりよく、より機能的にするように設計されているのであって、「私であるものが対象関係スキームのセットであるというのに、〈私の〉対象関係や〈私の〉慰安をかくも熱心に私が求めているのはおかしくないのか？　一体これはどういうことか？」などと問うように導くために設計されてはいない。より一般的に言うと、対象関係分析により、他の瞑想的な伝統と同じように、分析によって明らかになる自己の欠如感と進行中の自己感覚との矛盾が発見されたのは明らかであるが、この矛盾が正面から見据えられ、完全に認識されたのかは明らかでないのである。むしろ、対象関係論は、進行中の自己感覚の基本動機（基本的な執着）を額面通りに受容しているようであり、自己の不統一についての分析的発見を利用して、この進行中の自己感覚が要求することに迎合しようとする。対象関係の分析では、この基本的な矛盾（経験的には単一の自己が欠如しているのに自己執着の感覚が続くこと）が必ずしも体系的に処理されていないので、分析において可能である開かれた特性（あらゆる精神分析、特に対象関係療法に存在するはずのもの）が制限されているのである。ヨーロッパにおけるラカン分析は一つの例外かもしれない。これが好評を博して広がっているとすれば、その開かれた特性のためである。精神分析と現代認知科学、究極的には瞑想伝統とのこの魅力的な架橋について立入ることは本書の範囲を超えている。そこで、再び三昧／覚とアビダルマの説明に注目しよう。

縁起（共依存的な生起）

われわれに自己がないとすれば、われわれの人生に一貫性があるとはどういうことなのか？　自己がないとすれば、あたかも自己があるかのように考え、感じ、行動し続け、見出すことも経験することもできない自己を果てしなく強化／防衛しようとするのは、どういうことなのか？　いかに、何故、経験の要素、五蘊、心的因子といったものは、瞬間的に生起し、相互に瞬間的に後続し、再帰的なパターンを構成するのか。

ブッダは、悟りのときに五蘊の生起の瞬間性だけでなく、永遠の自己を希求し続ける人生の動因となる因果律（常習的な円環構造を互いに条件づけあう結合の鎖）を発見したと言われている。この洞察は、サンスクリット語でpratityasamutpada（縁起）と呼ばれるようになった。文字通りの意味は、「様々な起源の条件（samutpada：起）への依存（pratitya：縁）」ということである。ここで縁起（共依存的な生起）ということばを使うのは、心の社会のコンテクストに馴染んだ、瞬間的だが再帰的な集合要素の創発特性という概念を最もよく表現するからである。★07

この円環はまた、輪廻（wheel of life）または宿業（karma）の輪とも言われている。宿業は仏教以前／以後を通じて長い歴史のある主題であり、膨大な量の学術研究が集中してきた。「宿業」ということばはまた、現代英語では「宿命（fate）」「天命（predisposition）」と同義に用いられて、仏教内部の宿業だけを意味するわけではない。宿業は、習慣が形成されて長く継続することの心理学的な因果律を説明する。輪廻の叙述は、宿業の因果律が現実にどう作用するかを示すためのものである。因果律を強調することは、三昧／覚伝統の中心であり、そのままで現代科学の感性と十分適合するが、三昧／覚の場合、その関心は直接経験の原因分析にあるのであって、合理性の外部形式としての因果律にあるわけではない。その関心は、条件づけられている心の鎖を断ち切ること（天命としての宿業という通俗的な考え方とは正反対の着想）、三昧と洞察を育成するために因果律の理解をどう活用しうるか、といった実践的なものなのである。

輪廻には一二種のリンク（nidanas：因縁）がある（図6・1に示すようなパターン関係）。この円環構造は、ある瞬間から終生、仏教徒の見方では、多くの生涯に至る期間の出来事を説明するのに用いられる。比喩的に言えば、これらのモチーフは、観察の尺度を変えても同じパターンが現れるようにみえるので、フラクタル特性を有するのかもしれない。一二種の相互依存的な因縁について以下に述べる。

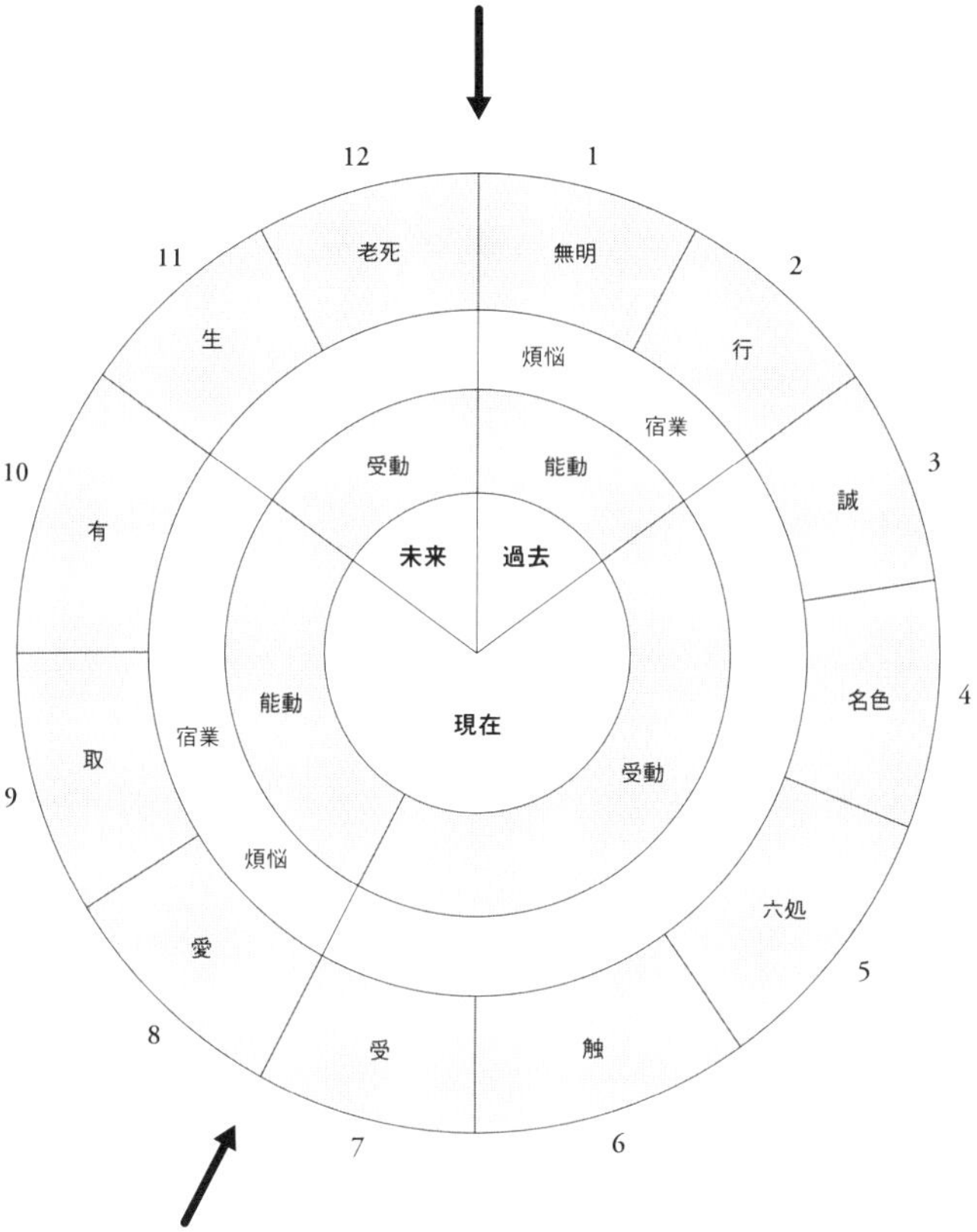

図6·1　輪廻としての縁起。

一．**無明**（無知）

無明とは、あらゆる因縁の因果作用の基盤である。心や実在の本質についての真理に暗く、無知なことを意味する。これまで論じてきた例では、自我―自己の欠如について、個人的かつ経験的に知らないことを意味する。それはまた、無知に由来する混乱（自己の存在を信じる誤った見解や感情）をも意味する。したがって、それは困惑でもある（後世の論述では、感覚のある存在には知りえない他の真理も含むようになった）。

二．**行**（意思作用）

無明から発した人は自己を基盤に活動する。つまり、無自己の状態では自分なりの志向をもてないからだ。自我―自己のないことを知らないからこそ、自己に基づいた常習的、反復的な活動へ駆り立てられるのである。無明と行は、基盤であり前提条件なので、以下の八つの因縁（第三〜第一〇）を生む過去世の因と呼ばれることもある。この分析的な図式を用いて時間とともに生起する因縁について語る場合、これら八つは現在の状況（因果）を構成すると言われる。

三．**識**（意識）

識とは、感性全般、第五の蘊として述べた二元論的な状態のことである。すべての感覚ある存在における意識の始まり、ある任意の状況における意識の最初の瞬間を意味することもある。識は唯一の知の形式でない。人間が生まれると無明に基づいた行のために、叡智ではない、ある瞬間の識にとらわれ、それが終生続く。ある特殊な瞬間の識の生起について語る場合、識の正確な形態（その苦楽などにかかわらず生起する六識身）は、過去の因縁の行が播いた種によって条件づけられる。

四、名色《みょうしき》（心身の複合体）

色は身体と心をともに求める。ある状況における時間の色は、この心身複合体のいずれかの極へ向かう場合がある。おそらく、色は主に感覚的で、主に心的でもあるのだろう。

五、六処（六入、六つの感覚）

心身の意味は、人間に六種の感覚があることである。どんなに瑣末な状況（例、果物を一切れ食する場合）にも、見る、聴く、味わう、嗅ぐ、触れる、考えるという六処の識がそれぞれ瞬間的に関わっている。

六、触（接触）

六処を有することは、それぞれの感覚がその感覚場、その適切な対象と接触しうることを意味する。どんな瞬間の識も感覚とその対象との触に関わる（触は遍在する心的因子なのである。付録Bを参照）。触のない感覚経験はない。

七、受（感覚）

受（快、不快、どちらでもない）は触より生じる。あらゆる経験には受の調子がある（受もまた遍在する因子である）。受には、その基礎として六処の一つがある。受のとき、人は世界によって圧倒されている。現象学的に言えば、われわれは自分自身が世界へ「放り出された」ことを知る。

八、愛（渇望）

愛は受より生じる。無数（ある体系では八四〇〇〇種）の特殊な愛があるが、愛の基本形は快を渇望して不快を避けることである。愛は根元的で、自動的な反応である。

愛はこの因果律の因縁においてきわめて重要な結節点になっている。この点に至るまで、因縁は過去の条件づけに基づいて、自動的に回転してきた。しかし、ここで覚知した人はこの状況に手を打てる。因縁を妨げることも、次の因縁（取）へ進むこともできるのである。愛の処理とは、永続すなわち変化の可能性を決定することなのだ。

この縁起の因縁を順逆の両方向で考慮することが伝統的な訓練になっている。そのような訓練により、この因果分析の共依存的な創発特性に精通できるので、愛から逆向きに理性を働かせると何が起こるのかを示してみよう。つまり、快への渇望には受の感覚が必要であり、受を有するには感覚が対象と接触すること（触）が必要であり、感覚対象と接するには六処の能力がなければならないし、六処が存在するには心身ある生物体（名色）が必要とされるし、心身ある生物体が存在するには感性全般（識）がなければならない。

九．取（執着）

愛（渇望）からすぐに生じるのは執着／固執である。執着は、所有しないものを求める執着だけでなく、免れたいものを避けようとする執着も意味する。

一〇．有（転成）

取からは転成、つまり将来における新しい状況の形成への反応が自動的に生じる。無明に基づいた行動によって始動した先行する七つのモチーフの累積効果として、新たな傾向や憶測が形成される。転成により、未来の状況へ継承される新たなパターンが形成され始める。

一一．生（誕生）

誕生において、新しい状況、並びに新しい存在様式が最終的に生まれる。因果の因縁を感じとり、それをどうかしたいと人が欲するのは、普通このときだけである。おそらく、西洋の哲学者がakrasia（意思の弱さ）について語るのもこのときであろう。皮肉なのは、普段の生活では、人がある状況に覚知するのは、それについてなんでもできる時点をとっくに過ぎているものだ。新たな状況へ誕生することは、納得づくであったとしても、不確実性を免れえない。

一二．老死

生あるところ死がある。いかなる生起プロセスもいずれは滅する。瞬間が死に、状態が終わって、生命は終わる。誕生の不安よりもさらに明らかなのは、身体が年老いて、衰え、死ぬときに体験される苦（悲哀）である。この因果律の円環的な連鎖にあって、死は次の連鎖サイクルの原因となる継ぎ目である。ある瞬間の経験の死は、仏教の因果律分析では、まさに次の瞬間を生起させる必要条件になるのだ。依然として無明と混乱があれば因縁の輪は同じように果てしなく回転し続ける。

この輪廻（samsara）と呼ばれる条件づけられた人間経験の円環は、容赦なき因果律によって永久に回転する不満足の歯車として視覚化される。輪廻には、暴風雨に翻弄される難破船、狩人の仕掛けた罠にかかった鹿、燃えさかる山火事の前を疾駆する動物たち、といった多くの鮮明な伝統的イメージがある。ある説話によると、悟りを開いたブッダは一二因縁の連鎖を探究し尽くして、この連鎖を断ち切る方法を希求した。過去については手の施しようがない。過去に遡って無明と行（為）を消せはしないのだから。そして、人は生きていて、心身の生物体（名色）を有する以上、六つの感覚（六処）の場とその対象との接触（触）は避けられない。感覚が生じる感情の状態（受）も、それから生じる渇望（愛）も避けられない。しかし、渇望から執着（取）は不可避なのだろうか、と。

ある伝承によると、ブッダが三昧の技術を明確に述べたのはこの時点である。あらゆる瞬間に、正しく鍛えられた三昧を実行することによって、人は自動的な条件づけの連鎖を断つことができる。渇望から執着へ、さらに後続するものへ必ずしも自動的には移行「しない」と。常習的なパターンを断つことがさらに進んだ三昧を生じ、最終的に修行者は、心身をリラックスさせてより悟りに近づき、経験される現象の生起と滅衰への洞察を深めることが可能になる。三昧があらゆる仏教伝統の基本姿勢であるのはこのためである。

ここで、しばし、われわれの理論構築へ戻ろう。自己がないとすれば、人間の生涯においていかに一貫性が保てるのか。これがわれわれの問いであった。心の社会のことばでは、答えは創発の概念にある。任意のエージェンシーが個々のエージェントの作用から出現するというのは、常習的な行為の反復パターンが一二因縁の協同作用から出現するようなものである。そして、各エージェントの活動の存在が残りのものの活動に関連してのみ定義されるというのは、この縁起の連鎖にある各因縁の作用が他のすべての因縁に依存しているようなものである。一二種のエージェント・モチーフが作用しない、あるエージェンシー独自の常習パターンなどはないように、全円環システムの作用に関連しないモチーフもないのである。

仏教では、人生においてさまざまな性向が史的に形成されることを通常、宿業《カルマ》と呼ぶ。日常の非反省的な生活に明白な自我─自己の感覚に連続性をもたせているのはカルマの蓄積なのである。このプロセスにおける主要な動機／維持因子は「思(cetana)」という遍在する心的因子である(付録B参照)。行(意思作用)の形態をとる思は、心的因子の残りに、いわばその性向の痕跡を瞬間ごとに残し、この結果、習慣、性向、応答が史的に蓄積されてゆく。そのなかには有益なものもあれば無益なものもある。「カルマ」ということばは通常こうした蓄積とその効果をさす。しかし、厳密に言うと、カルマは思(意思作用)のプロセスそのもの、人間経験に蓄積し、条件づけてゆくプロセスなのである。

多くの科学分野で馴染みの着想は、経時的な一貫性と発達には基底となる物質が関わる必要はない、というものである．生命の歴史における進化的な変化にあって、動物集団が新しい個体を生むのは、過去(核の集団遺伝学において最も明白に表現される)と現在の行動(子孫と遺伝子組換えをもたらす交配)に基づいている。このプロセスの軌跡は種や亜種に刻まれている。しかし、進化に関するダーウィン説の論理と縁起に関する仏教徒の分析でわれわれが気がかりなのは、過去が未来へ変容するプロセスが永続的な物質とはならず、移ろい続けていることである。

縁起の連鎖にあるエージェント・モチーフはかなり複雑なプロセスである。これらのそれぞれがサブエージェントから構成されると考えられるし、より正確には、それ自身がエージェントから構成されるエージェンシーとして考えられるからだ。もちろん、三昧／覚伝統の論理は即時体験に集中している。因果律の社会にあるエージェンシーの層を増やすことを、経験上(実践的に)正当化する方法はあるのだろうか？

意識の瞬間が主体と客体、および両者を結びつける心的因子へいかに分析されるかをすでにみてきた。この図式化は、最も初期のアビダルマにあったが、やがてダルマ分析と呼ばれる技術において大いに精緻化され、ヴァスバンドゥ(Vasubandhu)の『倶舎論』でごく雄弁に論じられた★08(付録Bに示す心的因子の分類を借用したのはこの著作からである)。

サンスクリット語の法《ダルマ》は、心理学のコンテクストでは一般的に、「現象」(ただし、現象はヌーメナ[可想体]に対比されるというカント的な意味ではなく、出現する、起こる、経験に見出されるものといったごく普通の意味)をさす。より専門的な意味では、究極の粒子、微粒子、分析試験のもたらす元素をさす。ダルマ分析では、経験の瞬間(dharmas)は、分析的に還元不能な単位と考えられた。つまり、それらは究極の実在と呼ばれたのである。それに対し、これらの要素から構成される日常生活の一貫性(人間、家など)は、慣習的な実在と呼ばれた。

経験、すなわち現象論者が生活世界と呼ぶものが、より根元的な構成要素のセットへ分解できるとするこの着想は、フッサールの現象論でも中心的な要素であった。このアイデアが頓挫したのは、とりわけ純粋に抽象的で理論的だったからである。一方、ダルマ分析がずっとうまくいったのは、開かれた身体としてある反省から生まれた、つまり経験を三昧/覚で検証した結果を体系化し、解釈する方法として現れたからである。したがって、ダルマ分析がナーガールジュナのような哲学者からある種の壊滅的な批判を受けたときでも（別の観点でみられたものの）、貴重な修行法として存続しえたのである。

より理論的なレベルでは、ダルマ分析と、ライプニッツ、フレーゲ、ラッセル、初期ヴィトゲンシュタインに代表されるような西欧の分析的合理主義者の系譜との間に、ある種の哲学的類似性が認められるかもしれない。いずれの伝統にも、社会の複雑な集合体（事物、言語、論理上の記述、心的表象、直接経験のいずれであれ）を単純かつ究極的な構成要素へ分解することに関心があるからだ。例えば、ミンスキーは、この分析的な伝統をこう支持する。「心のエージェントは、〔心の〕理論に必要とされる、希求されてきた〈粒子〉でありうる」と。そのような還元主義には、ほとんどいつも実在論がつきものである。つまり、特権的な基盤、究極的な根拠として主張するものが何であれ、人はその実在を認めようとするスタンスをとるのである。

しかしながら、西洋の合理主義とアビダルマに具現化される合理主義との間には興味深い相違点がある。後者では、究極の実在としてダルマを特定しても、ダルマが実質的に存在しているという意味での存在論的実在であるとは主張されなかったのである。確かにこれは興味深いケース・スタディである。この哲学大系では、還元的なダルマが究極の実在であると主張されながら、その究極の実在は通常の意味での存在論的地位を与えられていないのだから。そんなことがいかにして可能なのか？　もちろん、創発するものに存在論的実在（物質）の地位はない。これはダルマそのものが創発するものであるという体系なのだろうか？

この問いがなおさら興味深いのは、ダルマ分析が決して抽象的、理論的な訓練ではなかったからである。それには、説明上の動機だけでなく、実践的な動機もあった。縁起の歯車を断ち切り、覚知して賢明になり、自由になることが瞑想者の関心なのである。渇望の瞬間には（一二因縁の歯車というこの創発する社会の内部に）自分自身を経験的にとらえることができること、そして自らの条件づけから脱し始めることができる、と言われる。ダルマ分析からこの作業に役立つ明晰性がもたらされるのだろうか？

ダルマ分析では、各要素、意識の各瞬間が意識そのもの（この体系では一次の心と呼ばれる）とその心的因子からなる。この（瞬間的な）心的因子は、（瞬間的な）対象（もちろん、六つの感覚場の一つに必ず存在する）と結びつく。各瞬間の意識の特質と将来の瞬間にその宿業《カルマ》がもたらす効果は、どんな心的因子が存在するかにかかっている。

この意識と心的因子との関連性は、ミンスキーのエージェンシーとエージェントの関係に酷似しているようにみえる。現代のチベット学者、ゲシェー・ラプテンはこう表現している。「〈一次の心〉ということばは、多種多様な心的因子から構成される感覚的・心的な状態の全体性のことです。一次の心を手とすれば、心的因子は一本ずつの指、手の平といったものになりましょう。ですから、一次の心の特徴は、それを構成する心的因子によって決定されるのです」。手は、そのエージェントが指や掌などであるエージェンシーであり、それはまた身体のエージェントでもある。これらは記述レベルが異なるだけであり、どのエージェントやエージェンシーも他方なくしては決して存在しない。手と同じように、この一次の心を創発するものと呼んでいいだろう。

ここで再度、触（接触）、受（体感）、想（識別）、思（意思）、意（注意）の五要素に遍在する心的因子（心処）について考察してみよう。

一．触（接触）

触とは、感覚とその対象が共感関係《ラポート》にあり、感覚場においてある感覚と対象との感受性が適合していることである。それは、六つの感覚の一つ、物的または心的な対象、および両者に基づいた意識という三つの条件が関わる関係性の特質である。この感受性は創発を生む動的プロセスとして、触は原因であると同時に結果でもあるプロセスとして説明されていた。触が原因となるのは、感覚、対象、およびアウェアネスの潜在可能性という三つの個別項目がともに集まるからである。触が結果となるのは、ともに集まるこのプロセスから生じるもの、つまりこれら三項目間の調和すなわちラポートの状態になるからである。このラポートは、感覚、対象、アウェアネス、いずれの特性でもない。それらが相互作用するプロセスの特性、換言すれば、創発特性なのだ。条件づけられているために、人は触（感覚器官、感覚場、感覚意識）から自己が暗示されると考えるが、この分析では、ニュートラルな「科学の」光において創発するものとしてみられるかもしれない。

　この触という概念がわれわれにとって全く衝撃的であるのは、視覚という単一現象に関するわれわれの議論にもほとんどそのまま適用しうるからだ。循環的因果律、フィードバック／フィードフォワード、創発特性などの科学的な概念や、自己言及を取扱う論理形式主義とも縁のなかった文化では、創発するものを表現する唯一の手段は、プロセスが原因でもあり結果でもある、と述べることであったのかもしれない。初期の仏教は、(相対的に)全体的なレベルの縁起と(相対的に)局所的なレベルの触のいずれにおいても、創発の着想を発展させたが、この発展は、自己のない経験の生起を分析するのにきわめて重要であった。このことは、創発について論述するわれわれの方法が、現象を概念化する他の方法によってやがて置き換えられる論理トリックではないことを示唆する。むしろ、われわれの新しい説明形式は、人間経験の基本的な側面の再発見であるのかもしれない。

二 受(体感)

受、感じることは第二の蘊であり、縁起の円環における第七の因縁であった。通常、体感は宿業的な条件づけを永続させる反応とすぐに結びつくものだ。しかしながら、赤裸々な体感は中立的なのであり、心的因子分析のことばで有益か無益かのいずれかになるのは、その反応なのである。通常、われわれが自分の体感を決してじっくりと経験しないのは、心があまりに速やかに反応へ移ってしまうからだ。中立的な体感でさえ(中立的な体感は自分との関係が薄く感じられるので、不快な体感よりも自己の感覚に対してずっと脅威になることが多い)、すぐに退屈を招いたり、他の可能な物的・心的作業の物色に向かわせる。瞑想者の報告では、受を経験することが実際にどういうことかを三昧修行において、初めて発見するのだという。

三 想(識別)

想、知覚(識別)/衝動は、第三の蘊として論じた。これは体感とは不可分に生起するものだ。しかし、瞑想者は、三昧を介して、激情、攻撃、および無視の衝動をそのあるがままに認識する場合がある。衝動は必ずしも自動的に行為へつながらない。したがって、心的因子のことばでは、無益な行動よりも有益な行為を選択できるのである。最終的に、常習パターンから十分な自由が獲得されると、知覚／識別により、後の論述によれば、自己をベースとした激情、攻撃、および無視の衝動ではなく、叡智と同情的な行為の衝動が自発的に生じうる。

四．思（意思）

思、意思はきわめて重要なプロセスであり、瞬間ごとの意識活動を（その心的因子とともに）生起させ、維持するように機能する。意思は、意思作用（第二の因縁）への性向が任意の瞬間に心に現れるやり方である。思（意思）のない意思作用はない。したがって、カルマ（宿業）は意思そのもののプロセスとされることもあり、その痕跡により将来の習慣が方向づけられる。通常、われわれはあまりに速く、そして強制されて活動するので、意思がみえない。三昧鍛錬のある流派では、疲れて姿勢を変えるときのようなどんなに些細な意思作用にも先行する意思に気づくことができるように活動を遅くして時間をすごすことが瞑想者に奨励されている。したがって、意思のアウェアネスは、渇望する因縁で縁起の連鎖を断つための直接的な助けになるのである。

五．意（注意）

五つの遍在的な心的因子の最後にくる意（注意）は、思（意思）との相互作用において生起する。思は意識と他の心的因子をある全般的な領域のほうへ指示し、意はそれらを特定の特徴へ動かす（ミンスキーのエージェンシー、作り屋の説明におけるエージェントの相互作用を想起すること）。注意は、ある対象に意識を集中させ、固定する。統覚に伴われた注意は、回想と三昧の対象確認因子（付録B参照）、並びに警戒のポジティブな心的因子の基礎として役立つ。

上記五つの因子は、様々な対象確認因子や可変因子（付録B参照）と結びつき、各瞬間の意識に特徴的なものを生む。ある瞬間に存在する心的因子は、互いに作用し合い、各因子と、結果として生じる意識の特質が創発されるのである。

さて、自我―自己は、瞬間から瞬間へ創発形成される歴史的なものである。科学的な比喩を利用すると、そのような痕跡《カルマ》が経験的な個体発生（学習を含む場合もある）になると言えるかもしれない。ここで個体発生とは、ある状態から別の状態への一連の変移としてではなく、いかなる瞬間にも構造上の統一性を維持しながら、過去の構造によって条件づけられている生成のプロセスとして理解される。ずっと大きいスケールでは、カルマはまた系統発生を表現する。個体の経験を条件づけた結果として、種としての集合的歴史が蓄積されてゆくからだ。

心的因子のリストと定義の正確性を絶対的なものとして受け取ってはならない。学派により心的因子のリストも異なるからだ。また、修行者が心的因子のリストを研究することがいかに重要なのか（禅宗では伝統的に放棄された）、アビダルマ全般と特にそのようなリスト（ともかくも学ぶべきだという場合）を各個人がどの発展段階で研究すべきか、また瞑想黙考においてそのようなリストを使うべきか、どう使うべきかといった事柄についても学派の間で同意されなかった（今日でも同意されていない）。しかし、三昧／覚瞑想の学派すべてが同意しているのは、宿業《カルマ》の条件づけを断とうとすれば、各瞬間の心に生起するものに三昧の境地でいなければならないということである。

上記の分析から、二つの主たる目標を達成した。第一に、瞬発的な意識と、瞬間の意識から生じる経時的な一貫性が、自己や他の存在論的実在がなくても、創発の言語で論述できること。第二に、そのような論述は、経験的に説明するものであると同時に実践的に方向づけることが可能であること。後者が次の議論を生むのは、自由意思の（自我中心的な）行為を断つことを目的とする体系に馴染みがないからである。

三昧と自由

これまでずっと語ってきたのは、経験に関する三昧で開かれた分析、それを続ける分析者の心に様々な変化を起こす分析のことである。三昧／覚の修行者は、条件づけられた自動的行動パターンを三昧により断つことができるようになる（特に、渇望の生起による自動的な執着から解放される）。これがさらに三昧になる能力を高め、注意の領域を覚（アウェアネス）にまで拡大させ、無明の根源に迫ってゆく。このアウェアネスが経験の本質に対するより深い洞察をもたらし、それにより無明と自我中心的な意思作用に基づいた、無思慮な常習パターンの全サイクルを放棄するさらなる欲求と能力とが培われる。

渇望と執着を抑えると、欲求が消失し、無感覚になったり、逆に緊張しすぎたりするのではないかと懸念されるが、事実はその逆なのである。ふらついた思考、速断、勝手な思い込みという厚い繭に包まれ、無感覚状態になっているのは、三昧になく気づきのない心の状態のほうなのだ。三昧が深まると、経験を構成するものに対する理解も深まる。三昧／覚の主眼は、現象界から心を解放することではなく、この世界に心を完全に存在せしめることなのである。行為を避けることが目標なのではなく、行為のなかに完全に存在し、より即応的で気づきのある行動をとるようになることが目標なのである。

現代社会では、自由は、自らの欲することを為しうる能力と概して考えられている。縁起説はそれとは根本的に異なっている（ある現代仏教の導師には『自由という神話』なる表題の著作さえある）。自我の感覚から欲することを何でもすること（意思作用）は、この体系によると、最も不自由な行為なのである。何故なら、条件づけのサイクルによって過去に縛られていて、将来の常習パターンへさらに隷属することになるからだ。より自由になるということは、縁起の条件と現在の状態に秘められた真の可能性に対して敏感になり、執着と自己中心的な意思によって左右されない開かれたやり方で行動できることなのだ。この開放性と感受性により、自らの即時的な知覚圏が広がるだけでなく、他者を正しく評価して、彼らの窮地に対する共感的な洞察力を培うことも可能になる。人間生活にこの開放性と誠実性を繰り返し垣間みるという修行者の報告から三昧／覚伝統の活力が理解される。それはまた、豊穣な理論の伝統と人間らしい関心事とが本来的に織り合わせうることの例証でもある。

自己のない心：分割されたエージェント

したがって、現代的な視点からすると、アビダルマは自我―自己の基盤がない直接経験の創発的な形成に関する研究のようにみえる。アビダルマ体系の論理形式全体が、創発特性や心の社会についての現代科学の論理形式とよく一致することは、注目に値する（いや、多分、逆に言うべきなのだろう）。しかしながら、現代科学は、人間経験の秩序だった分析や直接的な検証とは独立に探究されてきた。科学と人間経験が不可分のパートナーでなくてもよいのではと思っている読者がいるかもしれないので、このパートナーシップが一方的に偏るとどうなるのかをより詳しく考察してみよう。心には自己がないとする洞察が科学の核心部分から生じ、残りの人間経験と結びつけられないとき、どんなことが起こるのか？

すでに学んだように、自己のない心という見解が具体化し始めるのは、意識と志向性の認知主義的な分離からである。次に学んだのは、自己組織化する分散ネットワークにおける創発現象として認知が研究されうることである。本章では、認知プロセスや人間経験を混合した「社会」とみる記述形式の有用性を学んだ。では、中心的なエージェントとしての自己という概念にどんな有用性があるのか？

活躍中の認知科学者やある認知主義的な哲学者でさえ、この問題を無視して事足れりとしている。ミンスキーの『心の社会』とジャッケンドッフの『意識と計算論の心』、両著の長所の一つは、この問いをごく早くから認識して、中心主題として扱っている点である。特にミンスキーは、「人物全体についての一般的な意味」に言及する小文字(self)の「自己」と「個人のアイデンティティというより神秘的な意味」に言及する大文字(Self)の「**自己**」とを区別している。次いで彼は問いかける。「この**自己**という概念は、本当に有用なのだろうか」。そして答える。「確かに有用なのである。ただし、集中化され、全権を有する実体としてではなく、心とは何かに関するわれわれのイメージとそれがどうあるべきかについてのわれわれの理想をともに含む、様々な概念の社会としてみなせば有用なのである」。

上記の所見でミンスキーが設定している区別は、特にわれわれの議論のコンテクストにおいて示唆に富む。それらは、人間的なものとして認識される縁起の習慣の一貫したパターンと、自分がもっていると信じ、絶えず執着しているが、実は存在しない自我―自己との仏教的な区別に近いからである。すなわち、自己(self)は、時間の流れのなかで一貫性を保つ原因により生じる一連の心的・身体的な事象に言及する便利な方法なのである。一方、**自己**(Self)は、これら一過性の生起に隠れていて、われわれのアイデンティティの源であり、死守されるべき心の、不変の本質であるわれわれの感覚を具体化するのである。しかし、すでにみたように、この後半の確信には根拠がないのかもしれず、ミンスキーが洞察深く指摘するように、本当は有害なものにもなりうるのだ。

しかし、同じくらい興味深いのは、ミンスキーの区別やジャッケンドッフのような同じ問題に関わる他の認知科学者たちによる区別が仏教伝統とは一致しないことである。この不一致は、とどのつまり、二つの関連した問題に原因があるとわれわれは信じている。第一は、現代の認知科学が**自己**という概念や表象とその表象の実際の基盤（それは、自我―自己を求める各個人の執着である）とを区別しないからである。認知科学は、前者にあたる実在に異議を唱えたものの、後者については熟慮すべきことを思いつきさえしなかった。第二に、**自己**がないという自らの発見を認知科学が真摯に取り上げようとしないからである。

これらは、いずれも、人間経験を検証／包含する秩序だった方法が認知科学にはないことに由来する。われわれの念頭にあった課題、認知科学は純理論的な発見を提供するものの、自己のない心という人間経験から離れたままであることの根はここにあるのである。

例えば、ミンスキーは、先の引用をしたのと同一の頁において述べている。「おそらく、自分自身の内側に〈自分がいる〉という作り話を拵えるのは、自分の欲することを自分にさせるような人物、ましてや〈欲することを欲する〉ように仕向けるような人物が頭のなかにいない〈ため〉であろう」。このことばは、繰り返し明らかにした自己のない心の二つの特徴（自我―自己がないこと、自我―自己に執着すること）を混同している。自我―自己が存在するという信念や持論をわれわれが拵えるのは、心に究極的にそのような自己がないからではなく、日々の条件づけられた心が執着に満ちているからだ。あるいは、三昧／覚の語彙で論点を絞ると、この信念は、執着と渇望を強める、不健全な心的因子を瞬間ごとに発生させる蓄積された性向に根差すのである。この存続する信念と個人的な持論の根源になっているのは、自我―自己そのものの欠如ではなくて、その欠如に対する情緒的な反応なのだ。われわれは常習的に自我―自己があるという前提に立つので、われわれの確信の対象（自我―自己）を推論によって見出せないと、つい喪失感を覚えてしまう。貴重で馴染みのものを失ったように感じるので、自己が存在するという信念ですぐに埋め合わせようとするのである。しかし、一度ももったことのないもの〈つまり、束の間に創発する〈本質［wes］〉〉は失いようがないではないか。そして、そもそも自我―自己をもったことがないとすれば、自分自身の内側に自分がいると自らに語ることによって絶えず自らを支えようとすることに、どんな意味があるというのか。この対話の聞き手が自分自身であるとすれば、なぜかくも執拗に自分自身へ語る必要があるのだろうか？

この喪失感は、まだ推論の域を出ない探究の段階ではやや自然であるが、自我の欠如の発見が純理論的なレベルにとどまっているうちに強められ、後を引くことになる。三昧で開かれた経験を検証する伝統では、自己のない心がはじめ概念的に理解されると、直接的で個人的な方法で理解される段階にまで深められる。三昧／覚の実際の修行が中心的な役割を果たす旅のプロセスを介して、単に推論的なものが直接経験となる。そして、幾世代もの瞑想者の証言によれば、自我―自己の欠如が、新しい信念や持論によって補填すべき喪失感として直接経験されることはない。それどころか、固定観念からの解放感が芽生えるという。主体そのもの、主体であったはずのものの変容が可能になるのだ。

しかし、ミンスキーの考えでは、われわれが**自己**という概念を抱くのは、「心のなすことの非常に多くが言語意識に関わるわれわれの部分から隠れている」ためである。同様に、「思考と現実生活が心に及ぼす効果は、奇妙に融合してアウェアネスに反映するが、これらの効果が出現する手段は全くはっきりしないままである」と、ジャッケンドッフは述べている。この立場については二つの問題がある。第一は、われわれが気づいていない仮説の心的プロセスとは認知主義的な心の情報処理モデルにより仮定されているプロセスに他ならないこと。一群のサブパーソナルな隠れたプロセスや活動が必要とされるのはこの認知主義的モデルなのであって、心そのものに関するわれわれの経験ではない。しかし、個人的に自我―自己を有するという信念の罪を、こういった変化し続ける認知科学の亡霊に負わせるわけにはいかない(そう考えるのは、議論のレベルの混同であろう)。第二は、たとえアウェアネスから本来的に隠されたサブパーソナルのレベルで多くの心的活動がなされているとしても、自我―自己の存在に対するわれわれの信念をそれでは説明できそうにないことである。心に関するジャッケンドッフとミンスキーのモデルの複雑性を一瞥すればわかるが、これらのメカニズムを心が実際にすべて有しているならば、それらへのアウェアネスは必ずしも望まれさえしないだろう。アウェアネスの欠如そのものが問題なのではない。問題なのは、気づきうるはずの常習的な執着の性向に三昧になれないことなのである。この形式の三昧は、経験の本性が根元的に不連続である(したがって、しっかりしていない)ために、ごく正確に上達させることができるのである(すでにみたように、経験の不連続性と非固定性のなかには現代の認知科学と至極共鳴するものがあり、神経生理学の立場からそのいくつかを観察することさえ可能である)。そのような正確性を深めることは、修行の公式期間においてだけでなく、日常生活においても可能なのである。数多くの文化的変種を含む伝統全体が、人間を探究するわれわれの旅の可能性と現実性を保証してくれる。

ミンスキーとジャッケンドッフの議論からわかるように、認知科学はこの可能性を基本的に無視するのであるが、この冷淡な態度から二つの重大な問題を招いている。第一は、認知科学が人間経験の全ドメインに関する探究であることを自ら否定していること。たとえ経験の（特に、知覚形式における）「柔軟性」が哲学者や認知科学者の議論の俎上に取り上げられたとしても、三昧／覚修行のような意識アウェアネスが変容する方法が研究されることはない。対照的に、三昧／覚の伝統では、そのような変容の可能性こそが心の研究全体の礎石となるのである。

第二の問題は、まさに本書の冒頭から喚起してきたこと、つまり、科学が人間経験から離れていて、認知科学の場合は、体質的に受け入れられないような帰結を肯定するようにわれわれに強いることである。このギャップを埋めようとする明白な試みは、「Dasein（現存在）」、つまり身体としてある存在を支えうるニューラル・ネットワークとは何かを問うゴードン・グロバスや、認知科学と精神分析との間に架けうる橋を探究したシェリー・タークルのようなごく一部の学者を除けばほとんどなされていない。それでも、認知科学により、認知主体とは何かということに関するわれわれの素朴な考えを変更すべきこと（それが確実性に欠け、動態が分裂しており、無意識プロセスから発生すること）がますます要求されるにつれ、認知科学と人間経験に対する開かれた実践的アプローチとをつなぐ欲求は必然的なものとなるだろう。実際、認知科学がそのような架橋への要求に抗うなら、自らの理論や発見に矛盾することになるのである。

さらに、純理論的とはいえ、二〇世紀後半の強力かつ専門的な科学が発見した自己のない心がもたらす深刻な問題は、ニヒリズムの擁護になりかねないことである。人間がいかに生きるかについての革新的な認識を科学も抱かなければ、自己のない心という発見は、実験室の外では何の活力もないものとなるだろう（ただし、実験室のなかの心も自己のない心と同一物なのであるが）。この心は、個人的な根拠がそれ自身にないことを発見する（深刻で重大な発見である）が、その悟りを具体化する手段をもたないのである。そのような具体化（身体としてあること）がなければ、われわれは自己を完全に否定するより他になく、しかも、否定されたばかりのものを常習的に渇望してやまないのだ。

「ニヒリズム」とは、ニーチェが定義した通りの意味である。「〈徹底的なニヒリズム〉とは、承認されている最高の諸価値が問題とされるとき、存在を擁護することは絶対にできないという確信である」★09。換言すると、最も慈しみ大切にしてきたわれわれの様々な価値観が擁護不能であることを知りつつも、それらを断念できない状況こそ、ニヒリズムのもたらす苦境なのである。

このニヒリズムの苦境は、ジャッケンドッフとミンスキー、いずれの著作にもきわめて明瞭に現れている。すでに述べたように、ジャッケンドッフは「意識は毒にも薬にもならない」と論じる一方で、意識は「人生にとってあまりに重要すぎ、尽きせぬ楽しさがあるので役立たずとして想定することはできない」とも主張するからだ。したがって、ジャッケンドッフにとって、意識のもたらす効能への信念は、われわれと同じように、擁護できないが断念もできないのである。

同様の苦境がミンスキーの著作の終わりに現れる。『心の社会』の終わり数頁で、ミンスキーは決定論と偶然との間にある「第三の道という神話」と彼が呼ぶ自由意思の概念を検証している。科学が教えるのは、あらゆるプロセスがすでに決定されているか、一部偶然に依存するということである。したがって、ミンスキーの意味する「時間の道筋のあらゆる分岐点でわれわれに何をすべきかを決めてくれる**自我、自己、最終制御センター**」なる「自由意思」と呼ばれる神秘的な第三の可能性が入る余地はないのである。

ならば、この苦境にミンスキーはどう答えているのか？　最後から二頁目のパラグラフは全部引用する価値がある：

物理世界に意思の自由の入る余地がないことは問題ではないが、意思の自由という概念はわれわれの心的領域モデルにとって重要である。心理学のあまりに多くのことがその概念に依拠しているので、われわれとしてはそれを決して放棄できない。われわれは、その信念が誤謬であると知りつつも、それを抱き続けるようにほとんど強制されている。ただし、心の平和や快活さがどうなろうと、われわれの信念の「すべて」に誤りを見つけるように吹き込まれた場合は別だが。

ここで興味深いのは、ミンスキーのジレンマの感情的なトーンである。彼は、「あらゆるものがうまくいかないときは、いつでも他の思考領域があるはずだ」とする楽天的な考え方で『心の社会』を締め括っているが、自由意思に関するこの引用こそが、実は科学と人間経験との関係についての彼の最終判断なのである。ジャッケンドッフと同様に、科学と人間経験は分離し、それを再び結びつける方法はない。このような状況は西欧文化の苦境に対するニーチェの百年前の診断をまさに例証している（引用したニーチェのことばは一八八七年のもの）。われわれは、真実ではありえないと知っているものを信じるように強制されている（運命づけられている）のだ。

かくも詳細にミンスキーとジャッケンドッフの著作について論じているのは、いずれもそれぞれのやり方で、われわれが対峙している苦境をはっきりと表明しているからだ。実のところ、ミンスキーとジャッケンドッフは、存在している自己を隠している秘密の奥部屋が脳の内部にあるのだろう[★10]と想像したり、量子レベルでの蓋然性と不確定性が自由意思の棲家なのだろう[★11]と想定する他の科学者や哲学者たちと違って、この状況から逃げないことで、われわれに多大な奉仕をしてくれているのである。

それでもやはり、提起した課題がやや紋切り調で論じられているのは確かである。ミンスキーとジャッケンドッフのいずれもが認知科学と人間経験の間には架橋不能な矛盾があると論じているからだ。自由な自己はわれわれにはないと認知科学が教えるのに対し、われわれは、そのような信念を断念できない。われわれはそれを抱き続けるように「ほとんど強制されている」のである。これに対し、三昧／覚の伝統は、われわれは決してそれを抱き続けるように強制されては「いない」という。この伝統は、第四の選択肢、つまり自由に関する通常の概念とは根本的に異なる行為の自由に関する洞察力を提供するのである。

このことが哲学における自由意思の問題ではないことを明らかにしよう（われわれは、物理学的決定論と構造的決定論との対立、予測の議論、ミンスキーとジャッケンドッフの主張に対し、他の哲学的応答をもち込もうとする衝動を何とかして抑えようと思う）。論点としたいのは、そのような問題を経験において検証することを核心とする伝統があることなのである。仏教の方法はほとんどが自我に対する情緒的な執着を乗り越えることに関わっている。瞑想技術、学究と黙想、社会的な行為、全き共同体の組織化は、この目的に沿って強められ、様々な歴史、心理学的な事柄、および人間社会の事柄が書かれてきた（今日でも書かれている）。何度となく述べてきたように、人間はこのやり方で徐々に自らをまさしく変容させるのである（そして、自らが変容しうることが確信されている）。この世界観では、自我—自己の「意思」決定からではなく、何であれ**自己**のない行為から真の自由が生じるわけである。

自己のない心について認知科学が述べていることは人間経験にとって重要である。認知科学が現代社会で権威をもって語るからだ。しかしながら、認知科学者には、ヒュームの後塵を拝する危険もあるのだ。無自己の心の発見（人間の状態と根元的に関連する発見）を輝かしくも論述したものの、その発見を日常経験と結びつける方法を思いつかなければ、肩をすぼめてバックギャモンの現代版へ逃げ込むより他に仕方がないからである。われわれは、人間経験へ戻る架け橋を、その代わりとして提供することを試みているのだ。

世界に留意《マインド》すること

われわれは、ここまでの三部を費やして自己を捜し求めてきたが、それをみつけられないときでさえ、世界の安定性を疑うことは決してなかった。われわれの検証作業に対する設定の場となっていると思われる世界をどうして疑うことができようか？　それでも、自己の無根拠性を発見して世界へ対峙するとき、われわれはもはや世界をみつけられる確信がもてない。あるいはこう言うべきだろうか、確固たる自己を手放した以上、もはや世界を捜す術を知らない、と。世界は、自己でないもの、自己とは異なるものとして結局は定義されるが、われわれが基準点としての自己をもっていないときに、どうしてこのような定義づけができるのか。

またしても、何か馴染みのものを失いかけているようだ。実際、ここでほとんどの読者は、おそらくは苛々して、唯我論、主観主義、観念論の亡霊にすがりたくなるだろう。しかしながら、安定点となるような自己は見出せないことをわれわれはすでに知っている。おそらくわれわれは、個人的な自己があるという考え方よりも、世界には固定された究極的な根拠があるという考え方により強くしがみつくだろう。ならば、ここで一度立ち止まって、様々な認知／創発の実在論の根底にあるこの不安感に十分留意すべきだろうか。次の旅程へわれわれを誘うのはこの作業なのである。

第4部
中道へのステップ
Steps to a Middle Way

第7章

デカルト主義の不安

不満の感覚

世界は所与の特性を有するという考え方を疑うことがどうして脅威となるのか？　世界はわれわれの認知から独立した「外にあり」、認知とはその独立した世界の再―表現（表象）であるとする考え方に疑問を呈すると、どうして不安になるのか？

無反省な常識にしたがえば、「他に心と世界をどうやって関連づけ〈うる〉のか」と、これらの問いかけが科学になりうることを端から否定するだろう。われわれにひそむ実在論的な考え方は、この問いかけが「思弁的」で、ことば巧みに興味を誘いはするが、所詮的外れである、と主張する。なるほど、思弁的・哲学的な面もあるが、認知科学の問いとして再考することも可能なのである。実のところ、心とは環境の所与の特徴へ選択的に応答する情報処理装置であるとする考え方の科学的基盤だって怪しいものなのだから。なぜ認知科学がこうした表象や情報処理についての考え方に、哲学的な疑問にとどまらず先端研究として異議を唱えられないと決め込んでしまうのか？

こうした思い込みは、西洋伝統に深く定着し、最近では認知主義によってさらに強められた常識で目が見えなくなっているからだ。コネクショニストのネットワークや自己組織化、創発特性の研究のように、表象と情報処理という考え方そのものがかなり変化するときでも、実在論が存続するのはこのためである。実在論は認知主義では少なくとも明白であり擁護されているが、創発アプローチではしばしば単に暗黙理に了解され、不問にされている。この非反省的なスタンスは認知科学の直面する最大の危機の一つである。理論や着想の範囲をせばめ、実りある未来への発展を妨げるからだ。

この多様な認知実在論に対して不満を唱える認知科学者は、あらゆる領域に輩出している。記号処理や混合した「心の社会」理論に代わるものを求める研究にとどまらず、表象システムという概念そのものに疑問を呈しているのだ。この概念のために、人間経験においてだけでなく、認知を科学的に説明しようとするときも、認知が本質的に多くの次元を有することが不鮮明になるからである。認知の理解には、知覚や言語、進化や生命全般にわたる研究が不可欠なのである。

これまでは科学と人間経験という対極をつなげることに終始してきた。第4部でもこの作業を続けるが、そのために、認知科学の核心から非表象主義的な選択肢を発展させる。われわれが考察するのは、計算と情報処理という認知科学における最近の考え方だけでなく、「自然の鏡」★01として心をとらえる哲学傾向全般のことである。

表象再考

認知主義の議論において、表象に関する二つの意味を区別したことを思い出していただきたい。まず、表象を解釈とみなす比較的了解されている概念がある。認知とは、あるやり方で世界を解釈・表現することである。さらに、この内的表象を基盤に作動するシステムを仮定して認知の特徴を説明しようとする強い概念がある。この二つの考え方は結局同じものへ行き着くと思われるので、われわれなりの区別を練り上げる必要がある。

まず、比較的弱い、了解されている表象の意味に注目してみる。これは純粋に意味論的である。何かについて解釈できるあらゆることに言及するからだ。解釈すなわち表象というのは、解釈されなければ、あるものも別の何かになってしまうからである。例えば、地図はある地理領域について領土のある特徴を表象し、何らかの解釈をしている。同様に、紙面の単語はある言語の文章を表象し、これがさらに他の事柄を表象することもある。この表象という意味は、さらに正確を期すことができよう。例えば、より形式的な論じ方をすれば、ある言語の陳述は、それが真になる十分条件を表象すると言いえる。例えば、「雪が白い」という陳述は、文字通り受け取れば、雪が白ければ充たされ、「靴を取りなさい」という陳述は、やはり文字通りにとれば、言われた人が靴を取れば、充たされる。★02

この表象の意味が弱いのは、何ら強い認識論や存在論の言質を担わずにすむからである。地図はいかにして意味を有するのかといった事柄に悩むことなく領土を表象する地図について語ることは、完全に受容される。また、言語が全体としてかく作用するとか、この世界に言語から独立し、しかも文章によって再―表現(表象)される事実が本当に存在するのかといった事柄について問わなくても、完全に受容される。さらに、兄弟について私が抱くイメージといった経験的な表象に関して、このイメージはそもそもいかに生起したのかと論じなくても認められる。換言すると、この弱い意味の表象は実用的であり、悩むことなくいつでも使えるのである。

しかし、このような考え方の明瞭性は、きわめて重々しい存在論的・認識論的な言質を担うより強い意味の表象へ変換される。この強い意味が生じるのは、弱い意味の考え方に基づいて、知覚、言語、認知全般がいかに作用すべきかについて完璧な理論を構築して一般化するときである。この認識論的・存在論的な言質は、基本的に二重性がある。われわれは、世界が所与である、つまりその特徴はいかなる認知活動にも先立って特定できると考える。したがって、この認知活動と所与の世界との関係を説明するために、認知システムの内側には心的表象(これがイメージ、記号、ネットワーク全体に分布したサブシンボリックな活動パターンのいずれなのかはさしあたり問題ではない)が存在すると仮定する。次いで、以下のような完璧な理論を構えるのである。(1)世界は所与のものである。(2)われわれの認知は、たとえ部分的であっても、この世界についてのものである。(3)この所与の世界をわれわれが認知する方法は、この世界の特徴を表象し、次いでこの表象に基づいて行為することである。

さて、はじめの比喩、所与の世界へ認知エージェントがパラシュート降下しているという考え方に戻らねばならない。このエージェントが存続しうるのは、ある地図を与えられ、この地図に基づいて行為する限りにおいてでしかない。この喩え話の認知主義バージョンでは、地図は生得的な表象システム(「思考言語」と呼ばれることもある)の一つであり、個体発生(発達)とともにこの地図の利用法を学ぶのである。

多くの認知科学者は、面白くもない諷刺と断ずるだろう。「静的な表象概念を前提にしているから、認知システムの内部構造の豊富な詳細を見過ごし、不当にも表象作用を単なる鏡として解釈するのだ。例えば、視覚という光景の表象は網膜を刺激する物理的なエネルギー・パターンのマッピングの結果なのであり、これが推論や最終的な知覚判断に利用されるのは常識である。知覚は仮説形成の活動的なプロセスなのであって、所与の環境を単に鏡映するものではない」と。

この反論は、やや正当ではあるものの、的外れである。われわれの要点は、精巧な研究プログラムを諷刺することではなく、ある暗黙の認識論的前提を可能な限りわかりやすい形式で明らかにすることなのである。表象が複雑なプロセスであることは合意されているが、独立した環境の付帯的な特徴を復元・再構成する方法の一つでしかないと考えられているのも確かなのだ。例えば、視覚研究では、「陰影から形状を復元する」とか「輝きから色を復元する」ことが語られる。ここで前者(陰影、輝き)は、形状や色のような「より高次」な特性の復元に必要な情報を提供する環境の付帯的な特徴であると考えられる。所与の特徴をもった世界という基本的な考え方であることに変わりはない。★03

しかしながら、諷刺にすぎないという不満が正当化されるとすれば、哲学における実在論と観念論との古典的対立にかかわる認知実在論の精緻な議論をわれわれが疎かにした場合であろう。認知実在論の手にあって、表象という概念は、まさに突然変異のようなものだ。この突然変異により、実在論と観念論との古典的対立からの出口が見出されるかもしれないのである。

この対立は、われわれと世界をへだてる「観念のヴェール」として表象をとらえる伝統に基づいている。実在論者は、当然ながら、われわれの観念や概念と、それらが表象するもの、すなわち世界とは異なると考える。われわれの表象の正当性を判断するための究極的な法廷はこの独立した世界なのだ。もちろん、われわれの表象はそれぞれ多くの他の表象と整合しなければならないが、そのような内的特徴にとって重要なのは、外界の独立世界とのある対応度(適合度)を全体的に高めることなのである。

一方、観念論者は、われわれがそのような独立した世界へアクセスできるのは、表象を介するより他にない、と即座に応じるものだ。自らの表象が世界にどのくらい適合しているかを見極めるために、自分自身の外側に立つことはできるはずがない。事実、世界はわれわれの表象で推定される対象であるという以外、外の世界について何もわかっていないのだ。この論点を極端に述べると、観念論者は、表象から独立した世界という考え方そのものがわれわれのもう一つの表象(二次表象、メタ表象)に他ならない、と論じるのである。外界の根拠はゆらぎ、われわれに残るものといえば、確実で安定な基準点をもたらしてくれそうな内的表象への執着心だけである。

一瞥すると、現代の認知科学はこの伝統的な哲学上の袋小路からの出口を提供するようである。主に認知科学のために、哲学的な議論は、アプリオリな表象(世界に関するわれわれの知識に非偶発的な根拠をもたらす表象）に対する関心からアポステリオリな表象（究極的には環境との因果的相互作用から派生する表象）へ移行している。この脱神秘化した表象概念が、伝統的な認識論を動機づける懐疑的な問いを招くことはない。事実、生物―環境の関係を重視する心理学や認知科学の脱神秘化プロジェクトが優先され、伝統的なアプリオリ認識論は置き去りにされている。そのような脱神秘化したスタンスをとることによって、認知科学は観念論の宿敵である唯我論や主観主義を擁護することなく、超越論的（形而上学的）実在論にひそむ二律背反を避けている。したがって、認知科学者は、心と認知の詳細を研究主題としながらも、経験世界に関する忠実な実在論者《リアリスト》でいられるわけである。

かくて認知科学は、心を自然の鏡とするこれまでの哲学的イメージの負荷なしに表象について語る手段を得たようだ。しかし、この見かけは誤解のもとである。確かに、リチャード・ローティが述べるように、認知科学には認識論に関するこれまでの懐疑的な問いかけを提供する方法はない。認知や知識の可能性をすべて懐疑することは、科学の実践において全くの的外れなのである。しかし、ローティもこう考えているようだが、現代の脱神秘化された表象概念が心を自然の鏡とする伝統的な心のイメージと無関係であることにはならないのだ。★04 それどころか、このイメージの肝要な特徴は、現代の認知科学にも依然として息づいている、外部世界／環境の所与の特徴は、表象のプロセスを介して再現されるという考え方である。ある観点では、認知主義は、デカルトとロックによって創始された心の表象説の最も強い陳述なのである。まさに認知主義リーダーの一人であり、最も雄弁な唱導者であるジェリー・フォーダーは、認知主義が一八〜一九世紀の表象主義より大きく進歩している「唯一の」点は、心のモデルとしてコンピュータを利用していることである、とまで述べている。

しかしながら、すでにみてきたように、認知主義は様々な認知実在論の一つでしかない。創発論と心の社会、いずれのアプローチでも（われわれの研究とは経験的な対極にあるダルマ分析の学派にあっても）、表象という概念はますます問題視されている。認知実在論の多様性を論じたときはこの概念にあからさまには疑問を投げかけなかったが、これまでの旅を振り返ってみると、心を情報処理用の入力—出力装置とする考え方から徐々に離れてきたことがわかる。環境の役割が絶対的な基準点から背景へとますます後退する一方で、様々な関係が創発する自立したネットワークとして心をとらえる考え方が舞台の中央に現れてきた。そこで、こう問うべきときである。「表象的な何かはさておき、そのようなネットワークとは何なのか」と。

この疑問をもう少しとっつきやすくするために、もう一度『心の社会』の終わり部分にあるミンスキーの議論を考察しよう。彼はこう述べている。「心について語るときにいつでもある状態から別の状態へ脳を移すプロセスのことを語っているのは……心についての関心が実は状態間の諸関係についての関心なのであって、状態自体の性質とはほとんど何の関係もないからである★05」。ならば、われわれはこの諸関係をどうしたら理解できるのか？　その関係についての何がそれを心のようにするのだろう？

この問いに対して通常なされる答えは、もちろん、環境の表象を具現化したり支援するものとしてこれらの関係をみるものである。しかし、注意すべきは、これらプロセスの機能が独立した環境を表象することであると主張すれば、これらプロセスは外側から駆動される、つまり外部の制御メカニズムによって規定されるシステム（他律的なシステム）として必然的に解釈されるということである。したがって、前もって特殊化された情報は、世界において独立に存在し、認知システムへの入力として作用しうるとみなされるだろう。この入力がはじめの前提を提供し、それに基づいてシステムが行動、つまり出力を計算するのである。しかし、脳のような高度に協同的で自己組織化するシステムについては、いかに入力と出力を特定しうるのか？　もちろん、行きつ戻りつのエネルギーの流れはあるが、どこまでが情報でどこからが行動なのだろうか。この問題を的確に指摘しているミンスキーの所見は詳しく引用する価値がある。

> どうしてプロセスはかくも分類しにくいのか？　昔は、原材料を最終製品へ変換する方法によって機械やプロセスを判定できたものだ。しかし、工場が車を製造するように思考を製造する脳のことを語るのは意味をなさない。違いは、脳が「それ自体を変化させるプロセス」を利用することにある。そして、このことは、脳の生産物からそのようなプロセスを分離しえないことを意味する。特に、脳は記憶をつくり、その後の思考方法を変えてしまう。「脳の主たる活動は脳自体を変化させることだ」。自己変化プロセスという考え方全体がわれわれの経験にとって真新しいので、そのような事柄についての常識的な判断を下すことがまだできないのである。★06

この一節で注目すべきことは、表象の概念が少しもないことである。ミンスキーは、脳の主たる活動が外界を表象することであるとは言っていない。それが連続的に自己変化するというだけである。表象の概念はどこへいったのか?

実のところ、まさに自らの研究の影響により、認知科学には重要で広範な変化が起こり始めている。独立した無関係な世界という考え方から自己変化プロセスの構造と不可分の世界という考え方への大変換なのである。このスタンスの変化は、単なる哲学上の選り好みを表明するのではなく、入力/出力という基盤においてではなく、「操作閉鎖性」によって認知システムを理解することの必然性を反映するのである。操作閉鎖性を有するシステムとは、そのプロセスの結果がプロセスそのものとなるシステムである。したがって、操作閉鎖性という概念は、操作そのものが自己に回帰して自律的なネットワークを形成するプロセス群を特定する方法となる。そのようなネットワークは、外部の制御メカニズムに規定される(他律性)システム群ではなく、自己組織化という内部メカニズムに規定される(自律性)システム群として分類される。肝腎なのは、そのようなシステムが表象では作動しえないということである。それは、独立した世界を「表象する」のではなく、認知システムにより具体化される構造から分離されない種々の特徴をもったドメインとして世界を「行為から産出する(enact)」のである。

心に関する上記のような概念を真摯に論じようとするときには、世界が所与のものであり、認知は表象であるとする考え方を問題にしなければならない。このことは、認知科学では、認知主義者の「情報を食するもの(informavore)」なる概念から明らかに暗示されるように、世界に既製品として存在している情報が認知システムにより抽出されるという考え方を問題にすべきことを意味する。

しかし、先へ進む前に、所与の特徴や既成の情報をもった世界という考え方がなぜかくも不問にされるのかを自問する必要がある。どうしてわれわれはこの考え方を主観主義、観念論、認知ニヒリズムとして投げ出すことができないのか？　この明らかなジレンマの源泉は何なのか？　われわれは、いよいよ固定した安定な基準点として世界を信用できなくなったときに生起する感情を直接検証しなければならない。

デカルト主義の不安

われわれが感じるこの苛々は、リチャード・バーンスタインに倣えば、いわゆる「デカルト主義の不安」[★07]に根差している。「不安」とは、概ねフロイト流の意味であり、「デカルト主義」と呼ぶのは、デカルトが『省察』において厳密かつ劇的にそれを表現したからである。この不安は一つのジレンマとして最もうまく表現される。知識についての固定かつ安定した基盤、つまり知識が始まり、根拠づけられ、落ち着く点をもつか、またはある種の暗闇、混沌、混乱を免れえないかのいずれか。絶対的な根拠や基盤が存在するか、あらゆるものが分裂するかのいずれかである。

カントの『純粋理性批判』には、デカルト主義の不安がいかに強いかを伝える驚くべき一節がある。『批判』全体を通して、カントは、われわれにはアプリオリすなわち所与の生得的なカテゴリーがあり、それが知識の基盤となると論じることにより、知識理論の体系を築いている。「超越論的分析」に関する議論を締め括るにあたり彼はこう述べている。

われわれは今や純粋悟性「アプリオリ・カテゴリー」の領土を遍歴して、そのあらゆる部分を入念に検分しただけでなく、その広さをすっかり測量して、この領土のあらゆる事物にそれぞれの正しい位置を規定した。この領土は一つの島であって、本質的に不変の限界のうちに閉じ込められている。それは真理の土地(何と魅力的な呼び名であることか)であり、広大な荒れ狂う大洋という錯誤の故郷に取り囲まれているのであって、そこでは多くの霧峰や、たちまち溶け去る多くの氷山が彼方の海岸と思い誤らせ、冒険好きな航海者を絶えず空しい希望で欺きつつ、彼を冒険のうちへ巻き込むが、そうした冒険を彼は決してやめることも終わらせることもできない。★08

ここには、二つの極端なものがある。デカルト主義の不安の二者択一である。すべてが明瞭で、究極的に根拠がある魅力的な真理の土地があるが、その小さな島の向こうには、広大で荒れ狂う、暗闇と混乱の大洋、錯誤の故郷があるのだ。

この不安の感情は、絶対的な根拠を渇望することから生起する。この渇望が充足されないと、残る可能性はニヒリズムか無秩序《アナーキー》しかないようだ。根拠への探究は多くの形態をとるが、表象主義の基本論理の場合は、世界の外的(非精神的)な根拠か内的(精神的)な根拠のいずれかを求めることになる。心と世界を主観と客観の対極として処理することにより、デカルト主義の不安は、根拠を求めて両者の間を果てなく揺れ動く。
重要なのは、主観と客観のこの対立が、はじめから与えられているものでも、すでにできあがっているものでもないと理解することである。これは、第1章で述べた心と自然に関する人間の歴史がもたらした一つの考え方でしかないのだ。例えば、デカルト以前には、心と自然という名辞は神の心の内容にしか使われなかった。デカルトは、この名辞をはじめて使って、それが人間の心の作用によるとしたのである。★09 この言語学的・概念的シフトは、リチャード・ローティが「自然の鏡としての心の発明」と説明するもの、つまり異質なイメージ、概念、言語学的使用法をつなぎ合せた発明の一側面に他ならない。★10
このようなデカルト主義の根源がきわめて明瞭になるのは、この鏡映の比喩の妥当性について疑念をはさむときである。他の思考方法を求めて出発すると、このデカルト主義の不安が一歩進むごとに頭をもたげてくる。さらにまた、究極的な根拠についてわれわれがますます懐疑的になっている現代の状況は独特なものでもある。したがって、この不安が即ニヒリズムへの転向をうながすように思われるのは、根拠を欲するようにわれわれを導く思考、行動、体験の形式から解放される術を学んでいないからなのだ。
先の議論で、認知科学がニヒリズムの傾向から免れてはいないことをみた。例えば、ニヒリズムとデカルト主義の不安との連関は、『心の社会』で完全に独立した世界をみつけることの不可能性にミンスキーが対峙するときに明瞭にみてとれる。彼によれば、世界は客体でも、出来事でも、内側のプロセスでもない。★11 まさに世界はある背景のようなものである（われわれの経験すべての舞台ないし場である）が、われわれの構造、行動および認知から離れては見出せないものなのだ。世界についてわれわれが語ることがわれわれ自身について語ることと同じであるのはこのためである。

この理解に対するミンスキーの応答は、**自己**の欠如への応答に似て、玉虫色である。彼はこう述べる。「あることについて何かうまいことを言ったつもりになっても、自分自身の信念を表明しているにすぎないが、この悲観的な考え方にも何らかの洞察がある。世界に関する自分のモデルがたとえ世界全体についての良好な答えを生みえないとしても、そして他の解が大抵は誤ったものであるとしても、そうした答えは自分自身について何かを教えてくれる」[★12]。ミンスキーは、自分自身への洞察を発展させる機会として、完全に独立した所与の世界をみつけることの不可能性を利用しているが、この洞察にはわれわれの状況についての悲観的な気分が根底にある。なぜこうなってしまうのか?

以上のような考え方をミンスキーのことばを介して描いてきたのは、彼が傑出した現代の認知科学者であり、入念に時間をかけて自らの考え方を明解に表現してきたからである。もちろん、彼だけではない。この問題について論じるように迫られたら、多くの人々は、自分たちが本当は世界について知っているわけではない、知っているのは世界の表象でしかないと認めることだろう。それでも、それを世界として処理することを運命づけられているように感じるのは、われわれの日常を既存の直接世界の経験のように感じるからだ。

確かに悲観的にみえる状況ではある。しかし、そのような悲観が意味をなすとすれば、われわれが知りえない所与の独立した世界、外的根拠が存在すると仮定するときだけであろう。そのような状況ならば、自らの表象を安定した拠点として扱うより仕方がないわけだ。

したがって、この悲観的な気分は、デカルト主義的な不安や心を自然の鏡とするデカルト主義の理念から生まれるのである。この理念によると、知識は独立した、所与の世界についてのものであるべきで、この知識は表象の正確性において獲得されるべきである。この理念が充足されないとき、われわれは内的基盤を求めてわれわれ自身を拠点とする。何かうまいことを言ったつもりになっても自らの信念の表明にすぎないというミンスキーの所見に、この心の動揺は明らかである。人間が考えることが主観的な表象に他ならないと述べることこそ内的根拠という考え方、つまり内奥の表象によって閉ざされている孤独なデカルト主義の自我を拠点とすることなのである。この特殊な転向は、内的根拠として役立ちうる自己が存在することをミンスキーがそもそも信じていないだけに皮肉きわまりない。したがって、デカルト主義的な不安に満ちたミンスキーは、最後にはみつからないとわかっている自己の存在を信じることだけでなく、われわれが接近しえない世界が存在することをも求めるのである。そして、再び、そのような苦し紛れの論理により、ニヒリズムの病態へ陥ってしまうのだ。

中道へのステップ

三昧／覚修行を介した人間経験の探究においてすでにみたように、内的根拠への執着は自我―自己の本質であり、絶えざる欲求不満の根源である。この内的根拠に対する執着こそ、所与の独立した世界という外的根拠への依存を含むより大きな執着パターンの一部となる。換言すると、内的であれ外的であれ、根拠への執着こそが欲求不満と不安の源泉なのだ。

仏教伝統の「中観派」すなわち「中道」派の理論と修行の核心にあるのがこの悟りなのである。心の内側や外側に究極の根拠を求めようとしても、思考の基本的な動機や様式は同じ、つまり執着する性向なのだ。中観派では、この常習的な性向は「絶対論」と「ニヒリズム」という二つの極論の根源であると考えられている。はじめのうち、執着する心は、ある絶対的な根拠、内的であれ外的であれ、それ「自身であること」により他のすべての支えと基盤になりうるものを求める。次いで、そのような究極の根拠がみつけられないことに直面すると、この執着心の反動で他のすべてを錯覚とし、根拠の不在に固執するのである。

したがって、中観派の哲学分析は二つの根元的な点でわれわれの苦境と直接的に関連する。第一は、究極の根拠を求めること(今日では「基礎づけ主義プロジェクト」と呼ばれる)が、主観やいわゆる「自我―自己」における基礎に限らず、所与の既成世界への信念も含むことが明らかに認識されていること。何世紀も前にインドで悟られ、チベット、中国、日本、東南アジアといった様々な文化圏において精緻化されたこの論点が西洋哲学にやっと理解され始めたのはこの百年かそこらのことだ。実際、西洋哲学のほとんどが究極の根拠はどこに見出されるのかという問題に関わってきたが、根拠へ固執しようとする性向そのものについて疑いをはさんだり留意することはなかったのである。

第二に、中観派が絶対論とニヒリズムとの関連性を明らかに認識していること。欧米社会中心に語れば、ニヒリズム（ニーチェ流の意味）への関心は、とりわけ一九世紀における有神論の崩壊とモダニズムの勃興による西洋的な現象とされる。しかし、仏教以前のインド哲学にニヒリズムへの深い関心があることは、そのような西洋中心的な仮説の正当性を疑わせるものだ。

三昧／覚瞑想の伝統では、安定した自我―自己を求めるあまり、生の世界を苦と欲求不満だらけにする絶対論やニヒリズムという執着に陥ることへの洞察が求められてきた。こういった執着の性向から解放される術を体得するにつれ、あらゆる現象には絶対的な根拠がなく、そのような「無根拠性」（sunyata：空）こそが縁起の構造そのものであることが正しく理解されるようになる。

現象論的には、無根拠性こそ豊かに織り込まれ、相互に依存する人間経験の世界の状態そのものであると述べることで、やや似通った論点を主張しうる。われわれの活動はすべて究極の確実性や合目的性の意味では決して固定されない背景に依存すると、最初の章においてこの論点を表明した。したがって、無根拠性は、ある遠く離れた、哲学的に難解な分析のなかにではなく、日々の経験において見出しうるのである。実際、無根拠性は「常識」としての認知のなかに、つまりわれわれが携わる種々のタイプの行為によって不断に形成される、固定されておらず所与のものでもない世界をいかに生き抜くかを知ることのなかに見出されるのである。

上記の見解は、あらゆる形態の経験をせいぜい「民俗心理学」として、すなわち、心の表象理論で整理できるものとしたがる認知科学に拒まれてきた。したがって、相変わらず、所与の作業ドメインにおける問題解決として認知は処理されている。しかし、生きている認知の最大の能力は、全般的な制約のなかにあって瞬間ごとに対処すべき重大な問題を提起することにあるのだ。これらの問題や関心は、所与のものではなく、行為の背景から「産出された」ものであり、何が重大であるかはわれわれの常識のコンテクストにおいて決定されるのである。

第8章

行為からの産出：身体としてある認知

常識の回復

多様な認知実在論（認知主義、創発論、心の社会論）の背後には、世界が別個の要素や作業からなる領域に分けられるという暗黙の仮定がある。認知とは問題解決なのだから、それをうまくやるには、これら所与の領域内の様々な要素、特性、関係を十分考慮しなければならない、と。

認知を問題解決とみるこのアプローチは、ありうるすべての状態を明記することが比較的易しい領域ではある程度うまくいく。例えばチェスである。「チェス空間」の構成要素を定義することはさして難しくない。盤上の駒の位置、駒の動きのルール、着手の順番、といったものだ。この空間の範囲は明確に定義され、それはほとんど透き通った世界である。コンピュータ・チェスの技量が進んだのも驚くことではない。

しかし、境界がより不鮮明で、明確に定義しにくい作業ドメインでは、このアプローチがあまり生産的でないことがわかってきた。例えばある都市の中で車の運転をする移動ロボットを考えてみる。この「運転空間」においても、タイヤと窓、赤信号、他の車などを個別に選び出すことは可能である。しかし、チェスの世界とは違って、様々な物体間の動きというものは、終わりかたの定まった空間ではない。ロボットは歩行者に注意すべきか、天気のことを考えるべきか、その国の運転習慣はどうか、といった問いをいくらでも続けることができるのだ。運転の世界はディテールが無限後退して背景へ溶け込むような、諸レベルからなる構造を有するのである。実際、運転のような方向づけられた運動がうまくいくかどうかは、獲得された運転技能と常識(背景ノウハウ)を連続的に使用することによるのである。

このような常識の知を、明解な命題的知識、哲学の符牒で言えば「事実知」にまとめることは難しい、おそらくは不可能であろう。なぜなら、それは主に膨大な事例の経験の蓄積に基づいた手腕、「技能知」の問題だからである。技能獲得の方法に関する最近の研究はこの論点を裏づけているようだ。★01 さらに、人工的な局所から世界全般へ作業ドメインを広げると、何を考慮すべきかを明記することさえできそうにない。物体、特性、出来事を個々に特定することがその都度変わるように思われるからである。★02

上記の論点は認知科学の分野にとって新しくはないが、その完全な意味はやっと了解され出したばかりなのである。実際、慎ましいほどに遅々とした二〇年間の進歩の挙句、七〇年代になって、どんなに単純な認知行動でさえ、ほとんど無限量の知識を必要とすることが多くの認知科学者に明らかになった。

われわれにとって当然のことでも(あまりに明白すぎて見えない)、コンピュータにはいちいち教えなくてはならないのだ。一般問題を解決するコンピュータという初期の認知主義者の希望は放棄され、プログラマーが必要な知識を機械に入力することができる、小規模の問題や限定された知識ドメインを扱うことになった。同様に、最近のコネクショニストは、世界についての既知の特性を組込むことにより可能なアトラクタ空間を限定している。さらに最近のモデルでは、学習を外在的モデルの模倣のようなものとするバックプロパゲーション法などの戦略もある。したがって、認知主義もコネクショニズムも、背景にある常識の霧はいつか晴れるだろうという希望的観測のもと、なすすべなく放置しているのだ。[★03]

しかし、生の世界が前もって規定された境界をもたないとすれば、表象の形式で常識を把握できると期待するのは非現実的ではないだろうか(ここで「表象」とは、所与の世界の再―表現という、強い意味をさす)。[★04] 実際、常識を回復したければ表象主義的な態度を逆転させ、状況依存的なノウハウを、いずれ発見される洗練されたルールにより消去すべきものとしてではなく、「創出的な」認知の本質そのものとして扱わなければならないのである。

常識に対する上記の態度は、認知科学の分野、特に人工知能研究において浸透しつつある。しかし、留意すべきは、この態度の哲学的な源泉がほとんど最近の大陸哲学、特にマルティン・ハイデガーとその弟子のハンス・ガダマーの初期の研究に基づいた、哲学的解釈学派の中に見出されるということだ。「解釈学」という用語は、本来は古代のテクストを解釈する学問を指したが、拡大されて、背景の理解から意味を「産出すること」、解釈の全事象を指すようになっている。一般に、大陸の哲学者は、解釈学の前提の多くに異議を唱える場合ですら、われわれの身体、われわれの言語、そしてわれわれの社会史から、つまりわれわれが「身体としてあること」から不可分の世界に存在することに知識が依存することを示す詳細な議論を産出し続けてきた。[★05]

最近これらの議論を着想の源泉として注目し始めた認知科学者もいるが、大半はまだそのような非客観主義的な方向性に抵抗し続けている。様々な認知実在論に特に強く結びついている分析哲学は、民俗心理学を還元か置換で理論づけられるとみなす傾向がある。[★06] 分析哲学一般はこの身体としてある理解として認知をみなす考え方には抵抗しているというべきだろう。マーク・ジョンソンが最近の著書で述べているように、

> 理解とは、そのなかで人が世界を有する出来事である、より適切に言えば、そのなかで人の世界が出現する不断の意味のある出来事の系列であるという考えは、ヨーロッパ大陸では、とりわけハイデガーとガダマーの著作において認識されてきた。しかし英米の分析哲学は、意味をことばと世界の固定した関係としてみることで、この流れに頑強に抵抗してきた。客観性を保証しうるのは、人間が身体としてあること、文化的鋳型、想像、史的伝統の地域性、といったものを超越する視点しかないと誤って仮定してきたのである。[★07]

この非客観主義の中心的な洞察は、われわれの理解の能力から創発する進行形の解釈から知識が生まれ

るという見方なのである。これらの能力は、われわれの身体としてある生物学的な構造に根差し、日常や文化史のドメインのなかで実践され経験されている。それがわれわれの世界を意味あるものとするのだ。より現象学的に言えば、それは、われわれが「世界を有する」ように存在するための構造なのである。再びジョンソンを引用すると、

意味には身体としてある経験のパターンとわれわれの感覚の前概念的な構造（知覚や、自身の方向づけ、他の対象や出来事との相互作用の様態）が含まれる。これらの身体としてあるパターンは、それを経験する個人に特有なものにとどまらない。われわれの共同体により、われわれの感じられたパターンが解釈され、コード化されるのである。それは共有される文化的な経験の様態になり、われわれの「世界」についての意味ある一貫した理解を決定することを助ける。★08

これらの主題は大陸の哲学から派生しているが、その議論の大半は、メルロ＝ポンティの初期の著作を重要な例外とすれば、認知に関する科学的な研究を考慮せずに進んできた。したがって、大陸哲学の議論に対して認知科学が提起すべきなのは、文化的に身体としてある人間経験についての研究を、神経科学、言語学、認知心理学における人間の認知の研究と結びつけることなのである。その一方で、認知科学は、われわれの科学的遺産のより強固な仮定の一つ、「世界は知る者から独立しているという仮定」を自問しなければならない。認知が常識なくして適切に理解されえないこと、そして常識とはわれわれの身体的、

社会的な歴史に他ならない、ということを認めざるをえないとなれば、知る者と知られるもの、心と世界は相互の特定化、あるいは依存的な共発生を介してお互いに関係していると結論づけるよりない。

この批判が正当であれば、認知の理解が科学的に進歩するには、「外のそこに」ある所与の世界が表象において内的に回復されるという発想とは異なる基礎から出発するべきだろう。最近、若干の認知科学研究者がこの批判を哲学的なレベルから実験室へ、そして人工知能における特定の研究へ採り入れている。これらの研究者は創発的なアプローチより根本的に認知主義から袂を分かつ具体的な仮説を提出しているが、彼らの組込んでいる着想や方法論は上記のコンテクストのなかで発展しているものだ。

自己組織化の再検討

前章では、情報を処理する入力—出力装置としての心という考えから、創発的で自律的なネットワークとしての心という考えへ認知科学が漸次移行していることを論じた。自律的システムの意味を具体的に例示することで、この考えをより有形的なものとしてみよう。

われわれが事例とした単純な細胞《セル》オートマトンは、ネットワーク・アーキテクチャーを与えられたシステムの創発的な性質を示すために導入したものである。これら細胞オートマトンはまったく結合しておらず、その創発状態は特有の世界とのカップリングの歴史によって制約されてもいなかった。この「構造的カップリング」という次元を含めて説明を豊かなものにすることによって、行為から世界を産出する複雑系の能力について正しく評価することが可能になる。

われわれのリングには様々な形式のカップリングを与えることができる。しかしながら、化学物質の環境へ細胞を投げ込むように、0と1がランダムに存在している環境のなかにこのリングを落としたと想定してみよう。さらに、このオートマトン細胞の一つがこれら二つの選択肢(0と1)の一つと出会ったとき、細胞の状態が乱され置き換えられると想像してみよう(図8・1)。簡単にするために、選ばれた環境とこの形態の構造的カップリングを有するこの特定の細胞オートマトンのリングを「ビットリオ」と名づける。

図8・2において、右向きの矢印は一つの乱れがある特定の瞬間に一つの特定の細胞に到達したことを示す。それに続く展開は結果として起こる変化(あるいは無変化)、すなわちビットリオがこの乱れを補償していく方法を示す。ビットリオのもつ規則性が第一種、第四種の場合(単純アトラクタ、カオス的アトラクタ)、乱れの結果はまったく見えない。すなわち、ビットリオは以前の均質状態に戻るか、ランダムな状態のままである。

ビットリオのために選んだ興味深い構造的カップリングを生み出すのは、第二種、第三種の規則だけである。図8・2が示すように、これらの規則をもったビットリオでは、一回の乱れによってある時空配置から別の配置への変化が誘導される。これらの配置はいずれも安定していて、識別可能である。

図8・3に示した規則100110000のビットリオの場合はより詳しく注釈を加える価値がある。見て取れるように、一度だけの乱れとの遭遇により空間的周期性が一つの安定した配置から別の安定し

た配置へ変化する。しかし、同じ細胞での二度目の乱れにより前の変化が元に戻る。したがって、ビットリオにとって、同じ場所での偶数回の乱れは変化をもたらさず、常に目に見えない。このビットリオは、無数の可能な乱れの系列のなかで、ある部分集合、すなわち有限の奇数系列を環境から抽出（選択）するわけである。なぜなら、奇数系列のみがビットリオの配置に反復可能な変化をもたらすからだ。換言すると、その規則と構造的カップリングの形式があれば、このビットリオは「奇数系列認識器」になるわけである。

このような創発的意義のもう一つの例が図8・4の規則0110111110のビットリオに示されている。ここでは乱れ二回の系列のみがビットリオの配置状態に変化を起こしうる引き金である。これは図8・4に明らかだ。この図では比較を簡単にするため、異なる細胞への複数回の遭遇を重ね合わせた。一ヶ所での二重乱れ以外では、このビットリオは変化しない。

さらに同時的乱れやより複雑な構造的カップリングについての探索により、これらのブール代数的な細胞オートマトンのより豊かで興味深い振舞が明らかになっているが、ここでの例示のためには上記の事例で十分である。

強調したいのは、上記二つの特定の例（図8・3、図8・4）において、ビットリオに「奇数系列」とか「二回連続乱れ」を識別するプログラムを与えたわけではないことである。その代わり、われわれは、閉鎖性の形式（ネットワークの内的な力動的創発）をシステムに与える一方で、与えられた環境にこのシステムがカップルする方法（0と1がランダム存在している環境のなかで出会う乱れで各セルの状態を置換すること）を特定した。し

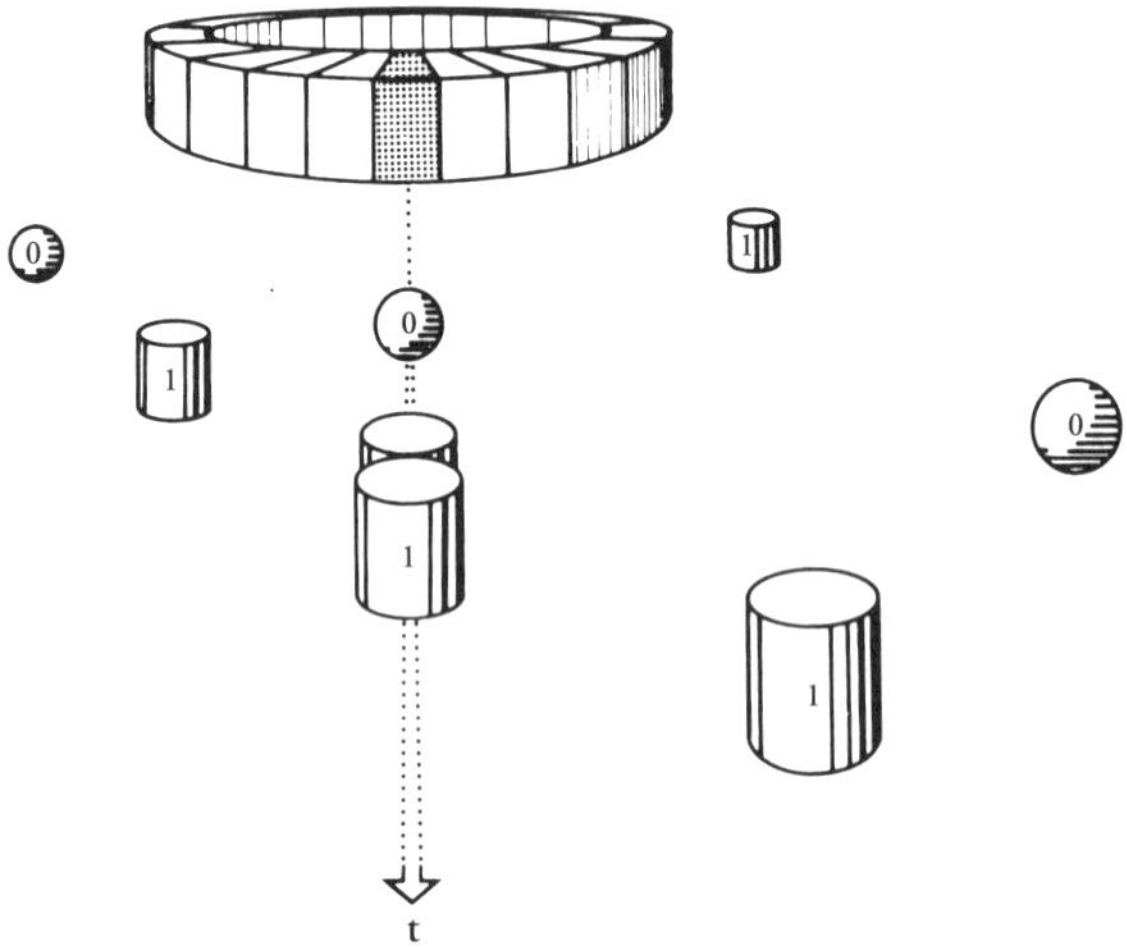

図8·1　1と0のランダム環境における細胞オートマトン（ビットリオ）。（右頁）
図8·2　遭遇する乱れに左右されて変化するビットリオの推移。（左頁）

規則:01111000

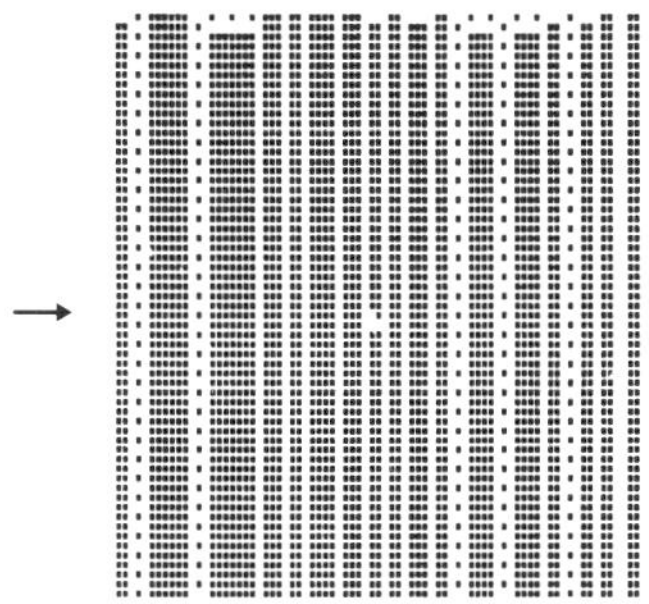

規則:11100110

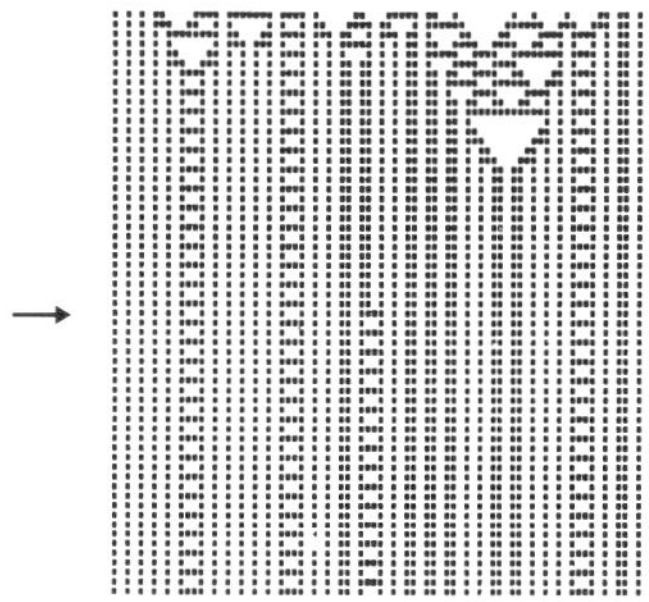

規則:01101000

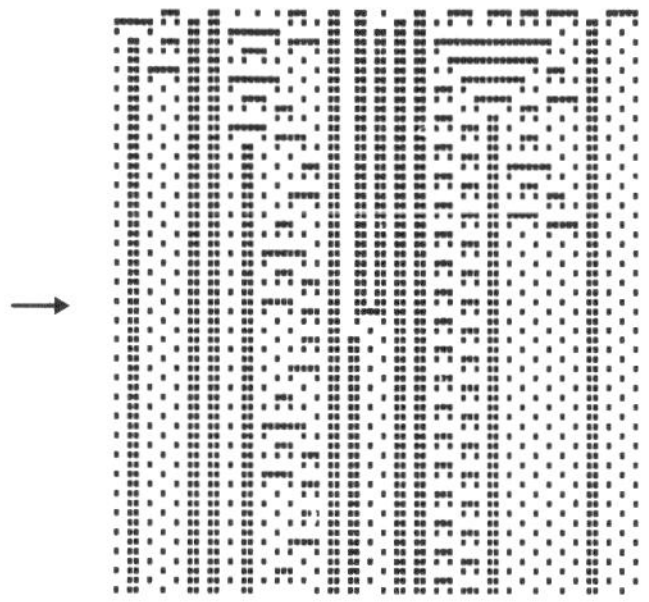

規則:10010000

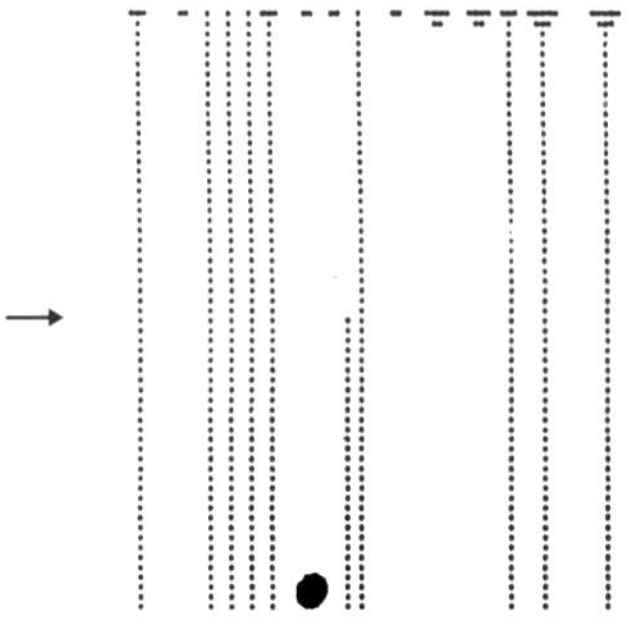

規則:10010000

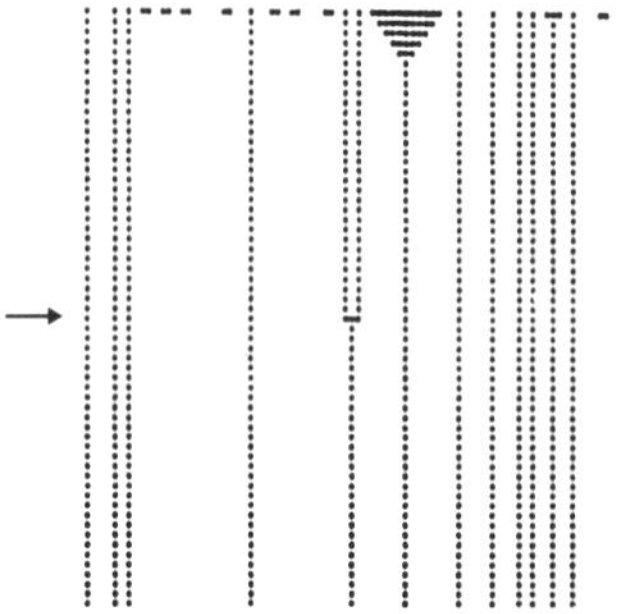

規則:10010000

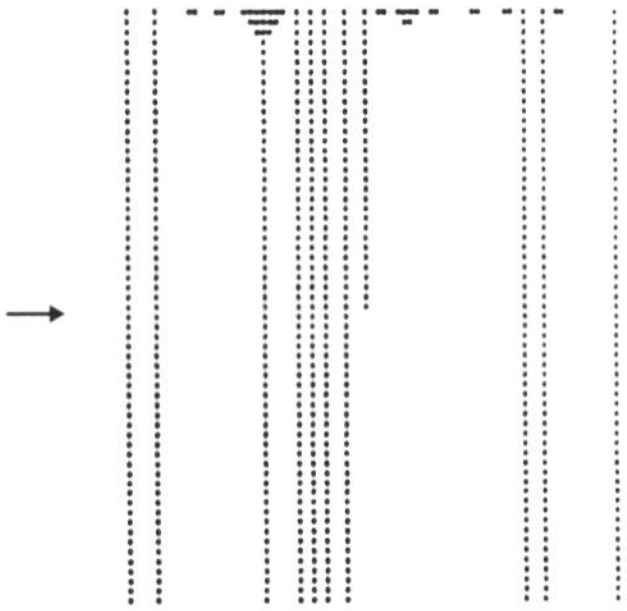

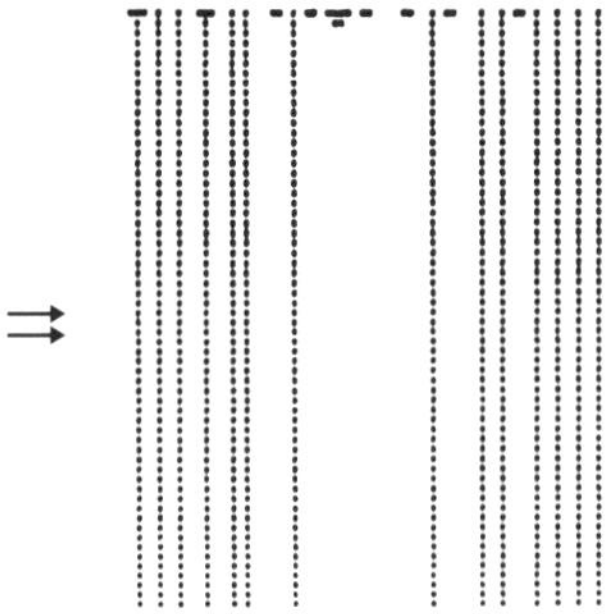

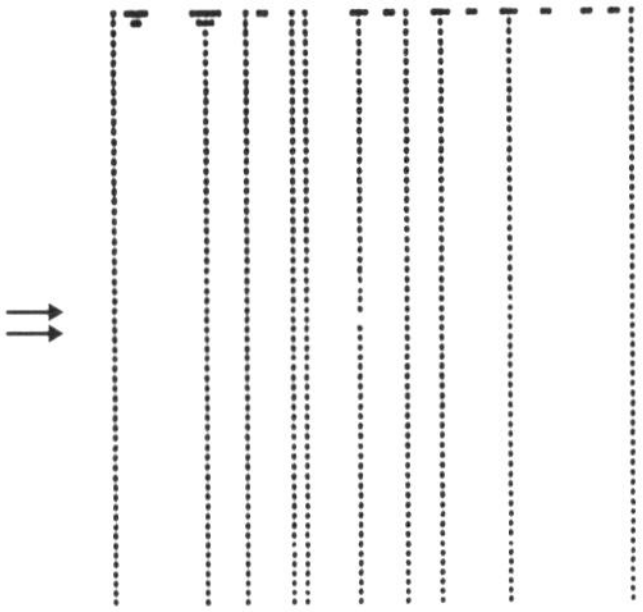

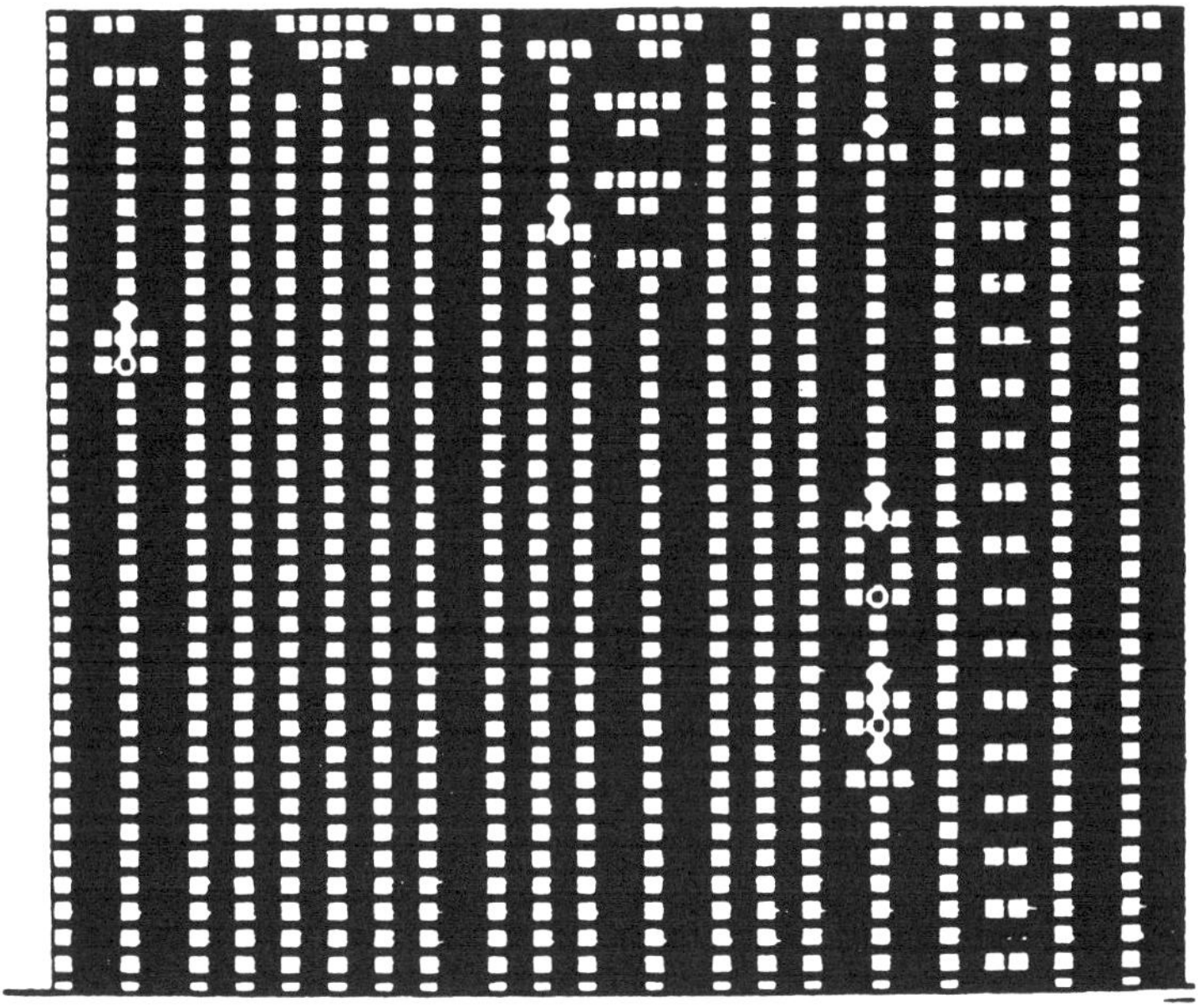

図8·3　偶数回の乱れのみ選択する規則10010000のビットリオ。(右頁)
図8·4　二重の乱れに反応するビットリオ。(左頁)

かし、その結果は、時間とともにこのカップリングがランダムさに満ちた世界からシステムの構造に関連するある区別されたドメイン(「奇数系列」、「二回連続乱れ」)を選び、行為から産出する、言い換えると、システムはその自律性に基づいてある意義をもったドメインを選ぶ、または行為から産出するのだ。

われわれが「意義」と「関連」という用語を意識的に用いるのは、遭遇にはある種の解釈が含まれていることを暗示するからである。ビットリオにおける解釈が経験に依存する類の解釈から遠く隔たっていることは明らかだが、ここにも最小限の解釈が含まれている可能性がある。ここで、「解釈」とは、背景から区別されたドメインを行為から産出することを意味すると広義に理解される。したがって、ビットリオは、その自律性(閉鎖性)に基づいて、ランダムさに満ちた環境の背景からある意義をもったドメインを選択するか産出するという意味での解釈を遂行するのである。

奇数系列といったビットリオが選択する区分はビットリオがともに変化する規則性を示している。これらの規則性は、いわばビットリオの世界とも呼べるものを構成する。この世界は所与のものではなく、したがって表象を通して回復されたものではないのは明らかだ。ビットリオは奇数系列認識器として設計されたわけではない。われわれはビットリオにある内的ダイナミクスを与え、次にランダムな環境へ落としただけである。それでも、内的ダイナミクスとカップリングの歴史から、「奇数系列」がビットリオにとって意義ある区分となるのである。構造的カップリングの歴史を介して行為から産出されるものとしてビットリオの世界を記述するのはこの理由からだ。

かくして、ビットリオは、閉鎖系とカップリングによるシステムに関連する世界産出のパラダイムをもたらしてくれる。もちろんこのパラダイムはいささか単純ではあるが、われわれの意図は、ある特定の現象のモデルを提供することでもないし、このような閉鎖系とカップリングの単純なモデルでも世界を経験するシステムとして十分であると示唆することでもない。要は、背景から意義を産出する自律的なシステムの方法の最低限の事例を提供するだけのことだ。行為からある種の特徴が産出される全過程を詳しく追跡することができるのは事例が単純だからである。

この事例は単純であるが、そこからの示唆を過小評価してはならない。ビットリオに与えられた実に単純な自律性（閉鎖性）とカップリングによって最小限の意義が創発されることが確認できるのだから、生きている細胞、また脳や免疫系のような複雑な細胞ネットワークによって産出される豊穣で複雑なケースを想像してみよう。もっとずっと複雑かつ精妙なものであっても、これらのシステムも自律的であり（機能的な閉鎖性をもっており）、構造的にカップリングしているという特性をビットリオと共有するのである。

このような自律的システムは、環境とのカップリングが入力・出力関係で特定されるシステムと好対照である。デジタル・コンピュータは後者の最も馴染みの例だ。ここでは、ある入力キー系列の意味が常に設計者によって割当てられている。しかしながら、生きているシステムはこのカテゴリーにあるものとはまったく異なるものだ。非常に限定された環境条件の下では、細胞や生物体の作用は入力・出力関係を介して特定できるかもしれない。しかし、一般的には、生きているシステムにとって、あれこれの相互作用の意味は外側から規定されるのではなく、システムそれ自体の組織化と歴史から生じるものなのだ。したがって、今度は実際に生きている事例を考察してみよう。

ケーススタディとしての色

ここで詳しく探究すべき最良の事例は色知覚であろう。色に注目するには二つの理由がある。第一に、色の研究が認知科学の小宇宙を提供すること。図1・1の各学問、神経科学、心理学、人工知能、言語学、哲学は色に対するわれわれの理解に重要な貢献をしてきた。遺伝学や人類学といった他の学問も然りである。第二に、人間経験において色が直接的に知覚・認知上の意義を有すること。色は、科学と人間経験というわれわれの一対の関心が交差するドメインを提供してくれるのである。

説明を容易にするために、色についての議論を何段階かに分けて進めよう。先ず、色自体がどのように現れるのか、色出現の構造とでも呼べるものを論じる。次に世界の事物の知覚される属性としての色について論じる。最後に、経験的なカテゴリーとしての色について考察する。上記の段階は経験において分かれているわけではなく、われわれの経験はこれら三つのすべてによって同時に形成されるのである。しかしながら、色についての諸理論は、これら三つの側面のどれかを出発点にすることが多い。ということで、ここでの段階は説明のためであるが、勝手に決めたわけでもないことを断っておこう。

色の出現

そこで、まずは視覚システムや色をもつ物体からではなく、単に色そのものから始める。色の出現の構造には二つの重要な特徴がある。第一に、われわれに見えるすべての色は六つの基本色、赤、緑、黄、青、黒、白、の何らかの組み合わせとして記述できる。例えば、橙は赤と黄、青緑は青と緑、青紫や藍は赤と青の組み合わせ、といった具合だ。第二に、色の出現は色相、彩度、明度の三次元によって変化する。「色相」とはある色の赤さ、緑さ、黄さ、青さの程度のこと。赤、緑、黄、青は四つの基本的なまたは心理的にユニークな色相であり、二色組み合わさって複合的な色相になる。例えば赤と黄が組み合うと、赤っぽい黄と黄っぽい赤(橙)となり、青と赤が組み合うと、青っぽい赤と赤っぽい青(紫)になる。各ユニーク色相には、共存して色相を作ることのできない対極のユニーク色相がある。赤は緑と、黄は青と共存できない。したがって、赤と緑、青と黄は、「反対」色相として知られる。注意すべきはすべての色が色相をもつわけではないことである。白と黒は、中間の灰色と同様、色であっても色相をもたない。それらは無彩色、色相ゼロの色として知られ、色相をもつ色は有彩色と呼ばれる。有彩色はその色相の強度「彩度」が異なる。彩度の高い色は色相がよりきわだち、彩度の低い色は灰色に近い。「明度」は色の出現における最後の次元である。この次元にそって、色は目も眩むまぶしさから薄暗い、ほとんど見えない状態まで変化する。

なぜ色はこの構造をもつのか。例えば、なぜ色相はお互いに排除する、反対の対に構造化されているのか。色の出現を出発点とし、これらの疑問に答えようとする色視覚のモデルは「相反過程説」として知られる。この理論はその起源を一九世紀の生理学者、エヴァルト・ヘリングに負うが、その現代版はレオ・ハーヴィッチとドロテア・ジェームソンによって一九五七年に提唱された。この理論によれば視覚システムには三つの色の「チャンネル」がある。一つのチャンネルは無彩的で明度の違いを感知する。他の二つは有彩的で色相の違いを感知する。これらのチャンネルは精神物理学的な実験によって特定されたのであって、神経生理学によるのではないことに留意すべきである。それらの生理学的な様態の正確な本質ははまだ論争中であるが、これらのチャンネルが網膜細胞と網膜ニューロン後の細胞集団間の複雑な交差結合に何らかの仕方で対応することは受入れられている。

網膜には三つの異なるが混じり合った錐体細胞のモザイクがあって、その重なり合う光色素の吸収曲線はそのピークがそれぞれ五六〇、五三〇、四四〇ナノメーターにある。これら三つの錐体細胞モザイクはいわゆる長波長（L）、中波長（M）、短波長（S）受容体を構成する。受容体後の細胞における興奮、阻害プロセスによりこれらの受容体からの信号が加算的ないし減算的に比較されることが可能になる。相反過程モデルでは、これら三つの受容体からの信号が加えられると無彩（明度）チャンネルを生成する。LとM受容体からの信号の差により赤―緑チャンネルが生成され、LおよびM受容体由来の信号の合計とS受容体由来の信号の差により黄―青チャンネルが生成される。これら二つの有彩チャンネルは相反的である。赤の増加は常に緑の犠牲で得られるし、その逆もまたそうである。黄の増加は常に青の犠牲で得られるし、その逆もまたそうである。

この相反過程説は、色の出現の構造を、それが無彩チャンネルと有彩チャンネルの異なる反応からいかに生じるかを示すことによって説明する。つまり、相互に排除し合う、あるいは拮抗的な対へ色相を組織化することが根底にある相反的な組織化の反映なのである。どんな色も赤と緑の複合として、あるいは黄と青の複合として経験しないのは、有彩チャンネルが「赤」と「緑」または「黄」と「青」を同時に発信することができないからである。相反過程説は、ユニークな色相と複合した色相があることの理由をも説明する。ユニークな色相は一つの有彩チャンネルからの信号により生じるが、そのとき他の有彩チャンネルは中立であるかまたは平衡状態にある。例えば、ユニークな緑が生じるのは赤―緑チャンネルが「緑」を発信し、黄―青チャンネルが中立で「黄」も「青」も発信しないときである。他方、複合した色相は二つのチャンネルが相互に作用することから生じる。つまり、赤―緑チャンネルが「赤」を発信し、黄―青チャンネルが「黄」を発信すると橙が生じるのである。

さて、色の出現が生成される仕組みについての基礎理解を得たので、今度は第二の探究段階である、世界の事物の知覚される属性としての色に注目しよう。

知覚される属性としての色

われわれは色を空間的に定位されたものとして知覚するので、ある領域の色をそこから局所的に反射される光と関連づけて考えてみよう。ある領域が他より白く見えれば、その領域からより多くの光が反射しているからそうなるのだ、と。あるいは、ある領域が緑に見えれば、それはその領域が主として中波長の光を反射しているに違いない、そんな状況でその領域が緑に見えないのなら、われわれの知覚が間違っていて錯覚に違いない、と。

しかしながら、より綿密に状況を検討してみると、興味深い驚きが待っている。われわれの周囲の世界から反射される光を実際に測定すると、様々な波長の光束とその領域がもっているとわれわれが知覚する色との間には一対一対応がまったくないことがわかるだろう。例えば、ある領域が緑に見えたとする。緑に見える領域は典型的には高比率の中波長光と、低比率の長波長光と低波長光を反射している。すると、その領域が緑に見えるのはより多くの中波長光がそこから反射しているからだと考えるだろう。しかし、この想定が正しいとすれば、その場所が孤立して見られている、つまり視野からそれ以外のすべてが排除された、限定された場合でしかない。この領域が複雑な光景の一部として見られている場合は、たとえ中波長光よりも長波長光や低波長光が多く反射していてもそこは緑に見え続けるのだ。言い換えると、その領域が複雑な光景の一部として見られているときには、そこから局所的に反射される光は知覚される色を予測するのに十分ではない。したがって、知覚される色と局所的に反射される光との間には一対一対応がまったく存在しないのである。

このように、知覚される色が局所的な反射光から相対的に独立していることは、視覚研究者にはすでに知られている。この独立性は二つの相補的な現象において明白である。第一は、事物の知覚される色が照明の大きな変化に拘らず比較的一定にとどまること。この現象は「色の近似的恒常性」として知られる。第二は、同一のスペクトル組成をもった光を反射する二つの領域が、それが置かれた環境に応じて異なった色を有するように見える場合があること。この現象は「同時的色対比」、あるいは「色誘導」として知られる。

この二つの現象からすれば、世界の事物の属性としての色に関するわれわれの経験を、単にある領域から反射される光の強度と波長の組成によって説明することはできないと結論づけるよりない。その代わりに、われわれが考慮すべきなのは、複雑で部分的にしか理解されていない脳内の多様なニューロン集団間の協同的な比較の過程なのである。ある網膜像が与えられると、その細胞集団が到達する創発的、全体的な状態に応じてその物体へ色を割当てるのである。

次の興味深い例示を考えてみよう。二つの同じスライド映写機を、共通スクリーン上で重なるように設置し、それぞれに灰色、白、黒からなる市松模様を映した同じスライドを入れ、二つのスライドがぴったりと重なるようにする。さらに、一方のプロジェクターに赤いフィルターを付けると、生じる全体的なパターンは彩度の異なったピンクの配列となる。そこで、一方のスライドを九〇度だけまわす。すると、黄、青、緑、さらに、赤、ピンクの小さな正方形を含む、完璧に多色の映像が生じるのである。★09

この実験の効果はきわめて劇的である。物理学的には様々な陰影のピンクしか期待できないところで多色の映像が生じるからだ。この色彩効果は一方のスライドの回転に伴う、小さな正方形の縁全域における白対白、赤対赤の比によって記述されうるが、こんなことがどうして生じうるのか。

相反過程説について論じたときに述べたように、眼に届く光は、S、M、L受容体という三種の網膜表面を構成する三つの異なるが、混ざり合った錐体細胞モザイクを乱す。これらの三つの網膜表面は決して同一でも均質でもない。例えば、錐体細胞の密度はL受容体がS受容体より五倍高く、M受容体よりやや少ない。さらに、網膜内部での結合性により、三つの受容体表面における活動の局所的な差違は網膜の残り部分で起こることから影響される。このようにして、内的な相対値が生成される。局所的な活動レベルにおけるそのような参照値からの逸脱がまさに違いを生み出す。そのような逸脱の境界内では、ある一様な色が知覚されるのである。

この記述は網膜レベルでの創発を強調しているので、ごく部分的である。視覚経路のすべてのレベルで色の知覚に参画する構造が存在する。霊長類では、外側膝状体（LGN）、一次視覚野、四次視覚野、下側頭回、および前頭葉にある下位ニューロン群が色知覚に関っているとされる。最も注目すべきは、個々のニューロンの反応でさえも視覚野の色の恒常性と関連づける、四次視覚野のいわゆるV4領域における神経叢である。これらのニューロン構造が色の下位ネットワーク、ミンスキーのことばを用いれば一種の知覚エージェントを構成する。したがって、われわれの色知覚に関わるのは大きくて分散したニューロン・ネットワークをおいて他にない。

色は、当然ながら、形状、大きさ、肌理、動き、方向性といったような他の属性から切り離して知覚されることはない。画家のカンディンスキーが色と動きの関係についてあるエッセイで述べているように、「二つの円を描いてそれぞれ黄と青に塗ったとすると、瞬時でも見つめると黄の中心から外へ広がって、観察者へ明瞭に接近してくる運動があるのがわかる。一方、青は、殻に閉じこもる蝸牛よろしく、それ自身の中へ動いてゆき、観察者から遠ざかってゆく。目は黄の円には刺されるように、青の円へ吸い込まれていくように感じる」★10。

カンディンスキーがここで述べている動きが絵の物理空間の運動でないのは明らかである。それはむ

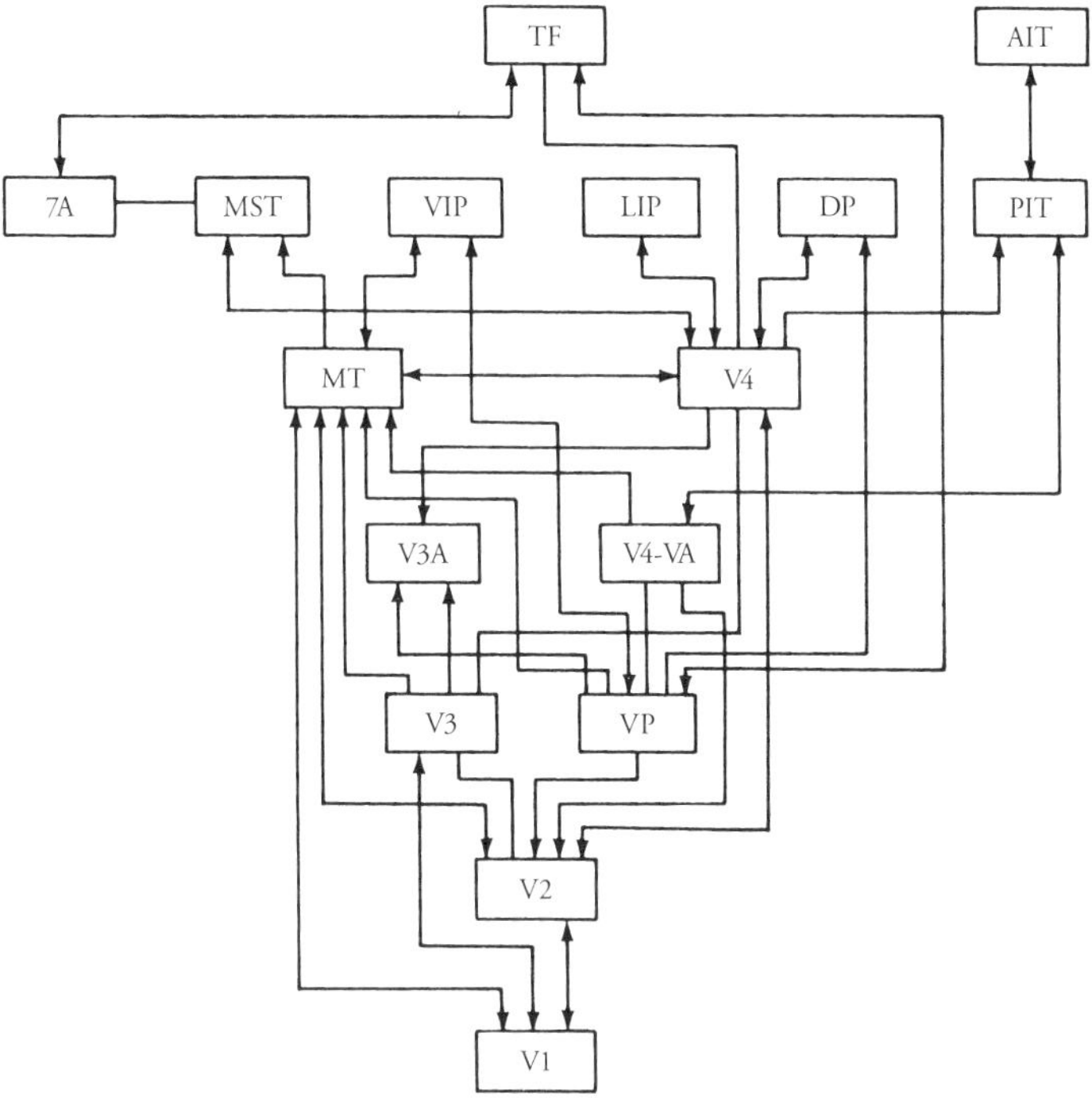

図8·5　視覚経路の並列的な流れ。De Yoe and Van Essen, Concurrent processing streams in monkey visual cortex より引用。

しろ、われわれの知覚空間における運動なのだ。マーク・ジョンソンがカンディンスキーのこの一説について論じているが、「この〈運動〉はわれわれの知覚的相互作用において様々な構造が有ることを示している。そのなかで、われわれは統合したイメージを形成し、作業の様々な要素間の関係を跡づける」[★11]。

最近の生理学の潮流によりこれら「知覚的相互作用の構造」の身体上の基礎を理解することが可能になる。近年、生理学は少なくとも形態（形、大きさ、かたさ）、表面特性（色、肌理、反射性、透明性）、三次元的空間関係（相対位置、空間での三次元的方向性、距離）および三次元的運動（軌跡、回転）を含む視覚モダリティのパッチワークとして視覚を研究することに向かっている。明らかになってきたのは、これらの異なる視覚モダリティが同時作用性の下位ネットワークの創発的な特性であり、下位ネットワークはある程度の独立性と解剖学的な分離可能性さえ有しながらも、ほとんどいつも視覚が一貫性を保ちうることである（この種のアーキテクチャーは、再びミンスキーのエージェント社会を強く想起させる）。図8・5は、これらの視覚的な下位ネットワークの同定された解剖学的要素を一部示している。上記モダリティのなかで、色がより単純に思えるのは、色の指標が輝度とコントラストのレベルだけに基づいて得られるからである。しかし、この単純さのために、色はいつでもより包括的な視覚コンテクストにおいて知覚されるという同様に重要な事実が見えにくくなる。すべての下位ネットワークは協同的に作用するのだから、色を孤立したものとしてみることはない。

さらに、視覚は他の感覚モダリティと活発にやりとりをしている。例えば、色と音の連合、並びに色と（方向感覚、平衡感覚を含む）水平・垂直知覚との連合は、神経生理学者の研究範囲ではないが、芸術家にはよく知られている。これらのモダリティ間の関係を超えたところには、もちろん様々な認知的期待感や記憶が存在する。そのようなトップダウン的な依存状態が予想されるのは、LGNと視覚野の間のように、図8・5に描かれた経路はすべて双方向的だからである。したがって、われわれの中心的な論点を繰り返せば、ニューロン・ネットワークは知覚から行為への一方通行路としては機能していない。知覚と行為、感覚器官と運動器官は、継続創発的で相互選択的なパターンとして結びつけられているのである。

もっと劇的な例として、色知覚の完全な喪失について考えてみると、色知覚が他の視覚モダリティと感覚モダリティの両者と協同することが痛感されるだろう。オリバー・サックスとロバート・ワッセルマンの最近の論文には、事故によって完全に色盲になった患者のことが述べられている。いわゆる後天性色盲というこの特定の症例がきわめて興味深いのは、特にカラフルな抽象画で知られた画家に起こったからである。自動車事故の結果として、この人物(I氏)はもはやどんな色も知覚できなくなった。白黒テレビにも似た視覚世界のなかで暮らすことになったのである。

事故に続く数週間についてのI氏の陳述から、色知覚に他の経験モダリティが関与していることが明らかである。色が失われたために、彼の経験の全体的な性格は劇的に変化した。見るものすべてが「味気なく、〈薄汚い〉様子だった。白はぎらつき、無色でも灰色っぽく、黒には空虚感があった。すべてが間違っていて、不自然で汚染されていて、不純だった」。食べ物にはうんざりし、性交は不可能になった。もはや色を視覚的に想像できず、色のついた夢を見ることもなかった。音楽鑑賞力も損なわれた。楽音を共感覚的に色の戯れへ変換して経験することができなくなったからである。とうとう、I氏は以前の色の世界をすっかり忘れてしまったようであった。徐々に「夜型人間」になるにつれ、彼の習慣、振舞、行為が変化した。彼のことばによると、「夜が愛しい……惹かれるのは、日の光を見ることがなく、そのことが満更でもない、夜働く人だ……夜は別世界だ。広い空間があって、街や人に縛られることがない……まったく新しい世界。私は次第に夜行生物になりつつある。かつて、私は色を心地よく感じていた。それがとても楽しかった。はじめのうちはそれを失って凄く悲しかったが、今やその存在すらわからない。幻影ですらない」。

この陳述は、われわれが日頃当然のこととしている知覚世界が、感覚運動活動の複雑精妙なパターンによって構成されていることへ思い至らせる稀有な例である。われわれの色づいた世界は、構造的カップリングの複雑な過程によって産生される。これらの過程が変化すると不可能になる行動形式もある。新しい条件、状況に対処するようになるにつれて人の行動は変化する。そして、行為が変化すると、世界の感じ方も変化する。この変化が、I氏が色を喪失したように、あまりに劇的であると、異なった知覚世界が生み出されるのである。

これまでの事例は属性としての色が知覚世界の他の属性といかに密接に関連しているかを示すものであった。検討してきたかぎり、われわれの知覚能力から独立した世界に色を位置づけて説明できない。色は、われわれの構造的カップリングの歴史から産出される知覚という経験世界のなかに位置づけなければならないのだ。実際、この論点は経験的なカテゴリーとしての色を論じるとき、さらに明らかになるだろう。しかし、色に関するこの第三段階の議論へ移る前に、一つの反論についてちょっと考察しておこう。

色はどこにあるのか

これまでの議論に対して、次のように挑まれたとしよう。「これらすべての複雑なニューロン・プロセスは、照明の変化を補償して物体の安定した特徴を回復することでしかないのではないか。例えば物体の表面反射だが、これは各波長における物体が反射する入射光の比率に対応する。この比率は、物体の物理的な組成により周囲光がどのように変化するかを示す。故にそれは安定した特性なのであって、照明が変化しても一定なのだ。ではなぜ、この経験は、表面反射の回復という情報処理の問題解決がもたらすものだと言ってはいけないのか。たとえ色の経験構成を説明するのにニューロン活動の創発的なパターンを持ち出すとしても」。

最近の色視覚についての計算論的モデルは、このような論拠を支持するようだ。煉瓦、草、ビルといったわれわれを取り囲んでいる世界の物体の表面反射は、やや限定した数の（三次元的な）典型的な関数で表現できる。したがって、視覚システムの検討には、その三つの色チャンネルを用いて光景の見本をとり、それによってこれらのチャンネルの活動から表面の反射を再構成することであろう。これらのモデルを基にして、視覚科学者や哲学者たちは、色視覚の機能が表面反射の回復であるだけでなく、色そのものも表面反射の特性に他ならないと論じてきた。

この客観主義的な提案はいくつかの重要な問題を提起しているが、それらは、われわれの見ている色が所与の世界にではなく、構造的カップリングから産出される知覚世界のなかに位置づけられねばならないというわれわれの論点を実は強化してくれるのである。先ず、色とは表面反射に他ならないという考えについて論じてみよう。すでに見たように、色はある特性のためにお互いに対してある関係をもっている。色は色相、彩度、明度の三次元にそって変化し、色相はユニークかバイナリーかであって、相反する対へ組織化されている、等。さて、色が表面反射に他ならないとすれば、これらの色の特徴をそれに対応する表面反射の特徴と一致させることができるはずだ。しかし、そのような対応する特徴はないのである。表面反射はスペクトルの短波長、中波長、長波長域のそれぞれでどの程度光を反射するかによって分類できるが、それらはユニークともバイナリーとも分類できないし、他の反射と相反関係にあるとしても分類できない。ユニーク性、バイナリー性、相反性という特性を、光の構造のなかに発見しえないのである。これらの理由により、色を特定する諸特性には、それに対する非経験的、物理的な対応物がないのである。

第二に、色は表面に知覚されるだけの属性ではない。それはまた空のような量感が知覚される属性でもあるのだ。また、残像の属性としても、夢、記憶、共感覚のなかでも色は経験される。これらの現象にわたる統一性はある非経験的な物理的構造のなかにではなく、ニューロン活動の創発的パターンを通して形成される経験の一形態としての色に見出されるのである。

次に、色視覚の機能は表面反射を表象して、それを回復することにあるという考えについて。この考えについてまず注意すべきは、それが色知覚に関する生物学的、生態学的研究から発したのではなく、照明の変動に左右されずに物体を検知するシステムを設計しようとする工学的な試みから生まれたことである。この工学研究プログラムは、視覚に含まれる抽象的な原理を理解する上で非常に重要であるが、さりとて本来の色視覚が果たしている生物学的、および生態学的な目的について断定することはできない。実際、これら生物学的、生態学的な目的へ注目すると、表面反射のように一定の特性だけでなく、採光、気象条件、時刻といった変化する特性にも色視覚が関わることが明らかになるからである。

最後に、色視覚に関する客観主義的な見方には、隠れているがより深刻な問題がある。客観主義者は、われわれの知覚や認知能力から独立した所与の世界に表面反射が見出されると単純にも仮定しているのである。しかし、表面とされるものはどのように特定されるのだろうか。その縁、境界、肌理、そして方向性を、これらの区別に関わる知覚者との関係でとらえなければ、どうやって特定できるのか。

表面反射は所与のものであるという客観主義的な想定は、それが物理的特性なので完全に物理学の用語で測定、明記しうるという前提に立っている。しかし、ある光景の任意点での反射が物理用語で明記できるとしても、何が表面とされるのかは、実際のところ知覚者のタイプに暗黙裡に関連する可能性がある。いわゆる自然の反射の変動に限定した次元を強調する計算論的モデルではこの点が曖昧にされている。これらのモデルを実際に検討してみると、この自然の反射が人間以外の視覚的生物の環境には対応せず、人間の環境の典型的な物体の反射に対応すること、そして、それらの物体が実際の視覚作業以前に抽出、特定されていること、が明らかになろう。つまり、これらのモデルでは、視覚システムは、事前に特定された物体のしかるべき反射を回復することなのである。

このアプローチは、われわれの実際の知覚状況をかなり人為的に単純化している。視覚システムは単に所与の物体のもたらすものでは決してない。その反対に、物体が何で、どこにあるかの決定は、その表面の境界、肌理、そして相対的な方向性（および知覚される属性としての色の全体的なコンテクスト）とともに、視覚システムが不断に成し遂げなければならない複雑な過程なのである。これは、視覚のパッチワーク的アーキテクチャーについての議論でみたように、すべての視覚モダリティ間の能動的な対話を含む複雑な協同的過程から生じる。実際、色視覚はそれによって視覚的光景が様々な表面の集合体へ分節化される協同的過程に含まれている。Ｐ・グーラスト、Ｅ・ツレンナーのことばによると、「知覚される物体をその色から分離することは不可能である。なぜなら、色の対比そのものから物体が形成されるのだから」。かくて色と表面は相伴う。両者はわれわれの身体としてある知覚能力に依存するのである。

カテゴリーとしての色

色に関するこれまでの議論は、色そのもの（色の表われ）と事物の属性としての色（表面色、量感色など）に集中してきた。しかし、われわれの色経験は知覚的なものだけでなく、認知的なものでもある。知覚されるすべての様々な色相／彩度／明度の組み合わせは限られた色カテゴリーの集合へ組織化され、名前がつけられる。これから見るように、色カテゴリーは、どのように色が産生されるのかについてもう一つの印象的な例示となる。

色の言語学的側面◉赤、黄、橙、緑、青、紫、青紫、藍、ピンク、青緑、アクアマリン、藤、薄黄緑など、色についてのたくさんの名称について考えてみよう。このようなたくさんの名称、また同様に他の言語での多くの名称があることから、色カテゴリーは所詮恣意的で、つまり色をある一つの仕方でカテゴリー化するようにわれわれを強いるものは何もないと想定してもおかしくない。実際、かつて言語学と人類学の領域ではこの見方が優勢だった。[★12]

この見方に果敢に挑戦したのは、一九六九年に出版され、今や古典となったブレント・バーリンとポール・ケイの著作である。これにおいて、バーリンとケイは、ある言語の「基本」色用語を構成する色名について言語学的基準を特定した。これらの基本色用語はある言語での基本色カテゴリーに名前を与える。九〇種以上の言語を検討したバーリンとケイは、どんな言語でも記号化される基本色カテゴリーは最大で一一であり、またすべての言語が一一すべてを記号化しているわけでもないとした。この基本カテゴリーは、赤、緑、青、黄、黒、白、灰、橙、紫、茶、ピンクである。バーリンとケイはまた様々な言語の話者に、標準化された色チップ配列を見せ、色の境界と彼らの基本色用語が示す色の最良の例を特定するよう求めた。すると、色カテゴリーの境界については話者の間で大きな差異があるものの、典型的な例についてはほとんど常に一致することが見出された。さらに、例えば青といった共通の基本用語を含むいくつかの言語では、その言語に関わりなく、典型的な色カテゴリーとされるものがほとんど常に一致することも見出された。そこからバーリンとケイは、基本カテゴリーには「焦点」があり、一様なものではない、と論じた。これら焦点が普遍的に一致することから、バーリンとケイは「この一一の基本カテゴリーは汎人類学的な知覚の普遍項である」と結論した。

一一の基本色カテゴリーのすべてを記号化していない言語の話者にとっては、その色ドメインが貧弱になる、と想定してはならない。ある言語での基本色用語は常に色空間全体を包括する。例えば、ニューギニアのダニ族の言語には基本色用語が二つしかない。しかし、ダニ語を研究したロッシュ(次いでハイダー)は、かつて「白」と「黒」と翻訳されていたこの二つの語が本来は「白―暖色」と「黒―冷色」と訳すほうがいいことを示した。前者は白だけでなくすべての暖色(赤、黄、橙、赤紫、ピンク)を網羅し、後者は黒に加えてすべての冷色(青、緑)を網羅するのである。

色と認知◉これまで論じてきた研究は色言語についてのものであった。心理学には、言語と認知と呼ばれる専門分野があり、言語と認知の関連性の有無や関連づける方法について考察され論じられている。バーリンとケイに先立って、一連の有名な実験によって、色の記憶(認知的変数)と色の命名(言語的変数)が関連していることが示されていた。命名は文化的に相対的であると仮定されていたので、認知も文化的に相対的であると証明されたと論じられ、広く受け入れられてきた。しかし、もし色言語と色認知の両方が、例えば色の生理機能といった何か第三の根底にある要因の関数であるとしたらどうだろうか。このような疑問を検証する自然の実験室をニューギニアのダニ族が提供してくれた。彼らの言語には色言語がほとんどない。一連の実験で、ロッシュは、(1)基本色カテゴリーの焦点は名称のないダニ族にとっても周辺色に比べてよりはっきりと知覚され、より速く学習され、短期記憶、長期記憶の双方で容易に記憶された、(2)ダニ族と英語の色の命名から派生した色空間の構造はまったく異なっていたが、ダニ語と英語の色記憶から派生したそれはよく似たものであった、(3)ダニ族に基本色カテゴリーを教えようとすると、一般的なやり方(焦点色を真中に置く)で学ぶのは容易だったが、やり方を変えると(周辺色、例えば青緑を真中に置き、青と緑を周辺に置く)、構造化されたカテゴリーを学ぶのは非常に難しかった。われわれ自身の文化でも、子供が色の名前を覚えていくときにこれとよく似た反応が認められる。以上の結果は、色のカテゴリー化の認知的・言語的側面が根底にある(おそらくは生理学的な)要因に関連していることを強く裏付けている。このように、色のカテゴリーは汎人類的で、種に特有の普遍項であるように思われる。

これまでの議論からすると、色のカテゴリーは人間の視覚システムのニューロンにおける活動の創発的なパターン、つまり色に関する下位ネットワークによって完全に決定されるということになる。赤、緑、青、黄、黒、白という焦点色が色視覚に関する相反過程説の三つの色チャンネル反応と直接対応することは注目に値する。ならば、橙、紫、茶、ピンクの各焦点色はどうなのか。より最近の研究は、明らかに認知的な作用がこれらの焦点色の産生に必須であることを示唆している。この認知操作には二種類あるようだ。一つはわれわれの種に普遍的なもので、もう一つは文化に特異的なものである。

一九七八年にポール・ケイとチャド・マクダニエルは、あるニューロン反応のセットと種に特有の認知過程から色のカテゴリーが産生されるモデルを提案した。ニューロンの反応は、われわれと非常によく似た色視覚をもつマカク属の猿のＬＧＮにＲ・ドゥヴァルワとＧ・ヤコブスによって発見されたようなニューロン集団の赤―緑、黄―青、黒―白反応に対応している（精神物理学的なアプローチによる色チャンネル論を使ってもモデルの構築は可能であろう。実際、そのほうが望ましい。なぜなら、これらチャンネルの神経レベルの正確な態様はまだ論駁されているからだ）。この認知過程はファジー集合理論として知られる数学の一分野を使ってモデル化される作用に対応している。標準集合理論と違って、ファジー集合理論には成員性《メンバーシップ》の度合いがある。色の場合、焦点色はメンバーシップ度1をもつが、非焦点色は1から0までのメンバーシップ度をもつ。ケイとマクダニエルのモデルでは、赤―緑、黄―青、黒―白のニューロン反応が直接に赤、緑、黄、青、黒、白の基本カテゴリーを決定する。しかし、橙、紫、茶、ピンクは、これらのニューロン反応に対する認知操作によって「計算」され「産生」される。これらの認知操作はファジー集合の共通集合を求める演算に対応する。つまり、橙は赤と黄の、紫は赤と青の、ピンクは白と赤の、茶は黒と黄の共通集合なのである。ケイとマクダニエルは、それらを派生的基本色カテゴリーと名づけた。

色と文化◉最後に、色カテゴリーが文化に特有の認知過程に依存していることについて述べよう。別の研究において、ポール・ケイとウィレット・ケンプトンは、色の語彙分類が色の類似性の主観的判断に影響しうることを見出した。例えば、英語には緑と青の二つのことばがあるが、タラフマラ語（メキシコ北部に分布するユートアズテク語族の一つ）には「緑」か「青」を意味する一つのことばしかない。この言語学的な差異は両言語の話し手の色に関する主観的判断に由来しているようにみえる。つまり、英語の話し手が緑と青の違いを誇張しがちなのに対し、タラフマラの話し手はそういうことをしないのである。

文化に特有の認知を裏付ける他の証拠が、R・E・マクローリーの研究から得られる。彼は、紫があるときは完全に冷色域（青―緑）に入れられ、別のときには冷色域と赤の境界上に置かれること、茶がときによって黄のカテゴリーに入れられたり、黒のカテゴリーに入れられることを見出した。マクローリーはまた、太平洋岸北西部にいる多くのアメリカ先住民の言語が他の地域では稀な「緑がかった」黄の基本カテゴリーを記号化していることを報告している。

以上の例は、色のカテゴリー化が、ある部分は種に特有であり、別の部分では文化に特有な知覚・認知過程の錯綜としたヒエラルキーに全体的に依存していることを示すものである。それらはまた、われわれの知覚・認知能力から独立した所与の世界のなかに色カテゴリーが存在するものではないという論点を示すのにも役立つ。赤、緑、黄、青、紫、橙といったカテゴリーは、明／暖、暗／冷、緑がかった黄といったカテゴリーと同様に、経験的であり、合意されたものであり、身体としてあるものである。それはわれわれの生物学的、文化的な構造的カップリングの歴史に依っているのである。

いよいよ、われわれは色が所与のものでも、表象されたものでもなく、経験的で、行為から産出される認知ドメインのパラダイムを与えるものとして正しく評価することができる。色が所与のものではないからといって、科学の様々な分野による厳密な分析に値しない普遍性のないものではないことに留意されたい。色がもたらすパラダイムにより、われわれは随所で色に立ち戻るだろう。しかしながら、ここで一歩戻り、この認知ドメインが知覚と認知一般の理解にもたらす示唆について考えるときである。

もう一度、視知覚からはじめよう。「世界とイメージと、どちらが先か」という問いに対するほとんどの視覚研究の答えは、認知主義者であれ、コネクショニストであれ、研究テーマの名称から明らかである。研究者は「明度差から形状を」「運動から奥行きを」「様々な照明から色を」回復することを研究する。このスタンスを「鶏の立場」と呼ぼう。

鶏の立場：そこにある世界は所与の特性である。それは認知システムに投影されるイメージに先立って存在するのだから、認知システムの課題は（記号によって、あるいは全体的な準記号状態によって）世界を近似的に回復することだ。

この立場はとても理に適っているように聞こえるし、事物が他のやり方で存在しうると想像することはとても難しい。他の選択肢としては「卵の立場」しかないと考えてしまうものだ。

卵の立場：認知システムはそれ自身の世界を投射する。故にこの世界の見かけの実在性はこの内的な法則の反映にすぎない。

これまでの色についての議論からは、この鶏と卵という極端な二つの立場の中道が示唆される。すでにみたように、色は、知覚、認知能力から独立して「外のそこに」あるのでもないし、われわれを取り囲む生物学的、文化的世界から独立して「内のここに」あるのでもない。色のカテゴリーは、客観主義的な見方に反して、経験的なものであり、主観主義的な見方にも反して、われわれの共有された生物学的、文化的な世界に属するのである。このように、ケーススタディとしての色から、鶏と卵、世界と知覚者が、相互に特定し合う明白なポイントの存在することが、われわれに正しく理解できるようになる。

所与の外的世界の回復としての認知(実在論)と、所与の内的世界の投射としての認知(観念論)という前門の虎と後門の狼に挟まれた中道の認識論を可能にするには、まさにこの相互特定化を重視するよりない。これら両極は表象をその中心概念としている。前者では外にあるものを回復するために使われる表象、後者では内にあるものを投射するために使われる表象である。われわれの意図は、認知を回復や投射としてではなく、身体としてある行為として研究することにより、この内側対外側という形式的な対立を回避することにある。

この「身体としてある行為」ということばの意味することを説明しよう。「身体としてある」ということばを用いることで、われわれは二つの点を強調するつもりだ。第一に、各種の感覚運動能力を有する身体の様々な経験に認知が依存すること。第二に、これらの各感覚運動能力自体がより包括的な生物的、心理的、文化的コンテクストに埋め込まれていること。[★13] 「行為」ということばを用いることで、感覚と運動の過程、知覚と行為が生きた認知においては根元的に不可分であることを再び強調したい。両者は、個人において偶発的に結びついているだけでなく、一体化して発展してきたのである。

今やわれわれは、「行為からの産出(enaction)」ということばの含意について予備的な表現を与えることができる。簡単に言えば、エナクティブ・アプローチは二つの点からなる。(1)知覚とは、知覚によって導かれる行為である。(2)認知構造は、行為が知覚に導かれることを可能にする反復性の感覚運動パターンから創発される。ややわかりにくいだろうが、これら二つの陳述の意味することは今後の展開でより明確になるだろう。

まず、知覚によって導かれる行為という考え方について。表象主義者が知覚を理解する出発点が、世界の所与の特性を回復するという情報処理の問題であることはすでにみた。それとは対照的に、エナクティブ・アプローチの出発点は、知覚者がその局地的な状況のなかで自らの行為をどのように導きうるかを研究することである。これらの局地的な状況は知覚者の活動の結果として絶えず変化しているので、知覚理解のための基準はもはや知覚者と独立して存在する所与の世界ではなく、知覚者の感覚運動の構造(神経系が感覚、運動の両面を結びつける方法)なのである。ある所与の世界ではなく、この構造、すなわち知覚者が身体としてある方法により、知覚者がどう活動し、環境の出来事によっていかに変えられるかが決定される。したがって、知覚に対するエナクティブ・アプローチの関心は、知覚者から独立したある世界がどのように回復されるかを決定することではない。それは、知覚者に依存する世界において行為がどのように知覚に導かれるかを説明する、感覚系と運動系の間の一般原理や法則連関を決定することなのである。

知覚へのエナクティブ・アプローチは、実際はメルロ＝ポンティが初期の著作で行なった分析の中心的な洞察のなかにある。彼の特に洞察に富んだ一節はすべて引用する価値がある。

外的刺激により曲を演奏するキーボードに有機体を喩えるのは適切ではない。有機体が曲づくりに寄与するからだ……「……対象の諸特性と主体の意図とは……互いに交錯するだけではなく、一つの新しい全体を構成する」。逃げゆく動物を目と耳が追って刺激と反応が交換しているときに、「どちらが先だったか」に答えることは不可能である。有機体のあらゆる運動は常に外的影響によって条件づけられるから、行動を環境の効果として扱うことも、お望みなら、確かにできよう。だが同様に、有機体の受容するすべての刺激作用は、有機体がまず身体を動かし受容器官が外的影響にさらされて初めて可能になったのだから、「行動こそあらゆる刺激作用の第一原理である」とも言えるのだ。

このように、刺激の形態は有機体そのものによって、つまり有機体が外からの作用に応じる固有の方法によって創出されるのである。もちろん、自らを存続させるには、有機体は自分の周囲でいくらかの物理化学的な動因に出会わなければならない。けれども、その受容体の固有の本性、神経中枢の閾値、諸器官の運動に応じて、「物理的世界のなかから自らの感じうる世界を選択する」のは、有機体自身なのだ。「環境（Umwelt）は有機体の存在と活動によって世界に出現する。世界のなかに充分な環境をうまく見出す場合にのみ有機体が存在しうるのだ」。外部のハンマーによるの

では単純な曲想に、あれこれの音程を様々なリズムで産み出すようなキーボードなのだろう。★14

そのようなアプローチでは、知覚は周囲の世界に埋没し、束縛されているだけではない。それはまたこの周囲世界を行為から産出することにも寄与するのである。メルロ＝ポンティが述べているように、有機体は環境を創始すると同時にそれによって形成される。往復的な相互特定と相互選択のなかで一体化しているものとして有機体と環境をみる必要があることを、メルロ＝ポンティは明確に認識していた。

さて、行為が知覚を導くことを示す事例を少し紹介しよう。暗闇のなかで猫を飼育し、コントロール条件下でのみ光にさらした、ヘルトとハインの古典的な研究がある。第一群の猫は普通に動くことができたが、簡素な車付きの籠に結びつけられていて、その籠のなかに第二群の猫が入っていた。つまり二つの群は同一の視覚経験を共有したが、第二群はまったく受動的だったわけである。この処置から数週間後に猫を解放すると、第一群の猫は普通に振舞ったが、籠に入れられていた第二群の猫はあたかも目が見えないように振舞った。物にぶつかったり縁から落ちたりしたのだ。この見事な研究は、事物が見えるのは、特徴が視覚的に抽出されているからではなく、行為が視覚を導くからであるというエナクティブな見方を支持している。

この例は猫の場合には結構だが、人間経験からは程遠いと感じる読者のために、もう一つの例を考えてみる。バッハ・イ・リタは、視覚障害者のために、電気的に活性化される振動で皮膚の複数の点を刺激することができるビデオカメラを考案した。この技術を使えば、カメラで形成されるイメージと皮膚刺激のパターンが対応するので、失われた視覚の代わりになる。皮膚に投射されるパターンは、人が頭、手、身体の運動によってビデオカメラを適所に向けることで能動的に行動しない限り、何らの「視覚的」内容をもたない。視覚障害者がこのような方法で能動的に振舞うと、二、三時間後には注目すべき創発が生じる。彼らは皮膚感覚をもはや身体に関連したものではなく、ビデオカメラの身体的に方向づけられた「凝視」によって、探索される空間へ投射されるイメージとして解釈するようになった。視覚障害者は、能動的にカメラを(頭によって、あるいは手によって)方向づければ、「外のそこにある実在の対象」を経験できたのである。

知覚と行為の関係が認められるもう一つの感覚モダリティは嗅覚である。積年の研究により、ウォルター・フリーマンは兎の嗅球に電極アレイを挿入し、ウサギが自由に動いている間の脳の全体的な活動の一部を測定することに成功した。動物が特定の匂いに何回もさらされない限り、嗅球の全体活動にはっきりしたパターンがないことを彼は見出した。さらに、そのような活動の創発的パターンは、一貫性のないカオス的な背景からアトラクタへ向かうプロセスから創出されるようであった。色の場合と同じように、匂いとは外的特徴を受動的にマッピングすることではなく、動物の身体としてある歴史に基づいて産出される、有意味な創出活動なのである。

実際、ニューロン集団の配置によってこの種の速いダイナミクスが可能になることを示す証拠が増大している。猫や猿の視覚刺激と結びついている視覚皮質における報告があり、鳥の脳のような根本的に異なる神経構造においても、また非脊椎動物、例えば陸生の軟体動物(Hermissenda)の神経節においても発見されている。この普遍性が重要であるのは、この種の感覚運動カップリング、すなわち行為からの産出の機構が根元的なものであることを示すからである。この種の機構が種に特有なものだったり、哺乳類の皮質に典型的な過程であるとしたら、作業仮説としてずっと説得力に欠けるものになっただろう。★15

今度は、知覚しながら行為する反復性の感覚運動パターンから認知構造が創発されるという着想へ目を転じてみよう。この学問領域の先駆者にして巨匠のジャン・ピアジェは、発生的認識論と呼ぶ研究プログラムを設定し、誕生時の状態から抽象的思考能力をもつようになるまでの子どもの発達を追った。子どもは、感覚運動システムだけで始まる。感覚運動的な知能がどのようにして、永続的な物体が時空間にあるという外的世界についての概念に、他の物体とならぶ一つの物体でもあり内的な心でもあるという自分自身についての概念に発展するのか。ピアジェは解明しようとした。彼の体系では、新生児は客観主義者でも観念論者でもない。新生児には活動しかないし、物体に対するどんなに単純な認識行為ですら活動を介してしか理解できないのである。この段階から始めて、新生児は法則と論理の現象世界の全体系を構築していかねばならない。これは、認知構造が感覚運動活動の反復的なパターン（ピアジェの用語では「循環反応」）から創発されることを明瞭に示す例である。

しかしながら、理論家としてのピアジェは、所与の世界と、認知発達して所与の論理的な終点に至る独立した知る者の実在を決して疑わなかったようだ。認知発達の法則とは、感覚運動期であっても所与の世界へ同化、順応することである。したがって、ピアジェの業績には興味深い緊張が認められる。客観主義的な理論家として、研究主題の子どもをエナクティブな主体であると主張し、しかもそのエナクティブな主体は客観主義的な理論家へ容赦なく発展するとしたからだ。彼の業績はすでにいくつかのドメインで影響を及ぼしているが、非ピアジェ派からもより多くの注目を浴びたものだ。

カテゴリー化は、すべての有機体が行なっている最も根元的な認知活動の一つであり、経験の独自性が人間や他の有機体が反応する学習された有意味な個別カテゴリー集合へ変換されることを意味する。心理学における行動主義の時代(それはまた人類学における文化相対主義の絶頂期でもあった)、カテゴリーは恣意的なものとして扱われ、カテゴリー化の作業は心理学において学習法則を研究することにしか使われなかった(すべての経験において解釈を強調する現代思想の主観主義的な傾向にも恣意性がちらつく)。エナクティブな見方では、心と世界はともに行為から生じてくるが、どんな特定状況にあっても、その現れ方は恣意的ではない。あなたが座っている物体について考え、それが何であるかを問うてみよう。その名前は何だろう。椅子に座っていれば、「家具」とか「肘掛け椅子」ではなく、「椅子」と考えるはずだ。なぜか。一連の実験から、具体物を分類するときには生物学的、文化的および認知上の要求がすべて満たされる情報量と効率の交点、カテゴリー化の基本レベルなるものがあるとロッシュは提案した。ロッシュらは、カテゴリー化の基本レベルとはそのカテゴリー・メンバーが、(1)似た運動行為によって使われるか、あるいはそれと関わり、(2)類似の知覚される形態をもち、イメージされ、(3)人間にとって意味のある、同定可能な属性をもち、(4)小さな子どもにもカテゴリー化され、(5)言語学的な優先性を(いくつかの意味で)もっている、最も包括的なレベルであることを発見した。

したがって、カテゴリー化の基本レベルとは、認知と環境が行為から同時に産出される点のようにみえる。対象は知覚者にある種の相互作用を供給するものとして現れ、知覚者は、身体と心を用いて対象を使用する。通常対立する特性とされる形態と機能は、同じ過程の側面であり、有機体はそれらの協調に非常に敏感である。そして知覚者／行為者によって基本レベルの対象に行われる活動は、人間と対象が位置づけられている共同体の、文化的な合意によって正当化されている、生命の諸形態の一部なのであり、基本レベルの活動なのである。

マーク・ジョンソンはもう一つ、非常に興味深い基本のカテゴリー化過程を提案した。[★16] その論じるところによれば、人間には「運動イメージ図式」と呼ばれるごく一般的な認知構造がある。例えば、「容器図式」、「部分─全体図式」、「起点─道筋─終点図式」などだ。これらの図式は身体経験から生じ、ある構造要素によって規定され、基本論理をもち、比喩的に投射されて広範囲の認知ドメイン構造をもたらすことができる。例えば、容器図式の構造要素は「内側、境界、外側」であり、その基本論理は「内側か外側か」であり、その比喩的な投射は、視野(事物が見えたり見えなくなる)、人間関係(人が関係に入ったり入らなかったりする)、集合論理(集合はその要素を含む)などについてのわれわれの概念化へ構造をもたらす。

これらの事例の詳細な研究に基づき、ジョンソンは、感覚運動の活動と相互作用のある基本形態からイメージ図式が創発され、われわれの経験に前概念的な構造を与えると論じている。われわれの概念的な理解が経験によって形成される以上、われわれにはイメージ図式的な概念もあるのだ、と。これらの概念には基本論理があり、それによって概念が想像的に投射される認知構造が構造化されるのである。最後に、これらの投射は恣意的なものではなく、身体経験の構造によって動機づけられた暗喩的、換喩的なマッピング処理を伴う。スィーツァーは、言語学におけるこの過程についての特定のケーススタディを提供している。言語におけることばの意味の史的変化は、基本レベルのカテゴリーとイメージ図式の具体的で身体に関連した意味合いから、より抽象的な意味への比喩的な拡張により解釈しうる、と彼女は論じる。例えば、「見る」が「理解する」を意味するようになる。

カテゴリー化に着目したレイコフは、客観主義的な観点に挑んでいると解釈しうる様々な研究者の業績を総括した。最近、レイコフとジョンソンは、認知への経験主義的アプローチと称するものを宣言したが、以下がそのアプローチの中心主題である。

有意味な概念構造が生まれるには二つの源泉がある。(1)身体的、社会的経験の構造化された本質と(2)身体的、相互作用的な経験のあるよく構造化された諸側面から抽象的な概念構造へ想像的に投射されるわれわれの生得的な能力、である。合理的な思考とは、ごく一般的な認知過程、フォーカシング、走査、重ね合わせ、図と地の反転などをそのような構造へ適用することなのである。

この陳述は、認知が行為から産出されるというわれわれの見方と共鳴しているようだ。

行為から産出されるものとして認知をとらえる見方を刺激的に拡張するとすれば、人類学における文化的知識のドメインに対してであろう。民話、魚の名前、洒落、といった文化的知識の所在はどこなのか。個人の心のなかだろうか、社会規範のなかだろうか、文化的な人工物のなかなのか。時間と情報提供者間に見出される知識の変異をどのように説明できるのか。そのような知識が存在するのは、心、社会、文化のいずれかでもなく、それらのインターフェースのなかであるという発想は人類学の理論を触発するだろう。知識はどこか一つの場所や形態のなかに前もって存在するのではなく、例えば民話が語られるときや魚が名づけられるときのような特定の状況における行為から産出されてゆく。この可能性を探ることは人類学の課題であろう。

ハイデガー流の精神分析

フロイト流のアプローチとも対象関係論とも根本的に異なる精神病理学の考え方が、ハイデガーの研究に基づいて、カール・ヤスパース、ルードウィッヒ・ビンスワンガー、メルロ=ポンティによって提案された[★17]。フロイト流の分析が専門としたヒステリーや強迫神経症よりも一般的で、より性格学的な精神障害を説明しようとしたこの説は、フロイトの表象主義的、認知主義的、認識論的な見方と対比させて存在論的な見方と呼ばれる。存在論的な見方では、性格障害は一人の人間の世界における存在形式だけで理解される。劣等と支配といった、普通なら世界を規定する多くの次元の一つにすぎないことが初期の経験を介して固定化され、世界において自分自身を経験しうる唯一の様態になってしまう。それは対象を照らす光のようなもので、光そのものは対象として見られないのだ。それで、世界における他の存在形式と比較することができなくなってしまう。実存的な精神分析はこの種の分析を性格障害以外にも拡張し、同時にいわゆる病いを実存的な選択として特徴づけし直した。

しかしながら、このような現象学的な病いへのアプローチが独自の方法論をほとんどもっていないこともよく知られている。クライアントは一つのテーマの全面化をもたらした最初の出来事を思い出そうとしたり、セラピストへの転移からこのテーマを産出したり、再認識したり、ボディワークを行なってテーマの体現化されるスタンスを発見したり、軽減したりする。しかしそれらはいずれもフロイト流、対象関係論、または他の理論で考えられている治療技法と変わる所がない。

われわれが記述してきた、経験に対する三昧で開かれたアプローチによって、個人が全面的にもう一度身体としてあるようになることこそが、実存的な精神分析の実践に必要な枠組と手段をもたらす可能性がある。実際、瞑想修行、仏教の教え、そして各心理療法との間の関係は、西欧の三昧/覚実践者のなかで大いに関心をもたれ、論じられている。西欧的な意味での心理療法は歴史的にも文化的にも西欧独特の現象である。伝統的な仏教にはそれに当たるものがないからだ。多くの西欧の瞑想者は(自らを仏教徒と考えていてもいなくても)セラピストであるか、あるいは将来的にそうなることを考えている。心理療法の体験者はさらに多い。しかしここでもまた、精神分析についてこれ以上述べることを断念しなければならない。この心わくわくさせるテーマをさらに掘り下げることは、この時点では先走りの感がある。まず、身体としてあることを取り入れた精神分析がどのような形をとるのか考えてみよう。

次章への準備として、認知科学内部で優勢な一つの見方、われわれがこれまで提示してきた認知観に挑戦する見方について、触れておこう。われわれの議論に対する次のような反応について考えてみる。「なるほど、認知が単純に表象の問題ではなく、われわれの身体としてある行為能力によっていることをあなた方が示されたのは認めよう。また、例えば色の知覚とカテゴリー化が知覚に導かれた活動とは不可分であること、そしてそれらがわれわれの構造的カップリングの歴史によって産出されたというのも結構。しかしながら、この歴史というのは、任意のカップリング・パターンの結果ではなく、主として生物進化と自然選択の結果なのではないか。われわれの知覚と認知には〈生存価値〉があり、何らかの世界に対する〈最適適合〉をもたらすはずである。したがって、色を引き合いに出せば、なぜわれわれが現に見ているように色を見るのかは、このわれわれと世界との最適適合で説明できる」。

この見方は認知科学内部にある特殊な理論ではない。むしろ、この分野に蔓延しているものなのだ。視覚研究では、これはマーとポッジオの計算理論[18]と、ギブソンとその後継者たちの「直接知覚説」[19]の双方に共通している。それは「自然化された認識論」なる哲学プロジェクトのほとんどすべての側面で支配的なものであり、認知に対して身体としてあることを重視する経験的アプローチを擁護する人たちによってさえ唱えられている。[20]このような理由で、この見方は認知科学の内部で、認知の進化論的な基盤についての「定説」となっている。だが、われわれとしては、自然選択へのこの退却をみすごすわけにはいかないのである。

もう一度、今やよく知っている色の場合から始めよう。われわれの色知覚の根底にあるニューロンの協同作用は霊長類の長い生物学的進化から生じたものである。すでに見たように、これらの作用はすべての人間に共通な色の基本カテゴリーを部分的に決定している。このカテゴリーが支配的であるということから、ある所与の世界をそれが反映していないとしても、それはある進化論的な意味で最適であると想定されかねない。

しかしながら、この結論は何ら保証されていないのである。われわれの生物としての系譜が続いてきた以上、われわれの色カテゴリーは「生存能力がある」か、「有効な」ものではあろう。しかし、他の種でも、ニューロンがわれわれとは別の協同作用に基づいて、「異なる」知覚された色世界を進化させてきたのである。実際、人間の色知覚を与える神経プロセスは、どちらかといえば霊長類に特有なものというべきだろう。ほとんどの脊椎動物(魚類、両生類、鳥類)は、まったく異なる複雑な色視覚機構をもっている。昆虫も、複眼に結びついた根本的に異なる組織を進化させてきた。

この比較を追求する最も面白い方法の一つは、色視覚の次元性を比較することであろう。われわれの視覚は「三色性」である。みてきたように、われわれの視覚システムは三つの色チャンネルへ交差結合される三種の光受容体から作られている。したがって、われわれの色視覚、われわれに可能な各種の色の識別を表すには三つの次元が必要とされる。もちろん、三色性は人間固有のものではない。むしろ、ほとんどすべての動物群に三色性をもつ種がいるようだ。しかし、より興味深いことは、ある動物は「二色性」であり、ある動物は「四色性」であり、さらには「五色性」らしい動物もいるということである（二色性動物にはリス、兎、ツバイ、ある種の魚、おそらくは猫、ある種の新世界猿がいる。四色性動物には金魚のように水面近くで生きる魚、ハトやカモのような昼行性の鳥がいる。昼行性の鳥は五色性の可能性もある）。二色性の視覚を表すには二次元、四色性には四次元（図8・6）、五色性には五次元が必要である。特に面白いのは四色性（五色性の可能性もある）の鳥であるが、その基礎となる神経系の作用はわれわれのそれとはまったく異なるようだ。★21

四色性についてのこの証拠を知った人は、「これらの動物に見える他の色はどんなものなのだろう」と問うものだ。この問いかけは無理もないが、もしそれが四色性動物ではわれわれに見える色がもっとよく見えているはずだと言いたいのならば、素朴すぎる。四次元の色空間は三次元のそれとは根元的に異なることを銘記しなくてはいけない。厳密に言えば、この二つの色空間は通約不能なのである。四次元で利用される区分を三次元の区分で過不足なく対応させることはできない。もちろん、そのような高次の色空間がどのようなものであるかについて、ある種の推察は可能であろう。例えば、われわれの色空間が暫定的に時間次元をもったと想像してみよう。色は四番目の次元値に応じて異なった度合いで点滅する。そのような四次元の色空間で色を指示するものとして、例えばピンクという語では、単一の色を識別するのに不充分であろう。「速い──ピンク」などと言わねばなるまい。昼行性の鳥類の色空間が五次元ということになれば（実際ありうるのだが）、彼らの色経験がどのようなものか、われわれは想像に窮するばかりだ。

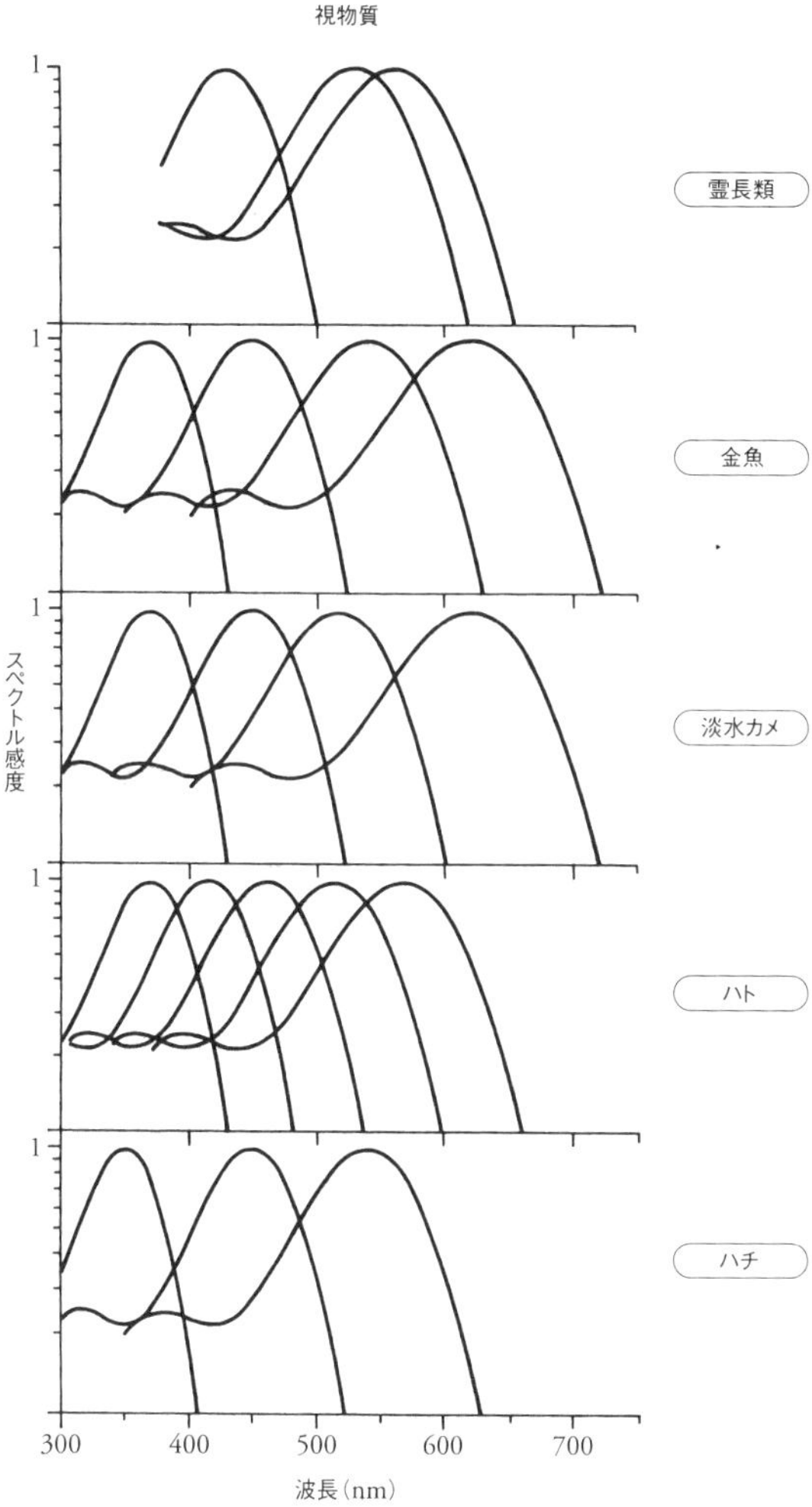

図8·6　種々の動物に存在する異なる網膜色素に基づいた四色性／三色性の機構。

以上のように、鳥、魚、昆虫、霊長類の非常に異なる構造的カップリングの歴史が異なった知覚される色の世界を創出(行為から産出)してきたことが明らかであろう。したがって、われわれの知覚する色世界をある進化論的に提起された「課題」への最適「解」であると考えてはならないのである。われわれの知覚する色世界は、生きている存在の進化論的な歴史のなかで実現された、一つの存続可能な系統発生的な経路の成果なのである。

認知科学における進化についての「定説」に与する反論がここで再びあるだろう。「わかった、知覚される色世界には豊かな多様性があるので、われわれの知覚される世界の属性としての色を最適適合に帰すだけでは説明にならないことは認めよう。色知覚を支える多様なニューロンの機構を、進化論的に提起された同じ問題に対する個別解とみてはいけないわけだ。しかし、われわれの分析はもっと正確を期さなければならない。これらの様々な知覚される色の世界は多様な生態学的ニッチに対する様々な適応を反映しているのではないか。各動物群は世界の異なる規則性を最適に利用している。やはり世界との最適適合の問題なのであって、各動物群にはそれ自身の最適適合があるわけだ」。

この反論は進化論的な議論のさらに改良されたバージョンである。最適化は問題となる種によって違うと考えられてはいるが、知覚と認知の作業には世界への最適適応が何らかの形で含まれるとする見方に変わりはない。この見方は洗練されたネオ実在論を代表している。それは「最適化」という考え方を中心的な説明手段に据えている。したがって、進化論的説明のコンテクストでこの考えをより詳しく検討せずに、われわれは先へ進めない。今日の進化論的生物学の学問水準を総括することを控えたとしても、その古典的な基礎と現代版のいくつかを検討することは必要である。

第9章

進化の道程とナチュラル・ドリフト

適応主義：生物変移の考え方

これから論じる進化論的な主題は、認知の議論で探究した主題と実は類似している。表象という概念が（その強いバージョンにおいて）最先端の認知科学の主眼であるのと同様に、「適応」なる概念はこれまでの進化生物学の主眼であった。しかしながら、このいわゆる「適応主義的プログラム」に関する多くの批判が最近現れ、それによりこれまでの斉一的な考え方は全面改定を迫られている。

今日見直されている正統的な考え方は「ネオダーウィニズム」の体系における生物進化論である。認知主義が認知科学をリードしてきたように、ネオダーウィニズムは現代の進化論を征服している。認知主義のように、ネオダーウィニズムのプログラムを簡明に述べるのは比較的容易である。

もちろん、ネオダーウィニズムの起源となった遺産はダーウィン自身に由来する。この遺産は三つの論点に要約される。

1. 進化は、世代ごとに生物体が漸次変化して起こる。つまり、遺伝を伴った繁殖がある。
2. この遺伝物質は絶えずかき乱され（突然変異、組換え）、多様化にむかう。
3. 上記の変化を受けた個体は自然選択にさらされる。現在の環境に適応する設計（表現型）が選択される。

この古典的なダーウィニズムが一九三〇年代にネオダーウィニズムとなったのは、動物学、植物学、系統分類学に基づいたダーウィニズムの思想や細胞／集団遺伝学における新しい知識とのいわゆる現代的な統合の結果である。この統合によって、様々な変化が起こるのは、遺伝ユニット（遺伝子）によって特定される生物体の特徴が少しずつ変化するためであるという基本的な見方（様々な形質を集合させる遺伝子の構成により繁殖率に差を生じ、それが何世代にもわたる動物集団の遺伝子構成に変化をもたらす。進化とは、集団の雑種形成における こういった遺伝的変化の全体性に他ならない。進化のペースやテンポは、遺伝子の適合性における変化によって測定されるので、動物が居住環境に対してどのくらい適応しているかを定量することは可能であるといった見方）が確立されたのである。もちろん、上記の概念はいずれも馴染みのものであるが、その多様な科学的役割を正当に評価するにはもう一歩踏み込んで明確化する必要がある。

適応という概念を考えてみよう。適応についての最も直観的な意味は、ある物理的状況に最適に（または少なくとも非常にうまく）適合する設計（構造）であるということだ。例えば、魚のヒレが水生環境によく適しているとすれば、有蹄動物のひずめは大草原を疾駆するのに好適である。この適応の概念はきわめて通俗化しているが、ほとんどの進化理論の研究者は適応をこのようには解釈せず、適応とは、繁殖と生存、つまり「適応すること」に連結している「プロセス」のことであると特定している。このプロセスにより、自然界に観察される設計の見かけの適応度合いが説明される（と考えられる）。

しかしながら、この適応の概念を理論的に研究するには、生物の適応性を分析する何らかの方法が必要である。ここで、適応度《フィットネス》という考え方が登場する。適応性の視点からみれば、進化という営みは、遺伝しうる戦略、特異的な繁殖に多かれ少なかれ寄与する遺伝子の組み合わせをみつけることにある。この適応度という概念はしばしば「アバンダンス」（豊かさ）の尺度として論じられる。それは、通常、個体の豊かさの尺度（過剰の子孫をもたらす尺度）であるが、集団の豊かさの尺度（集団の増殖率に対する遺伝子の効果）としても解釈できる。

しかしながら、適応度を豊かさとして測定するこの方法に概念上／経験上の難題が数多くあることがますます明らかになってきた。第一に、ほとんどの動物群で繁殖が成功するかどうかは、他の個体との性的な出会いがどれだけあるかに依存するということ。第二に、ある特定の遺伝子の効果はいつでも多くの他の遺伝子と複雑に絡み合うので、個々の遺伝子の効果を差別化することが必ずしも可能ではないこと。第三に、遺伝子それ自体が発現すると想定される環境があまりに多様で、時間によって変化していること。最後に、動物のライフサイクル全体と生態学のコンテクストでこの環境を考えなければならないこと。

適応度はまた「パーシスタンス」(永続性)、つまり繁殖が経時的に存続する確率の尺度とも考えられる。最適化されるのは子孫の数量ではなくて、絶滅の確率なのである。このアプローチが長期的な効果について感度が高いのは明らかであり、適応度を豊かさとしてみる狭義の視点よりは改善している。しかし、同じ理由により、測定レベルにおける厄介な問題がある。

このような洗練された議論で補強された、この数十年間に及ぶ進化論的思考の主要な教説によると、進化は「力の場」としてみられた。選択圧(適合させる作用の物理的な比喩)が遺伝的に多様な集団に作用すると、適応能力の最適化に応じて、経時的な変化をもたらす。適応主義というネオダーウィニズムのスタンスは、この自然選択のプロセスを生物進化の主因としてみる。換言すると、正統的な進化論は、進化において作用する数多くの他の因子が存在していることを否定はしないものの、それらの重要性を軽くみて、観察される現象を適応度の最適化を中心に説明するのである。

進化と認知との関連に関する議論において通常前提とされたり引き合いに出され、認知科学内の進化論として受け入れられているのは、まさにこの正統的なネオダーウィニズムの進化論である。本章におけるわれわれの意図は、この正統的な見方への批判的検証を始めることである。しかし、予め断っておくが、われわれの批評は適応主義的プログラムの科学的妥当性に照準を合わせてはいない。この研究プログラムは、認知主義のように、他の科学的営為と同じくらいもっともらしくみえるので、純理論的な根拠やわずかばかりの個別観察をもとにして反論することはできない。ならば、われわれは、この教説が直面する重大な経験上の難題、その範囲を広げてこれに代わる説明や理論を網羅せざるをえないように進化生物学者を導いている難題の本質を探究することに努力すべきだろう。

次節で、これら代替的な説明の発展を促してきたより重要な未決問題と反論の論拠をいくつか説明するつもりである。これらの論点は、一緒になって、「ナチュラル・ドリフト」[★01]と言及される進化論へわれわれを導くことだろう。ナチュラル・ドリフトとしての進化は、身体としてある行為としての認知と生物学的に対応するものであり、故に、生物学的現象としての認知の研究に対してより信頼できる理論コンテクストを提供するものでもある。

様々なメカニズム

反論すべき様々な論点は相互に関連しているが、いずれも自然選択説の根元的な限界に集中している。

連鎖と多面発現性

遺伝子の発現システムは連鎖し合っているので、生物体を遺伝子の相互作用だけでは説明しきれないし、ましてや単に形質遺伝子の配列とみるのはもっての他である。ある遺伝子があっても(瞳の色のような数少ない注目例を除き)孤立した形質を発現させるわけではないという事実は、生物学者には「連鎖と多面発現性」

として知られている。多面発現性は、数少ない例外的に複雑な形質の偶然の特性ではない。遺伝子の相互依存性によって表されるのは、ゲノムが独立した遺伝子（形質として発現する）の直線的な配列ではなく、リプレッサーの活性・不活性、エクソンとイントロン、跳躍遺伝子や構造タンパク質までもが介在する多くの相互効果をもった高度に絡み合ったネットワークであるという明白な事実である。例えば、左利きと小児脂肪便症（小麦タンパク質に対する反応としての腸炎症で、下痢をもたらす）との間に遺伝的連関が存在することを一体どのように説明できるというのか？★02　こういった連鎖は、既知の代謝経路と体内の器官作用のほとんどすべてに関わっている。

おそらく、（系統発生というより大進化における）ゲノム全体に関わる最も劇的な状態は、「断続平衡」（仮説）として知られている、種が時間とともに変化するときの劇的な断続現象であろう。この十分に論じられた考え方は、漸進説を否定する。進化のプロセスで中間型が全く想像できない場合があるので、化石記録が不完全なわけではないようだ。例えば、回転対称の生物種から左右非対称の内臓をもつ生物種へどうして変移したのか？　すべての臓器が中央面でつぶれている生物がいないのは確かである。変異は、遺伝子の交換と協同的な効果が全体に及ぶ再構成なのに違いない。そのような効果は、選択が関与しない単純なケースでも認められる。

多面発現性は、適応主義にとって明らかな難題をもたらしている。ある遺伝子が複数の効果を有し、必ずしも同じように、同じ方向にさえ適応度を高めないとすれば、それはいかにして選択され最適化されるだろうのか？　多面発現性がなければ、ある遺伝子の発現頻度を減少するように選択された場合でも、全体の結果は、単に選択圧の結果とは言えないものになるだろう。

科学にはつきものだが、そのような難題は今後解明すべき重大な欠陥であり、詳細な説明が待たれる事項とされている。確信に満ちたネオダーウィニストは、遺伝子に相互依存性があることを認めても、測定技術がより洗練されれば、多面発現性の貢献を自然選択から分離できるとか、自然選択そのものによって反対の効果を有する遺伝子が分離されると言ってはばからない。それでも、形質の適応度に関するこれまでの測定では、多面発現性の効果について明確な答えが得られていないという事実は消えないのである。

したがって、形質適応度の最適化として進化を研究するプログラムそのものが根元的に誤っていないかどうかを問うだけの理由はあるわけだ。相互作用の膨大さはさておき、生物体や社会を形質の配列としてではなく、統合の全体として強調する理論フレームワークを介して進化を研究すべきなのだろう。

発生

独立した形質の配列として生物をみるアプローチの弱点が再び強く現れるのは、進化プロセスにおける発生の役割を考慮するときである。ほとんどの教科書に息づいている古典的なアプローチでは、遺伝子と遺伝子頻度からいきなり表現型と生殖能力のある生物へ飛躍している。誕生から成人期をつなぐ発達（発生）の段階は認められているものの、あまり考慮されていないのだ。

しかしながら、進化生物学者は、それぞれの専門分野において、紋様形成や形態形成が振り付けられ

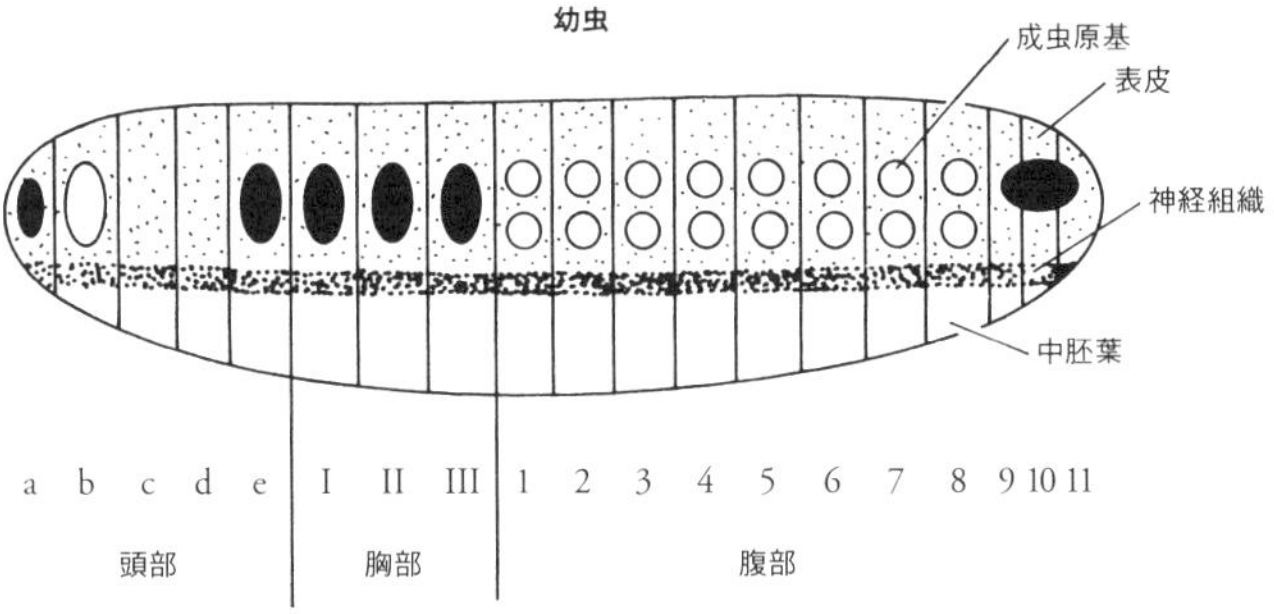

図9·1　ショウジョウバエの胚体節図。

た細胞により変化の可能性の範囲も明確に規定されることを示すのに躍起となってきた。ド・ビアの模範的な教科書には、「進化の形態学と相同性の視点からみて、構造が形成されるプロセスが構造そのものと同じくらい重要であることが、発生学の研究からますます明らかになってきた」とある。

例えば、発生の研究に頻用されるショウジョウバエ（Drosophila）の胚（図9・1参照）における様々な体節の発生について考察しよう。卵は連続的に分節化し、背面（dorsal）、腹面（ventral）などの領域へ分かれる。初期段階のいわゆる胞胚葉には、この動物の体制《トポグラフィー》についての完全にエピジェネティックなコードがある。このコードは、発生の道すじと形質転換の組み合わせを規定する。例えば、この胚の文法で触覚部分と生殖器部分がごく似ていることは、胞胚葉では離れたこれらの点に形質転換を引き起こすいわゆるホメオティック突然変異体が顕著に出現することとよく一致する。このモデルは、コネクショニストの分析に似たようなやり方で、形態学的勾配に基づいた分散機構を介してさらに分析されうる。実際、主眼点は同一なのだ。ここでも、複雑な（神経、遺伝子、細胞）ネットワークにおける創発特性の重要性が見出されるからである。同様に、様々な哺乳動物の縞と斑点色も紋様の組合せによって特徴づけられる。「スポット」（斑点）パターンには、尻尾のような狭くなる領域上で縞紋様へ遠位に形質転換する傾向がある。

ここで重要なのは、発生学の風景と遺伝子ネットワークがより解明されるにつれて、ネットワークのような内因性の自己組織化特性が最も強力な解釈になることである。したがって、これらの要因は、進化における「内因子」と言及される。しかし、われわれは、自然選択を外的、発生上の制約を内的として対置させる安易な傾向は避けるべきだろう。なぜなら、この内／外という二分法は進化を理解する試みにおいて少しも実を結ばないからである。

ランダム遺伝子ドリフト

多面発現性と発生とは別に、適応主義プログラムの基本論理を困惑させるもう一つの要素がある。「ランダムネス」という干渉である。今日広く認められているのは、動物集団の遺伝子組成にかなりの程度の「遺伝子ドリフト」が存在することである（進化をナチュラル・ドリフトとみるわれわれの考え方と混同しないこと）。すなわち、ある遺伝子が活発に選択されれば、「ヒッチハイク」効果において、ごく近傍にある他の遺伝子も同様に選択される。染色体における位置は後成的な効果にほとんど関連しないのだから、そのような近傍性の効果が偶発的なことの原因となりやすいのである。

第二に、生物集団がある特定の有限量に維持されていれば、その遺伝子や遺伝子型の頻度が、各世代ごとに「浮動《ドリフト》する」ということ。そのようなドリフトがあることは、親の遺伝子型の頻度が様々な繁殖確率によって取捨選択されるとき、必ずしも次世代の遺伝子型の頻度を代表しない可能性があるという事実による。次世代の遺伝子や遺伝子型の頻度は、前の世代のそれから逸脱しうるのである。その場合、遺伝子型の変化として進化を解釈するとしても（われわれは別の構図を描こうとしているのだが）、進化は選択圧とは全く関係のない統計学者の言う「標本抽出誤差」によって起きたわけである。数多くの観察事実は、そのようなドリフトがごく限られたわけではないことを明らかにしている。そのなかには、ゲノムの約四〇％が発現されず、反復性であるという当惑させる観察もある。「くず《ジャンク》」DNAとして知られている部分だ。模範的な視点からすれば、そのような大量の遺伝物質は全く不活性なのだから、そこにあってはならないはずなのだ。

平衡状態

次世代における子孫の増加を尺度とする適応は、ある生物系統の長期の進化的永続性や存続とほとんど関係がないかもしれない。動物学者には、ある集団が広汎に「平衡状態」にあること(たとえ有利にみえる環境が劇的に変化しても、集団がそこに留まりつづけ、ほとんど変化しないままでいること)がよく知られている。

例えば、脊椎動物のよく知られた集団の一つであるサンショウウオ(Plethodonitidae：プレトドン科)を用いた研究によると、この生物は五〇〇〇万年以上前からほとんど変化せずに存続してきたらしい。色素沈着と体長がやや異なるものの、この動物群の種は、特に化石記録に最もよく保存されている骨格構造において、著しく均一なのである。対照的に、現存のメンバーは、測定されるあらゆる変数において、かなりの遺伝的多様性を示している。六〇〇〇万年前にプレトドン科と同時発生したあらゆる陸生動物の属は今日ほとんど絶滅している。被食者にとっても捕食者にとっても環境が劇的に変化したのは確かであるが、この種の形態は基本的にほとんど同一だったのである(ただし、同じ形態でも、様々な行動様式をとるのは明らかだが)。

また、進化的平衡状態の根底にある遺伝子型の柔軟性は微生物界でも明らかである。ここでは、遺伝子の交換が定常的に起こるのに、驚くほどの平衡状態が保たれているのだ。こういった観察事実から、適応にアプローチするには豊かさよりも永続性に注目するほうが優れた方法ではないかと示唆されるのである。

選択の単位

適応主義的プログラムはまた、個体を進化と選択の唯一の単位として疑わないことでも批判されてきた。対照的に、複数の選択レベル(単位)を併行して強調する理論には真実味があり、個体レベルに固執する人々を悩ませてきた多くの現象に再解釈を迫っている。一つの極論に、利己的DNAの仮説(遺伝子自体を選択の主要単位とみる仮説)がある。★03 この対極に、利他的形質の維持を説明するのに引合いに出されるウィン=エドワーズの群選択説がある。単位の完全リストを作成するのはかなり大変だ。DNA短配列、遺伝子、全遺伝子ファミリー、細胞、種のゲノム、個体、様々な個体によって担われる「封入」遺伝子群、社会集団、交配可能な集団、種全体(潜在的に交配可能な集団)、相互作用種からなる生態系、地球全体の生物圏、等だ。それぞれの単位は、様々な形式のカップリングと選択の制約条件、独自の自己組織化特性を有し、したがって、他の記述レベルに関連した創発状態を有する。

単位レベルの好みでお互いをナンセンスとして退け合ってきた複雑な論争をここでおさらいするつもりはない。これらの党派的な論戦にもかかわらず、将来の進化論が様々な選択単位とそれらの関係について何らかのやり方で明確に表現しなければならないという事実は消えないのである。

上記の反論には、適応主義的アプローチをかなり危うくさせる鋭い批判力がある。要点をわかりやすく述べると、観察される生物学的規則性を、所与の環境特性との最適な適応として説明することは、論理的な根拠と経験的な根拠のいずれでも、ますます支持しがたくなっているらしい。リチャード・レウォンティンは、この古典的な立場を最近こう批判している。「こういった現象［発生上の制約、多面発現性など］は、言うまでもなく、ロン・フィッシャー卿とその忠実なシャーパスによる〈適応山〉の制覇という大事件からの転換なのである」。進化生物学者はますます「適応山」を後にし始め、まだ不完全ながらより広汎な新しい理論へ向かっている。★04 この新興の方向性の主たる要素をわれわれの視点からいくつか述べてみよう。

進化と認知の問題は、今日の認知科学で活況を呈しつつある少なくとも二つの重要な研究分野で一致する。

1. 進化は、人間や他の動物が今日有している認知の説明にしばしば引き合いに出される。認知の適応上の価値に言及するこの考え方は、通常古典的なネオダーウィニズムに倣って組立てられる。

2. 進化は、認知理論を構築するときの概念や比喩の源としてしばしば利用される。この傾向は、脳の機能や学習に関する「選択理論」の提唱に明らかである。

いずれにせよ、生物体と環境との対応は生存と繁殖の制約を最適化することでもたらされる、とする表象主義的な考え方によって進化プロセスが理解できるかという肝腎な問題が残っている。粗く言えば、認知科学における表象主義は、進化論における適応主義の生き写しなのである。いずれのドメインでも最適性が中心的な役割を果たしているからだ。したがって、適応主義的な視点を弱める証拠は、認知に対する表象主義的アプローチへそのまま難題を突きつけるわけである。

第5章と第6章で述べたように、認知科学者たちは、その探究の必要条件により、局所スケールで作用するサブネットワークの研究にやむなく導かれてきた。これらのネットワークは、網目構造において相互作用し、ミンスキーのことばを借用すれば、エージェントの社会を形成する。現行の問題リストから明瞭なのは、様々な進化論者がほとんど同じ結論に至ったことである。生存と繁殖の制約条件はあまりに弱いので、構造が発達し、変化することの説明にならない、と。したがって、全体的な最適適合のどんな理論体系も進化のプロセスを説明するのに十分でないのである。例えば、酸素消費や羽根の成長といった何らかの測定可能な比較尺度に基づいて最適性を求めうる局所的な遺伝子エージェントがあるのは確かだが、すべての目的に適う単一の尺度はないのである。

この中心的な問題は、比喩で表すことができる。ジョンにスーツが要るとしよう。完全に象徴的《シンボリック》で、表象主義的な世界では、彼はいつもの仕立て屋へ行き、寸法をとってもらい、その測定の正確な仕様に合わせて上等な一着をつくってもらうことになる。しかしながら、環境にあまり多くを期待しない、別の可能性もあるのは明らかだ。いくつかの百貨店を見てまわり、吊るしのなかから自分によく合うものを選ぶという方法だ。つまり、完璧に合うわけではないが、申し分ないので自分の好みで最適のものを選ぶのである。いくつかの最適な適合基準を用いた選択主義的な代替策である。この喩えはさらに磨くことができる。ジョンは、他の人と同じように、自らの生活において進行している残りの事柄と無関係にスーツを買うわけではない。スーツを購入するとき、自分の見てくれや、職場の上司やガールフレンドがどう反応するかを考えるし、政治的／経済的な要因さえ気にするかもしれない。実際、スーツを買うという決心そのものが、発端から与えられた問題なのではなく、生活の全体状況の一部なのである。彼の最終選択は、あるごく緩やかな制約条件(着こなしがいいか、など)を充足させる形式をとるのであって、これら制約条件のすべてに対する適合、ましてや最適適合にはならないのである。

この比喩の第三ステップにより、局所解から全体解へいきなり「スケールアップ」できないという、進化論でも認知科学でも提起される問題に直面する。この喩えはまた、より包括的な進化論において再び論述されるべき問題へわれわれを近づける。こういった問題を生物学的に詳しく取上げてみよう。

進化：生態学と発生の同調傾向

適応主義的な枠組みを越えることが難しいのは、自然選択説を放棄すると、あらゆる構造、仕組み、形質、素因が生存価値への貢献によって解釈できなくなり、どうしていいのかわからなくなるからだ。「ならば、事物は何の脈絡もなく存在しているのか？　複雑に絡んだ、堂々めぐりの事物間の一致関係を研究して解釈し論議の輪郭を変えることこそ進化生物学者の為すべき作業ではないのか」と言いたくなる。

第一のステップは、規範的な論理を違反的な論理へ、許容されていないことを禁止する発想から禁止されていることを許容する発想へ転換することである。進化のコンテクストでは、このシフトは、適応度を高める規範的プロセスとして選択をとらえないことを意味する。違反的なコンテクストでは、自然選択を作動するとみるものの、変更した意味においてである。つまり、選択とは、生存と繁殖に適合しないものを取り除くことである。生物や集団が多様性をもたらし、自然選択は生存と繁殖という二つの基本条件をみたすものの存続を保証するだけなのである。

この違反的な方向性により、生物学的構造の全レベルにある莫大な多様性が注目される。実は、現代生物学の主要論点の一つは、かくもおびただしい多様性が系統の連続性を維持する基本条件に適合し、いかなる仕組みで組込まれているのかということなのだ。適応主義的な説明に絡む問題として論じられたすべての課題が別の視点を説明するときの典拠になるのは、遺伝と進化のあらゆるレベルで絶えず産生される莫大な多様性が環境とのカップリングを形成すると同時に環境によって形成される仕組みが浮き彫りにされるからだ。すでに何度もみてきたように、そのような創発特性は、神経科学における研究や自己組織化システムと非線形ネットワークの研究からの主たる教訓の一つを提供する。実のところ、神経生物学者、発生生物学者、免疫学者、言語学者は、かくも多くの浪費が、定まった軌道に沿ってある一定の外部標準に適合するように選択されるというより、様々な生体経路の基底（生物が生育し、運動する基盤）を提供するように取り除かれる仕組みのほうを理解しようとしているのである。

　次いで、第二のステップは、最適化ではなく、「一部充足」（次善の充足解を得ること[satisficing]）として進化のプロセスを分析することである。ここでは、存続するのに十分な完全性を有する構造ならば何でも受入れるおおまかな生存フィルターとして選択が作用するのである。この視点からすれば、分析の主眼はもはや形質ではなく、その生活史を通した生物全体のパターンになる。進化プロセスに関するこのポスト・ダーウィン主義の概念について最近示唆された別の比喩は、「ブリコラージュ」としての進化である。つまり、ある理想的な設計を達成するからではなく、単に可能だからという理由で部品や部材を複雑に組合せることなのである。こうなると、進化の問題は、最適応の必要条件によって正確な軌道をたどるということではもはやない。複数の生存可能な軌道をその都度いかに取捨選択すべきかという問題になるのである。★05

　最適選択から生存度へ発想を転換して得られるさらに興味深い帰結の一つは、形態学的・生理学的な形質や認知能力の正確性と特異性が生存とは一見して無関係であることの説明がつくことである。生物体がどうみえるかとか「何のようであるか」ということの大部分は、生存や繁殖の制約条件では全く「決定されない」のである。したがって、（古典的意味での）適応、問題解決、設計の単純化、同化、外部「操縦」、節減に基づいた他の解釈概念の多くは舞台の背景に消えてゆくだけでなく、新しい種類の解釈概念と比喩へ完全に再同化されなければならない。

これまで骨折って批判してきた適応主義に代わる考え方を明解に表現してみよう。われわれがナチュラル・ドリフトによる進化と呼ぶ考え方は、以下の四点に集約される：

1．進化の（任意レベルの）単位はネットワークであって、これは豊富なレパートリーの自己組織化する配置をとることが可能である。
2．媒体との構造的カップリングにあるこれらの配置から、選択、つまり生存可能な変化を誘発する（が特定しない）ことを一部充足する進行プロセスが産生される。
3．選択単位の特定（非特有）の軌道すなわち変化様式は、選択された自己組織化レパートリーの組込まれた（非最適な）複数レベルのサブネットワークの所産である。
4．内因と外因へ対置する考え方は、同時関連性によって置き換えられる。生物と媒体が相互に特定し合うからである。

上記に表現された機構の組み合わせは、本章の冒頭に提示した適応主義的な要約に代わるものであり、われわれの代替的な視点を提起するに十分なものである。進化に対するこの考え方は、以下の三つの条件がともに適用できるかどうかにかかっている：

1a．生物学的ネットワークにおいて自己組織化能力が豊かであること

2a．構造的カップリングの様式が生存可能な軌道の一部充足を可能にすること
3a．修復的に相互作用する独立プロセスのサブネットワークが調節性《モジュール》を有すること

これらの三条件が論理的に相互従属しないことは明らかである。したがって、一部充足ではなく、指令選択を要求する制約条件とカップルするモジュラーネットワークを想定することも可能であるし、また、一部充足の来歴を有するが、モジュラーではないので何ら発達した特質を顕現していない豊かなネットワークを想定することも可能なのだ。故に、現存の生物が上記三つの連帯条件を経験的に充足していることは、興味深く、注目に値する。この状況は、一般システムにあてはまるわけでもないし、論理的な事柄として正しいわけでもない。それがあてはまるのは、人間のような存在、すなわち生きているシステムだけなのである。

上記の着想がわれわれの科学観に変化を起こす以上、抵抗を受けるのは当然である。反論を主に二つ紹介しよう。第一は、古典的な視点に依然として馴染んでいる立場からの反論。ここでは、本章で解明してきた論拠が却下され、些細な事柄であるとか、研究が進めば吹き飛んでしまう彼方の盲説である、と言われる。第二は、より一般的で、微妙な形式の反論。進化論を改める必要があるというわれわれの主張には同意しても、旧来の見解を多く保持し、根本的にではなく表面的に改めることを望むものである。現状では、（1a）は生物学と認知科学でほとんど普遍的に受け入れられているが、（2a）と（3a）はまだ少数者の立場なのである。

単なる部分修正と(われわれが意図する)全面改定との違いは、環境とのカップリングという考え方をどう概念化するかで決まってくる。われわれの主張は、(1)～(3)の論点が首尾一貫して適用されれば必然的に(4)になるというものだ。この問題を念入りに考えてみよう。

従来からの学識によると、進化した生物が知るようになる環境は、与えられ、固定された唯一のものとされる。ここにも、基本的に所与の環境に生物体がパラシュート降下するという考え方がある。この単純な見方は、ダーウィンなら経験的にお馴染みだったが、環境における変化を考慮すると、修正を迫られる。ネオダーウィニズムの進化論の骨格となる選択圧は、そのような動きのある環境がもたらすのである。

しかし、ナチュラル・ドリフトとしての進化の方向に進むと、さらに次のステップが導入される。充足されるべきおおまかな制約条件として選択圧を見直すのである。ここで肝要なのは、独立した所与の環境という考え方を背景へ消し去って、いわゆる内発因子を優先することである。代わりに、環境とは何かという概念そのものが生物とは何かとか、それは何をするのかと不可分であることを強調したい。この論点は、リチャード・レウォンティンによって雄弁に語られている。「生物と環境は、別々に決定されるものではない。環境は、生きている存在へ外側から課すべき構造なのではなく、それにより創出されるものなのだ。環境は自律的プロセスではなく、様々な生物種の反映なのである。環境のない生物がないように、生物のない環境もない」。

したがって、肝腎なのは、一部充足によって解決すべき独自の問題ドメインを生物種が創出し、特定するということである。このドメインは、世界にパラシュート降下する生物の着地点となる環境の「外側に」存在するわけではない。むしろ、生物とその環境は、「相互特定」または「共決定」を介した相互関連において存在するのである。したがって、環境的規則性は、連帯した来歴、つまり長い歴史の共決定から発展する同調傾向なのである。レウォンティンのことばでは、生物は進化の主体であると同時に客体なのである。

この論点は強調して、し過ぎることはない。なぜなら、非適応主義的進化論に対抗する動きには、生物と環境を対極のものとして保ち、それぞれの「貢献度」(わずかの内発因子とかわずかの外的制約といったもの)を決定しようとする誘惑があるからだ。しかし、進化の動態を分裂させるこの論法がうまくいかないと思われるのは、生得形質と獲得形質、氏と育ちという、おそらくは黴臭い問題からわれわれを解放しないからである。とはいえ、スーザン・オオヤマが洞察深く分析したように、この氏と育ちというおそらくは死んだ問題は、生物と環境を相互に包含し合っている構造としてみるようにならなければ、決して消え去りはしないだろう。オオヤマによると、

形態は連続的な相互作用において出現する。それは、ある作用因によって物質に科されたのではなく、多くの階層レベルでの物質の反応性と、それら相互の作用応答性の関数なのである。相互の選択性、反応性、および制約が起こる実際のプロセスが様々なDNA部分の活性を編成し、遺伝子と環境の影響を相互依存的にしている。このとき遺伝子と遺伝子産物はお互いにとって環境

となり、生物外の環境が心理学的または生化学的な同化によって内在化され、外界を選別して組織化する産物や行動を介して内部状態が外在化される。

したがって、遺伝子は、環境において固定されるべきものを特定する要素であり、ある程度予測でき、結果をもたらすという意味で、遺伝子として機能する。あらゆる成功した繁殖では、生物は遺伝子だけでなく、その遺伝子が埋め込まれている環境も次世代へ伝えるのである。陽光や酸素のような環境の特徴が生物から独立したものとしてみられるのは、相対比較的な枠組で考えるからだ。しかし、世界の内的連関性は別のことを語っている。繰り返すが、世界は生物がパラシュート降下する着地点ではない。氏と育ちは、生成物とプロセスとして相互に関連し続けるのである。

ここで言いたいことは、遺伝子と環境があらゆる遺伝的または獲得的な特徴にとって必要である(通常理解される考え方)というのではなく、遺伝的(生物学、遺伝学のベースで)および獲得的(環境介在性の)特徴との間には明瞭な区別がないということなのだ……遺伝されるものと獲得されるものとの区別が、両極端にあるものとしてだけでなく連続してあるものとしても消滅してしまえば、進化がこの区別に左右されると言うことはできない。進化的な変化に必要とされるのは、獲得形質に対立するような遺伝的にコード化されたものではなく、生態学的に埋め込まれたゲノムという機能性の発生システムなのである。

レウォンティンとオオヤマは、この重要な論点を理解する上で模範となる。概して生物学者たちは、要求される厳密性と一貫性のために、この論点を熟考しない。その理由は、もちろん、生命と世界に関するこの相互包含的な視点に真摯に立つと、確実で安定した基盤としてきたものが崩壊し、めまいに襲われるからである。しかし、再び内部と外部をお互いに適当な位置に据えることによって（うまくいかないことは先刻承知なのだが）敷物の下に土台がないような感覚を払拭するよりは、この無根拠感に深く分け入り、その意義を哲学的かつ経験的に知り尽くす必要があるのではないか。

われわれはまた、選択的ダーウィニズムの用語でニューラル認知メカニズムへアプローチする最近の理論も顧慮すべきである。[★06] これらの理論は、われわれの用語の（1a）を取り込むだけでなく、様々な程度で（2a）と（3a）についても論じている。これらいわゆる選択主義の理論は、上記論点の意義を徹底的に検討し、生物と環境の完全な共意義性を受け入れる場合もある。例えば、そのような選択主義論の先鋒であるジェラルド・エーデルマンは、最近のインタビューで、「君と世界はともに埋め込まれている」と表明した。それでも、その著作にしばしば残存する客観主義的な確信を選択論者がどのくらい手放そうとしているのかは必ずしもはっきりしない。

ナチュラル・ドリフトとしての進化から学ぶこと

前章で論じたが、知覚は知覚的に導かれる行為であり、認知構造は、行為が知覚的に導かれることを可能にする再帰性の運動感覚パターンから創発する。認知とは表象ではなく身体としてある行為なのであり、われわれが認知する世界は所与のものではなく、われわれの構造的カップリングの歴史を通して産出される、との見解を要約した。

次いで、知覚や認知プロセスが世界に対する様々な最適適応を伴うとする見解に反論を提起した。本章において進化生物学への脱線を促したのはこの反論である。ならば、この脱線からどんな教訓が導かれるのか。

もう一度、色に関するお馴染みの例に目を転じよう。世界には、様々な通約不能な「色空間」があることをみた。そこには、その記述に二つの次元しか必要としないもの(二色性)、三つの次元(三色性)、四つの次元(四色性)、おそらくは五つの次元さえ必要とするもの(五色性)まであった。これらの様々な種類の色空間は、それぞれ特定の構造的カップリングの歴史を介して行為から産出(創出)されるのである。

本章におけるわれわれの動機の一つは、そのような独特のカップリングの歴史が進化の視点からいかに理解できるかを示すことである。この目的のために、(多かれ少なかれ)進歩する適応度のプロセスとして進化をとらえる適応主義者の視点に批判を加え、ナチュラル・ドリフトとして進化をとらえる別の見方を提示した。通約不能な色空間を行為から産出するこれら独自のカップリングの歴史を、世界への最適適応として説明すべきではない。それは、様々な歴史のナチュラル・ドリフトの結果として説明されるべきなのだ。さらに、生物と環境は分離できず、ナチュラル・ドリフトとしての進化において共決定される以上、これら様々な色空間と関連づけられる規則性(例えば、表面反射率)も、究極的には、知覚的に導かれる動物の活動に連結して特定されなければならない。

色視覚の比較研究からもう一つの例を提供しよう。蜜蜂は三色性であり、そのスペクトル感受性が紫外線に偏移していることはよく知られている。また一方、花には紫外線反射があることもよく知られている。前章の「鶏と卵」問題について考えてみよう。世界(紫外線反射)とイメージ(紫外線感受性の視覚)、そのどちらが先にあったのか? ほとんどは迷わず、世界(紫外線反射)のほうだと答えるだろう。だからこそ、蜜蜂の紫外線を感じる三色性の視覚と花の色の「共進化」説は興味をそそるだろう。

そのような共進化がなぜ起こるのか? 蜜によって受粉媒介者を引きつける花のほうは、他種の花より目立たなければならない。花から蜜をとる蜂のほうは、遠くからでもそれを認識する必要がある。この両者の漠とした双方向性の制約が、植物の特徴と蜂の感覚運動のカップリングの歴史(共進化)をもたらしたのではないか。したがって、このカップリングこそが蜂の紫外線視覚と花の紫外線反射パターン双方の原因なのである。故に、このような共進化は、環境の規則性が所与のものではなく、むしろカップリングの歴史を介して行為から産出(創出)されることを示す好個の例となる。再びレウォンティンを引用すると、

人間の中枢神経系は、ある絶対的な自然法則にではなく、われわれ自身の感覚によって創出される枠組みの内部で機能する自然法則に適合している。われわれの神経系には見えない花の紫外線

反射が蜂の中枢神経系には見える。そして、蝙蝠には、ヨタカの見えないものが「見える」。あらゆる生命が屈服すべき「自然法則」に訴えても進化に関する理解は深まらない。むしろ、生物が自然法則の全般的な制約の内部で、その更なる進化と自然の再構成の条件となる環境をいかに刷新してきたのかを問わねばならないのだ。

生物と環境の共決定（相互特定）に関するこの主張を、知覚の異なる生物が世界を別様に見ているだけのことだとする、より常識的な見解と混同してはならない。この見解は、世界を所与のものとした上で、それが多種多様な視点から眺められる、と認めるだけなのである。われわれの論点が根本的に異なるのは、生物と環境が多くのやり方で相互にかかわり、ある生物の世界を構成するものは、構造的カップリングの歴史を介して行為から産出されると主張するからだ。さらに、そのようなカップリングの歴史は、最適適応ではなく、ナチュラル・ドリフトとして進化するのである。

世界を所与のものとし、それを表象するかそれに適応するものとして生物を考えるのは二元論である。二元論の対極は一元論だが、われわれが提唱しているのは一元論ではない。行為からの産出という考え方が二元論と一元論の中道に設計されるからだ。これまで提唱されてきたほとんど一元論的なシステムの一例は、J・J・ギブソンとその一派の「生態学的アプローチ」である。[★07] 動物と環境の共決定に関するわれわれの中道的な考え方とギブソン流のアプローチとの違いはどこにあるのか。この論点は重要なので、本章の残りの段落で両者の違いを明らかにしてみよう。

ギブソンの理論には、本質的に二つの別個の特徴がある。第一は、知覚的に導かれる行為に対するわれわれのアプローチと両立可能である。知覚の研究では、動物が知覚する環境を構成する方法を示すように世界を記載しなければならない、と主張するからだ。ギブソンの見方では、環境には、物理世界そのものには見出されないある特異性が見出されるという。最も重要な特性は、環境が動物に与えるものであり、これをギブソンは「アフォーダンス(affordances)」と呼んでいる。正確には、アフォーダンスとは、環境内の事物が動物の感覚運動能力に関連して所有する相互作用の機会のことである。例えば、ある動物について、樹木のような事物が登ることが可能なら、登ることを与え《アフォード》るわけである。かくて、アフォーダンスは明らかに生態学的な世界の特徴なのである。

第二に、ギブソンは、独自の知覚理論を提供して環境がいかに知覚されるかを説明する。包囲光のなかに、環境を直接特定するのに十分な情報があるので、(記号的またはサブシンボリックな)表象は介在しなくてよい、と論じるのである。より正確なことばで言えば、包囲光のトポロジーにはアフォーダンスを含む、環境の特性を直接特定する不変項があるというのが彼の根元的な仮説なのだ。

ギブソン派の研究プログラムを実際に規定するこの第二の要素は、知覚的に導かれる行為というわれわれのアプローチとは両立不能である。この点を見過ごしやすいのは、知覚とは知覚的に導かれる行為であるとし、表象主義的な知覚説を否定する点ではいずれも同じだからである。しかし、ギブソンの説では、知覚的に導かれる行為とは、包囲光の不変項を「摘出」したり「留意」して、環境的な根源を直接特定することなのである。ギブソンにとっては、これら光学的な不変項、並びにそれによって特定される環境上の特質は、動物の知覚的に導かれる行為にいかなる点でも依存しない（もっとも、ギブソンの後継者たちは、ある特定の動物ニッチに対してはそれを相対化するが）。ギブソンによると、「不変項は実在《リアリティ》に由来し、決してその逆ではない。包囲光の経時的な不変性は、構築されたり演繹されるのではなく、発見されるのを待っている」のである。同様に、彼はこう主張する。「観察者は、その欲求によってアフォーダンスを知覚したり留意するかもしれないし、しないかもしれない。しかし、不変であるアフォーダンスは、いつでも知覚されるのを待っているのだ」。★08

したがって、ごく簡潔に言えば、環境が独立しているとギブソンが主張するのに対し、われわれは（カップリングの歴史を介して）行為から産出されると主張するのである。知覚を直接的な検出とするギブソンの主張に対し、それは運動感覚的な行為からの産出であるとわれわれは主張するのだ。したがって、結果として生じる研究戦略もまた根本的に異なっている。ギブソン一派が主に光学的な（生態学的ではあるが）用語で知覚を論じ、ほとんど環境だけから知覚理論を構築しようとするのに対し、われわれは、行為が知覚的に導かれることを可能にする感覚運動パターンを特定するアプローチにより、動物の構造的カップリングから知覚理論を構築するのである。

もう一つの論点について述べる必要がある。直接検出としての知覚は、行為から産出される知覚世界と両立可能ではないか、という考え方である。われわれの知覚世界が構造的カップリングの歴史を介して行為から算出されるのだから、それは再-表現（表象）されるに及ばず、故に直接知覚されうる、というのだ。ギブソン一派には、動物と環境の「相互性」を根拠にして直接知覚説を主張するときに、これに類似した考え方を論じるものがいる。動物―環境の相互性が適切に説明されれば、動物と環境との間にいかなる種類の表象（記号的またはサブシンボリック）も引き合いに出すに及ばないのだから、知覚は直接的である、というのだ。

直接知覚には動物と環境との相互性があれば十分であるという誤った前提からこの考え方が生まれたと、われわれは信じている。動物と環境との間に相互性がある（われわれの用語では、両者は構造的にカップリングしている）からといって、知覚行為が光学的不変項へ「対応する」とか「共鳴する」というギブソン派の意味において直接的であることにはならないのだ。もちろん、この後半のギブソン派の主張は、実質的には経験的な仮説なので、論理的考察に耐えられないし、それに基づいたものでもない。それでも、この主張は、知覚的に導かれる行為と動物―環境の相互性との関連を解釈する唯一の方法を代表している。われわれがこの解釈に同調しないのは、生態学的な知覚理論を環境の側だけで構築する研究戦略につながるからだ。そのような試みは、動物の構造的統一性（自律性）だけでなく、われわれがこれまで詳細に強調してきた動物と環境の共決定を看過しているのである。★09

エナクティブ・アプローチの定義

さていよいよ、身体としてある行為としての認知をナチュラル・ドリフトとしての進化のコンテクストに定位することにより、踏みしめられてできる道にも似た、「生の」歴史と緊密に結びついたものとして認知能力をみなせるようになるだろう。したがって、認知はもはや表象に基づいた問題解決としてはみられない。認知とは、その最も包括的な意味において、構造的カップリングの生存可能な歴史を介して世界を行為から産出(創出)することなのである。

そのようなカップリングの歴史が最適なものではないことに注目すべきである。それらは、単に生存可能なのである。つまり、その構造的カップリングにおける認知システムは違いがありうる。このカップリングが最適であるとすれば、システムの相互作用が(多少なりとも)規定されなければならないだろう。しかし、カップリングが存続可能であるためには、知覚的に導かれるシステムの行為は、システム(個体発生)やその系統(系統発生)の連続的な全体性(integrity)を促進するだけでよい。かくて、もう一度、規範的ではなく違反的な論理をもつことになる。このシステムの任意の行為は、そのシステムやその系統の全体性を損なわない限りにおいて、許容される。

しかし、この考え方は、身体としてある行為としての認知は、いつでも、ないものに向けられているという言い方でも表現される。つまり、このシステムには、その知覚的に導かれる行為に次のステップがあり、このシステムの行為は、まだ現実化していない「状況」へいつでも向けられているわけである。したがって、身体としてある行為としての認知は、問題を提起するだけでなく、その解決のために踏みしめねばならない道を特定するのである。

この論述はまた、身体としてある行為としての認知の「何かについてのこと」すなわち志向性を特定する方法も提供する。一般に、志向性には二つの面があることを思い出して欲しい。第一に、志向性にはシステムが世界を解釈する方法が含まれる（志向的な状態の意味論的な内容に関して特定される）。第二に、志向性には世界がこの解釈をいかに充足するかしないかということが含まれる（志向的状態の充足条件に関して特定される）[★10]。一方、身体としてある行為としての認知の志向性は、主に行為の指向性（directedness）にあると言えるだろう。ここでは、志向性の両面性は、認知システムが行為の可能性をどう評価するか、そして結果的に生じる状況がこれらの可能性をいかに充足するかしないかに対応する[★11]。

認知の志向性に関するこの再概念化は、認知科学のより実践的なことばでは、どんなことを含意するだろうか？　ある認知システムを記述するには二つの注目すべきドメインがある。様々なサブシステムからなるものとして記述される認知システムの構造と、様々なカップリングが可能な統一体として記述されるシステムの行為上の相互作用である。この二種類の記述の間を行きつ戻りつしながら、認知科学者は、環境がいかにシステムを制約するか、そしてこれらの制約自体がシステムの感覚運動的な構造によっていかに特定されるかを決定しなければならない（前章におけるメルロ＝ポンティからの引用を想起すること）。そうするときに、感覚運動や環境の規則性が構造的カップリングからいかに創発するかを説明することができる。そのようなカップリングが実際に進展し、特定の規則性が出現する機構を明らかにすることこそ認知科学の研究作業なのだ。多くの理論要素はすでに随所にある（ネットワーク行動における創発特性、繁殖する生物の系統におけるナチュラル・ドリフト、発生上のスイッチなど）が、さらに特定すべき他の事柄も多く残っている。

今やわれわれには、認知科学におけるエナクティブ・アプローチを正確なことばで論述する準備ができている。認知主義と創発プログラムに対して提起したのと同じ質問に答えてみよう：

問1：認知とは何か？
答え：行為からの産出《エナクション》。世界を創出する構造的カップリングの歴史である。
問2：それはどう機能するのか？
答え：相互連絡した感覚運動サブネットワークの多重レベルからなるネットワークを介して。
問3：認知システムが十分機能しているときをどうやって知るのか？
答え：（あらゆる種の若い生物のように）進行中の存在世界の一部になるときか、（進化の歴史で起こるように）新しい世界が形成されるとき。

上記の答えのほとんどは、これまでの認知科学（認知主義や最先端のコネクショニズム）になかったものである。最も重要なイノベーションは、表象が中心的な役割をもはや果たさない以上、入力源としての環境の役割は、背景に後退するということである。それが説明に加わるのは、構造に吸収しきれない不測の事態によりシステムが崩壊する場合だけである。したがって、知性は、問題解決の能力から、意味のある共有世界へ参画する能力へシフトするのである。

しかしながら、現実志向的な読者は、やや苛々していることだろう。「表象に対置される行為からの産出についての空騒ぎも結構だが、そう、人工知能やロボット工学との〈真の〉違いは何なのだ？　エナクティブ・アプローチが認知人工物を組立てる方法に影響することがあるなら、多少は気に懸けてやるけどね」と。

この種の実践的な応答は真摯に受け止めるべきである。実のところ、認知科学が認知技術から無縁ではありえないことは端から強調してきた。したがって、われわれは、認知科学における実用価値のない、洗練されたヨーロッパ好みの見解としてこのエナクティブ・アプローチを提供するつもりはない。それどころか、エナクティブ・アプローチという重要な概念がなければ、認知科学は生きている認知を説明することも、真に知性のある認知人工物を組立てることもできないだろう、と主張したいくらいである。

さて、では、このエナクティブ・アプローチが認知科学、特にロボット工学と人工知能における実用研究にどう影響しうるかを考察しよう。

エナクティブ認知科学

一般に、エナクティブ認知科学の内部では、ナチュラル・ドリフトとしての進化に似たプロセスが作業志向性の設計の代わりとなる。例えば、様々な進化戦略としてのカップリングの延長された歴史をシミュレーションすることにより、認知パフォーマンスが出現する傾向を発見することが可能になる。そのような戦略は、ある特定の問題解決パフォーマンスという制約さえ緩める気になれば、認知科学のあらゆる領域で実行可能である。このような気運は、実際、最新の研究において高まっているようだ(意味づけされるべき未定義の環境に対して設計されたいわゆる分類者［classifier］システムの開発について考察すること）。われわれは、ロボット工学の最新の発展、つまり可動的かつ知的な人工物（ＡＩ研究の中心になりつつある）を開発する試みを中心に論じるつもりである。

認知主義の歴史とは対照的に、コネクショニズムをはじめロボット工学の分野は、サイバネティクス時代における初期の先駆的研究が結局は正しい道にあったとの評価を強めている。最近の入門書は、この初期の研究、特にグレイ・ウォルターとロス・アシュビィの研究（通常の人間環境で作動する自律的な機械を組み立てた研究）を高く評価している。[★12] この初期の時代に耳を傾けながら、さらに進んで、われわれのエナクティブ指向性に似たプログラムをロボット研究において明確に体系化するための戦略について注目してみよう。

われわれが参考にすべきは、ＭＩＴのＡＩ実験室に所属するロドニー・ブルックスの研究である。『表象なき知性』という論文の第一頁にそのアプローチが提示されている。

この論文では……人工知能を創出する新しいアプローチについて論じる。

▼われわれは、この方法の各工程で、知的システムの能力を漸次組立て、部品とそれらのインターフェイスが正しいことを自動的に確かめなければならない。

▼各工程で、実世界において解き放たれる実在の感覚と実在の行為をもった完全な知的システムを組立てるべきである。まぎらわしい候補作は何も提供されない。

われわれは、このアプローチにしたがって、一連の自動移動ロボットを組立てた。予想外の結論(C)に到達し、やや革新的な仮説(H)に至っている。

C：ごく単純なレベルの知性を検証すると、世界の明らかな表象モデルが邪魔物でしかないことがわかる。世界それ自体をモデルとして利用するほうがよいことが判明する。

H：表象は、知的システムのどんなに粗略な部品を組立てるときでも誤った抽象ユニットになる。

この一五年間にわたって、表象が人工知能研究の中心課題となってきたのは、それがなければ孤立してしまう学《モジュール》者と学術論文とのインターフェイスを提供したからにすぎない。

この論文で、ブルックスも「AIの詐欺」と呼ぶものの起源を、知覚と運動機能を考慮外とするAIの抽象化傾向に帰しているのは注目に値する。ブルックスも論じているように、そのような抽象化により、身体としてあることにのみ存在する知性の本質が失われるのである。

「完全に自動的なロボット、つまり世界において人間と共存し、人間に知的存在として独自の権利を認められる可動体」を組立てるのがブルックスの目標である。彼の重要な研究手段は、通常のようにシステムを「機能」によって解体することではなく、むしろ「活動」によって新たに解体することなのである(図9・2)。彼によると、別の分解では、視覚のような末梢系と中枢系との間に区別がつかない。むしろ、知的システムを根元的に分割することは、サブシステムを産生する「活動」へそれを直交方向に分割することにある。システムを個々に産み出すそれぞれの活動(行動)により、感覚が行為に連結される。システムを産生する活動を「層(layer)」と呼ぶ[図9・2および図9・3]。活動とは、世界との相互作用パターンである。この活動は、それぞれの活動がある目的を追求するものとして少なくとも事後に合理化されうることを強調する意味で、「技術(skill)」とも言えるだろう。しかし、活動なることばを選択したのは、われわれの層が、他の層の言いなりになって召喚されるサブルーチンではなく、行動すべきときを自分で決定しなければならないからだ……

　まずごく簡単な完全自律システムを組立て、**それを実在の世界において試験すること**。そのようなシステムの好ましい例に被造物《クリーチャー》がある。可動式ロボットで、物にぶつからないように動く。近傍にある物体を感じとり、それから離れて動き、進行方向に何かを感じとると一時停止する。このシステムも部品ごとに組み立てなければならないが、「知覚サブシステム」、「中枢システム」および「行動システム」との間に明瞭な違いはなくてもよい。実際、感覚を行動に連結する二つの独立したチャネル(運動開始用と緊急停止用)があってもよく、そうなると、伝統的な意味における世界の表象を「知覚」が伝える単一の場所はないことになる。

もちろん、最も重要なのは、このクリーチャーの層にはいかなる表象も含まれないというブルックスの

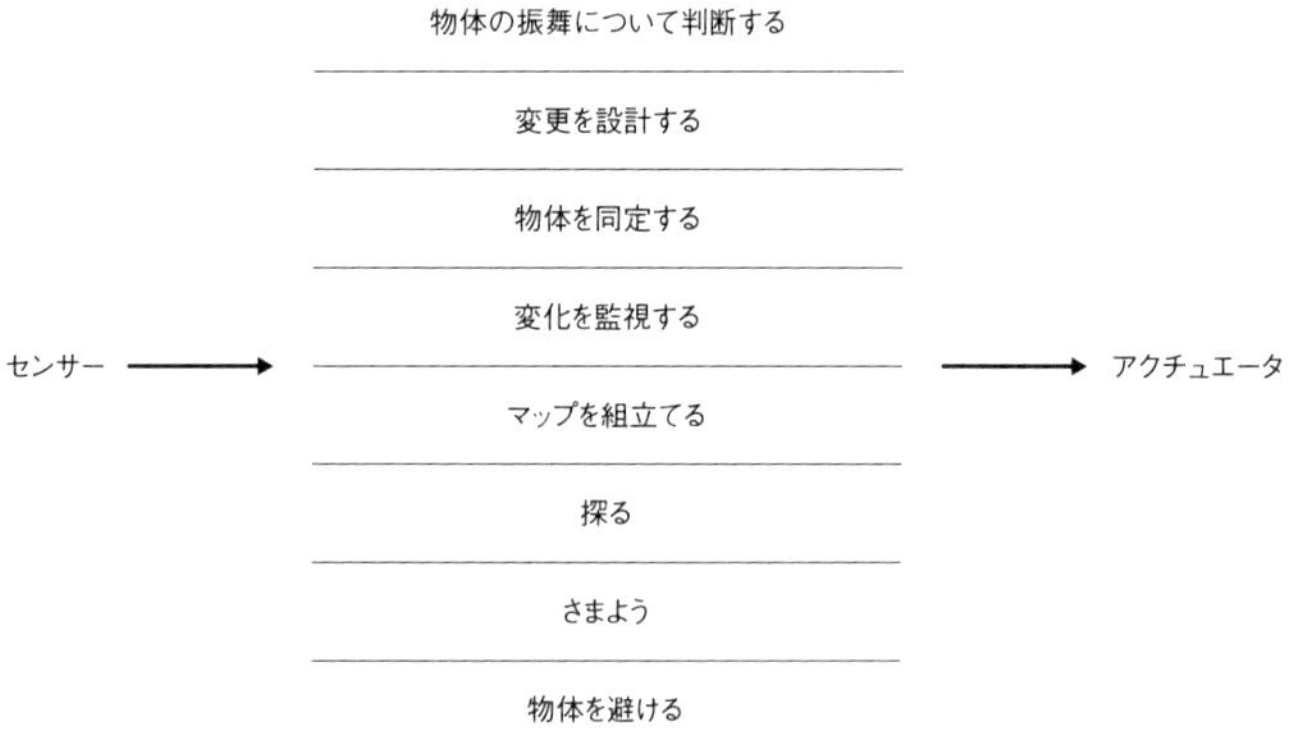

図9·2　活動の層構成。Brooks, Achieving artificial intelligence through building robots より引用。

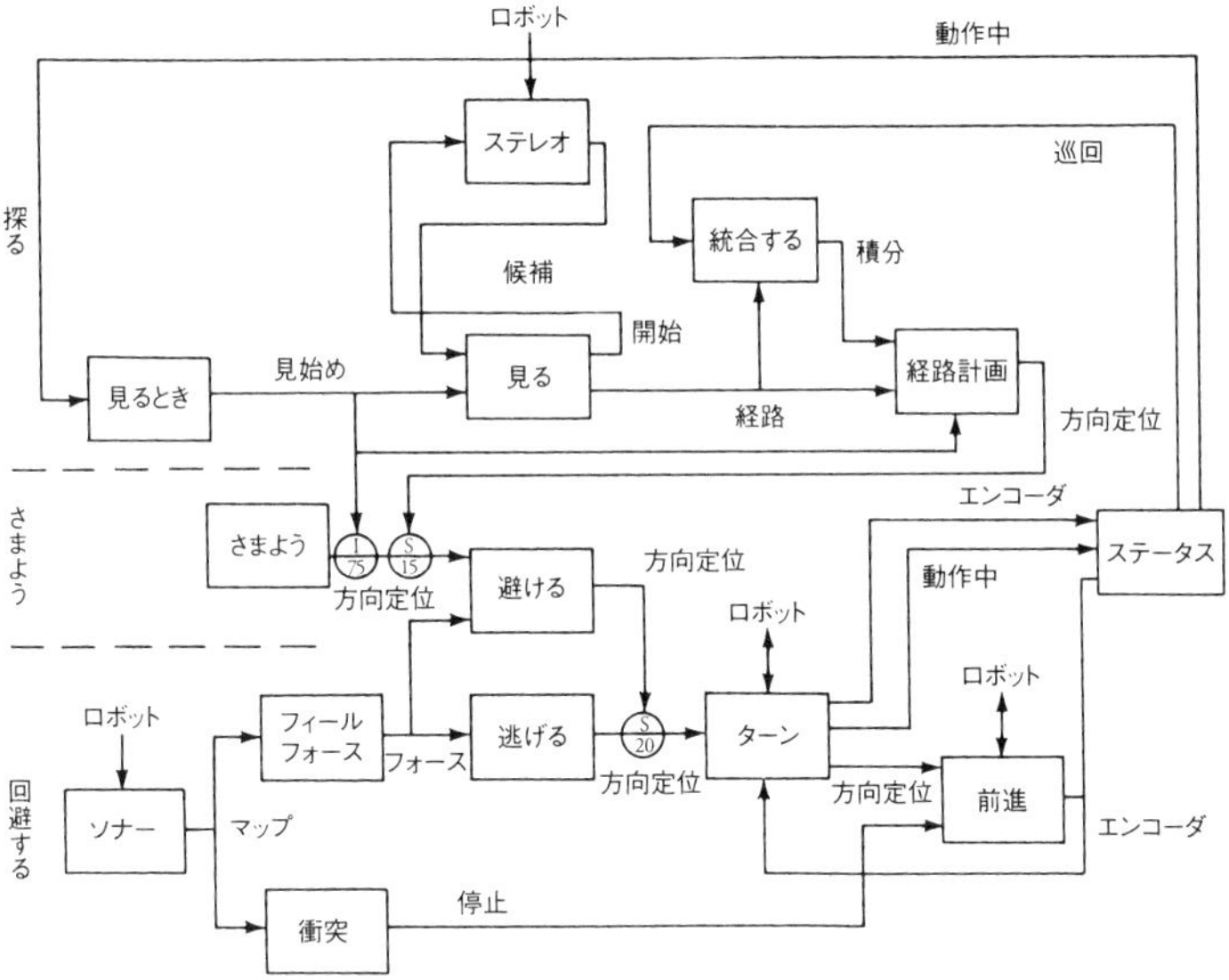

図9·3　有限状態の機械が制御層へ連結される。各層は既存層の上に組立てられるが、低次層は高次層の存在に依存しない。Brooks, Intellgence without representations より引用。

主張である。各固有の層は、関連しているクリーチャーの世界の諸相を特定するか明らかにするだけなのだ。同様に重要なのは、クリーチャーに中枢システムがないことである。代わりに各層はそれぞれの活動を自分自身で実行する。この層の適合性により、観察者の眼でしかない目的の感覚が生まれる。「局在的に混沌としたそれらの相互作用から、観察者の眼で見たときの、一貫した行動パターンが創発するのである」。

この「活動による分解」の実施から、各層がそれぞれ重なり合うことでクリーチャーの自律行動がますます面白くなっている四種の可動式ロボット・シリーズが生まれた(図9・3参照)。これらのロボットは、消費エネルギーを高めると、それらが解放されている世界で存続可能になるという意味で、いずれもクリーチャーである。ブルックスの願望は、一四層からなるクリーチャーを組立てることによって、二年以内に、昆虫並みの知性(ブルックスの考える真の目標)に到達することである。したがって、ブルックスの戦略は、ロボットや他のAI人工物に特定の目標、作業、計画をはじめから与える古典的アプローチとは著しい対照をなしている。

明日にでも成果を欲しがる実践者は、このアプローチに不満かもしれない。しかし、われわれは喜んでブルックスに賭けるつもりである。比較的短い期間、おそらくは二、三年でそのような人工物はその効能が利用可能となる十分知的なクリーチャーの新世代へ進化すると考えるからだ。AIに対してはこの完全なエナクティブ・アプローチが今日最も有望な研究方向性であるとわれわれは信じるが、短期応用への関心に制限されないコンテクストで、その可能性を十分評価する必要があるだろう。

エナクティブAIとわれわれが呼んでいるものの例は、その主導者たちによって特徴的かつ明解にそのものとして論述されている(もちろん、彼らはエナクティブなる用語を用いないが)。ブルックス自身が述べているように、彼のアプローチは、コネクショニズムでも、プロダクション・ルールでも、解釈学でもない。それを動機づけているのは、認知主義とコネクショニズムをもたらした旧きよき時代の工学上の関心に他ならない。行為からの産出としての認知という概念が今日の認知科学における研究開発の論理そのものによって産み出されていることを如実に示すのはまさにこういった工学上の関心なのである。したがって、エナクティブ・アプローチは、単なる哲学的嗜好なのではなく、真に知的で有用な機械を組立てようとする現実的なエンジニアの場合にあってさえ、認知科学の成果をもたらしているのだ。

ナチュラル・ドリフトとしての進化に似た認知モデリングで作業指向性の設計を置き換えることにはまた、創発アプローチとエナクティブ・アプローチとの関係について示唆することがある。この問題は、分散ネットワークにできることを解釈する方法にかかっている。史的プロセスにより固定された決定的な制約のない創出規則性が導かれることを強調すれば、より開かれた生物学的状態を復帰させることになる。一方、ある規定のネットワークがごく限定されたドメイン(例、ネットトーク:NetTalk)において、ごく特定の能力を獲得することを強調すれば、表象が復活し、コネクショニストのモデルをより一般的に使用することになる。

一例として、ポール・スモレンスキーの調和理論を考えてみる。サブシンボリック計算というスモレンスキーのパラダイムは、エナクティブ・プログラムの関心と両立可能である。違っているのは、スモレンスキーが環境的実在の不可侵レベルに言及して自分のモデルを評価している点である。したがって、作業ドメインにおける外因性の特徴が世界の所与の特徴に対応するのに対し、ネットワークにおける内因性の活動は、環境の規則性を最適にコード化する抽象的な意味を、経験を介して獲得する。周囲の環境の最適特徴に対応する内因性の活動をみつけることが目標になるわけだ。一方、エナクティブ・プログラムならば、存続可能なアプローチしか必要としない延長された歴史にわたって、内因性および外因性の特徴が相互決定される状況にこの種の認知システムを持ち込むことによって、最適適合のあらゆる形態を避けるようにするだろう。

したがって、われわれがどの道をたどるかは、おそらくは短期的な工学応用を犠牲にしても、どれほど生物学的実在に似せたいのかにかかっている。もちろん、コネクショニスト・システムが機能しうる固定ドメインを定義することはいつでも可能だが、このアプローチでは、エナクティブ・プログラムの主眼である身体としてある生物学的認知といった深い問題がぼやけてしまう。脳に注目することでコネクショニズムが認知主義の殻を抜け出たように、エナクティブ・プログラムは、同じ方向へさらに踏み込み、個人(個体発生)、種(進化)、社会様式(文化)のいずれのレベルでもみられる生の歴史として認知の一時性を包含するのである。

客観主義や主観主義が支配するほとんどの現代科学の風潮から脱しているこのエナクティブ・プログラムは、ごく数年前なら単なる異端説であっただろう。しかし、今日では、認知心理学、言語学、神経科学、人工知能、進化理論、免疫学における研究の内部論理にエナクティブ指向性の作業要素がますます取込まれているようだ。この状況をロボット工学の分野でやや詳しく述べたのは、そのような工学的産物がこの科学指向性の最終成果であると考えるからではなく、具体的な研究プログラムのどんなに実践的なレベルさえこのアプローチに影響されていることを明らかにするためである。同じ着想が機能していることを示す他の分野を詳しく説明する必要はない。この論争は今も熱っぽく続いていて、今後様々な中間的意見が開陳されたり、いくらか異なった認識論的結論が導かれることは間違いない。それでも、これらの論争は、エナクティブ・プログラムがもはや一握りのエキセントリックな研究者の愛玩物ではなく、今後発展し続ける、生きた多様な研究プログラムであることを示すものだ。

さて、認知科学におけるエナクティブ・アプローチに関するわれわれの表明も終わりに近づいた。認知が身体としてある行為であり、生きている歴史とごく緊密に結びついていることだけでなく、これらの生きた歴史がナチュラル・ドリフトとしての進化の所産であることもみてきた。したがって、われわれ人間が身体としてある、われわれのカップリングの歴史を介して行為から産出される世界は、多くの可能な進化経路の一つのみを反映するのである。われわれは、自ら踏みしめてきた道によっていつでも制約されているが、われわれがとるステップを規定する究極の根拠はどこにもない。本書の様々な部分で無根拠性について述べることによってわれわれが喚起してきたのも、まさにこの究極的根拠の欠如なのである。道を踏みしめることの無根拠性こそ、真剣に提起されるべき哲学上の重要課題なのだ。

第5部
根拠なき世界
Worlds without Ground

第10章

中道

無根拠性の喚起

本書の旅は、確固たる根拠としたものが実は足元の流砂であるとわかる場所へ行き着いた。認知科学者としての常識から出発したわれわれは、われわれが身体としてあることから離れては見出しえない遥か彼方へ広がる世界を背景として認知が創発することがわかった。この根元的な循環性から注意をそらし、認知だけの動きを追うと、主観的な根拠も、永久で不変の自我―自己も識別しえないことを知った。それでも存在するはずと客観的な根拠を見出そうとしたとき、われわれの構造的カップリングの歴史を介して世界が行為から産出されることを知った。最後に、これら様々な無根拠性の根源は一つであることを知った。生物と環境は生命本来の根元的な循環性において互いにもつれ合い、互いから発展するのである。

エナクティブ認知に関するわれわれの議論は、本章と次章においていよいよ核心に向かう。構造的カップリングの種々の歴史を介して行為から産出される諸世界は、詳細な科学研究の対象になりうるが、固定した永久の基盤をもたず、究極的には無根拠なのである。われわれは、幾度となく引合いに出したこの無根拠性に直接対峙しなければならない。われわれの世界に根拠がないならば、そのなかにある日々の経験をいかに理解すべきなのか？　しかし、われわれの経験は定まっていて、不動で、変わらないようにみえる。独立した、十分根拠のあるものとして世界は経験されているのではないか。世界の経験に何か他に意味があるのか。

西洋の科学と哲学は、哲学者のヒラリー・パトナムのことばでは、「信頼できる〈基盤〉の相貌を想像することの不可能性」に直面するところへ人間を導いたが、自分自身の経験の無根拠性を直接かつ個人的に洞察する方法は何ももたらしていない。哲学者はこの作業を不要と考えるかもしれないが、それは主に人間経験を変容させる実践的な意義よりも生命や心を合理的に理解することに西洋哲学が関心を寄せてきたためである。

実際現代の哲学論争では、世界が心に依存しているのか心とは独立なのかは、日常経験にとってどちらでもかまわないとされている。それ以外に考えるのは「形而上学的実在論」ばかりか経験的な日々の常識的な実在論も否定することになり、馬鹿げている、と。しかし、現代の哲学的な仮説では、「経験的実在論」なる用語の二つのまったく異なる意味が混同されている。片やわれわれの世界が所与のものでも十分根拠あるものでもないことを発見したとしても、それが様々な特質をもった物体や出来事からなる馴染みの世界であり続けるという意味。もう一方は、哲学的かつ科学的にそうでないと知っていても、この馴染みの世界を究極的に根拠づけられたものとして体験するように「運命づけられている」という意味である。この後者の想定を見過ごせないのは、人間の発展や変容の可能性をアプリオリに制限しているからだ。第一の意味で事物は実在して独立しているとの表現に異議を唱えずに、この想定に反論を試みることは重要である。

史的状況では、哲学的な基礎づけ主義を断念することだけでなく、基盤のない世界に生きるべきことが今や求められている。科学〔日常の人間経験とのつながりを欠く科学〕にこの作業は無理である。ヒラリー・パトナムが最近の著作で辛辣に述べているように、「科学は形而上学的な答えを粉砕することにかけては達者だが、それに代わるものを何も提供できないからだ。基盤を取り去るだけでその代わりを用意しないのだ。望もうと望むまいと、基盤なく生きなければならない立場へわれわれを置いたのは科学なのである。ニーチェがこう言ったときは驚きであったが、今日では常識である。〈われわれの〉行方知らずの史的状況は、〈基盤〉なきままに哲学をすることなのである」。

なるほど、われわれの史的状況は独特であるが、基盤なきまま孤立無援に生きてゆくのだと結論を急ぐべきではない。このような解釈では、この問題に独自の方法で対処してきた他の伝統を認識できなくなってしまうからだ。実は、無根拠性の問題は、中観派伝統の焦点なのである。これまで西洋の哲学者は、わずかな例外を除き、この伝統を参照してこなかった。西洋哲学は、中観派に馴染みがないだけでなく、われわれの状況を西洋独自のものとし、他の哲学伝統には無関係であるとアプリオリに想定するものだ。例えば、リチャード・ローティは、『哲学と自然の鏡』において、基礎づけの目論見を徹底的に批判した後で、「西洋の会話を続けること」をその指導原理とする「哲学を啓発する」概念を代わりに提唱している。[★01] ローティは、まさに彼の関心に応えられる哲学的反省を他の伝統がもたらす可能性を一顧だにしない。本書の思考の基礎となってきたのは、他でもない、中観派の伝統なのである。

ナーガールジュナと中観派の伝統

これまで、仏教の三昧／覚伝統を一つの統一された伝統のように語ってきた。確かに、無自己の教え（五蘊、心的因子分析、宿業と輪廻）は、主要な仏教伝統のすべてに共通している。しかし、ここでは一つの分派に注目しよう。これから探究しようとする空（sunyata）の教えは、仏教徒の伝承と学識研究を合わせれば、ブッダの死後約五〇〇年を経て現れた般若心経や他の仏典に説かれている教理である。この五〇〇年間にアビダルマの伝統は一八分派に精緻化され、各派は様々な細部にわたり、仏教内部だけでなく、ヒンドゥー教やジャイナ教の多くの非仏教宗派とも論争した。この新しい教えを受け入れた人々は大乗仏教（大きな乗り物）と自称する一方、初期の教えにとどまる人々を小乗仏教（小さな乗り物）と呼んだ（非大乗仏教徒が今日でも忌み嫌う侮蔑的な呼び名）。初期一八分派の一つである上座部（Theravada：年長者のことば）は、現代世界にも勢力的に存続し、東南アジア諸国（ミャンマー、スリランカ、カンボジア、ラオス、タイ）にひろまっている。上座部の仏教は空を教えないが、大乗仏教（中国、朝鮮、日本に普及）と金剛乗（チベット仏教）では、空は基礎になっている。

（ある大乗仏教学派とほとんどの西洋学者によると）西暦紀元二世紀の前半頃に、ナーガールジュナによって般若波羅蜜（prajnaparamita）の教えが哲学理論として体系化されたらしい。大乗と金剛乗をもたらしたナーガールジュナの影響ははかりしれない。他者の見解や主張をひたすら否定するのが彼の方法であった。彼の後継者たちは、聴き手にも話し手にも否定を迫るこの方法を継承する人々（プラーサンギカ派：仏護系）と、空性について肯定的な論拠を説こうとする人々（スヴァータントリカ派：清辨系）へすぐに分裂した。

論争や論証に強みがあった中観派の伝統は、現代的な意味において抽象的な哲学ではない。第一に、初期インドの裁きの場や大学という社会のコンテクストにおいて、この論争は大変重味があり、論争の敗者は転向するよう求められた。さらに重要なのは、この哲学が決して瞑想修行や日常の生活行為から無縁にならなかったことである。肝腎なのは、自分自身の経験において無我を悟り、他者への行為においてそれを発露させることであった。この哲学を論じる仏典には、この主題について熟慮し、それに基づいて行動するための瞑想方法が記されていた。

今日ナーガールジュナの註解においては、仏教修行者（伝統的に訓練された、実践派の学者も含む）と西洋の学者との間で意見の相違がある。修行者によると、西洋の学者は仏教の経典や思想とは関係のない問題、解釈、謬説を創作している。一方、西洋の学者は、「宗徒」の見解（教え）をあてにしていては、教典解釈学が成立しないと考えている。三昧／覚瞑想の生きている伝統と現象学や認知科学の生きている伝統との対話を望む本書では、中観派を説明するときは、修行者と学者の両陣営から学ぶつもりである。

「空(sunyata)」は、文字通り「無いこと」を意味する(時に「空虚」とか「虚しさ」と誤訳される)。チベットの伝統では、空は三つの見方から解釈される。縁起に関する空、憐憫に関する空、自然であること(naturalness)に関する空である。無根拠性と認知科学や行為からの産出という概念との関連を探究してきた論法にしっくり適合するのは、このうち最初のもの、つまり縁起に関する空である。

ナーガールジュナの最も有名な著作は、『根本中頌(中道の詩頌)：Mulamadhyamikakarikas』である。これから検証するパースペクティブからすれば、それは縁起の論理からの必然的な帰結なのである。

意識のアビダルマ分析では、瞬時の経験は特定の関係をもつ特定の対象と特定の意識からなる。例えば、見るという意識の瞬間は、見る人(主体)、見られるもの(客体)、そして見ること(関係)から構成される。また、怒りの意識の瞬間には、怒っている人(主体)が怒り(客体)を経験する(関係)(所謂、原志向性)。この分析により一連の瞬間を通して不変的に継続している真に存在している主体(自己)はないことが示された。しかし、意識の対象(客体)や関係も存在していないのか？　アビダルマの部派は、五感(視、聴、嗅、味、触)によって対象として受け取られる物的性質が存在すること、および意識する心によって対象として受け取られる思考が存在することを前提とした。そのような分析は依然として部分的に主観主義とも客観主義ともみなされている。何故なら、第4章と第6章で論じたダルマ分析のように、多くの部派が意識の瞬間を究極の実在としながら、外界は、比較的問題のない客観的で独立した状態とみなしたからである。

大乗仏教の伝統が語る自我―自己には二つの感覚がある。自己の自我と現象の自我(法)である。自己の自我とは、すでに論じてきたように、自己に常習的に執着することである。大乗仏教徒の主張では、初期の伝統はこの自己感覚を否定したものの、独立して存在する世界やその世界に対する心の（瞬間的な）関係への信頼は問題としなかった。ナーガールジュナが否定するのは、上記三つの名辞（主体、客体、関係）が独立して存在することなのである。ナーガールジュナの論法の一例（翻案）を以下に示そう。[★02]

　見る人が独立して存在するとか、見られるものが独立して存在するとか言うとき、それはどういう意味なのか？　きっと、見る人はある光景を見ていないときでも存在する、つまり見ることの前後にも存在するという意味なのだろう。そして、同じように、ある光景は見る人によって見られる前後にも存在するという意味なのである。つまり、私が光景を見る人であり、私が真に存在するならば、私は立ち去って、その光景を見ないことができる。何かを聴いてもよいし、他のことを考えることもできるわけだ。そして、もし光景が真に存在するならば、私が見てないときでも、そこにとどまることができるはずだ。いずれ他の誰かに見てもらうこともあろう。

　しかし、よくよく考えてみると、このことはおかしいとナーガールジュナは指摘する。光景（があってもそれ）を見ていない人のことをどう言ったらいいのか？　逆に、見られていない光景について何を語れるのか？　見る人も見られる光景もないまま、どこかで見ることが独立して存在しているということは意味をなさない。見る人の場所そのもの、見る人という概念そのものは、見る人が見る光景から分離しえない。そして、逆に、見られる光景もそれを見る人からは分離しえないのだ。

　これらすべてが真であり、見る人は光景や見る行為を措いては存在しないと否定的なやり方で答えてもよい。しかし、ならば、存在する見る行為や存在する光景が存在しない見る人からどうして生じるのか？ また、光景は見る人が見るまでは存在しなかったと逆転して言えば、存在しない光景が見る人によって見られるのはおかしいということになる。

見る人と光景は同時に生起するという議論はどうだろうか？ その場合、両者は一つにして同一のものであるか、別のものであるかのいずれかである。一つにして同一であるならば、見ることはありえない。見ることには、見る人、光景、その光景を見る行為が必要とされるからだ。眼にはそれ自体が見えない。したがって、両者は二つの異なる独立した事物でなければならない。しかし、その場合、両者が真に独立した事物として偶然の関係によらず、それぞれの権利において存在するならば、両者の間には見ること以外の多くの関係がありうるだろう。しかし、見る人に光景が聞こえるということは意味をなさない。聞く人だけが音を聞くのである。

われわれは降参して、真に独立して存在する見る人、光景、見る行為はない、ということには同意するが、この三者は、究極の実在である意識の真に存在する瞬間とともに形成されるのだと主張するかもしれない。しかし、ある存在しないものに別の存在しないものを加え、どうして真に存在するものになると言えるのか？ そもそも、どうして瞬間の時間が真に存在するものと言えるのか？ 瞬間が真に存在するためには、過去や未来の他の瞬間から独立して存在しなければならないはずだ。さらに、ある瞬間は時間そのものの一側面にすぎないのに、その瞬間は時間そのものから独立して存在しなければならず（これは事物とその属性の共依存性に関する議論である）、時間そのものはその一瞬から独立して存在しなければばならないはずである。

この時点で、実はこれらの事物は存在しないのではというぞっとする感じに襲われるかもしれない。しかし、存在しない見る人が存在しない瞬間に存在しない光景を見るとか見ないと主張することは、存在する見る人についての論議よりもずっと無意味である（この論法の心理学的な効力を示すイスラエルのジョークがある。男1曰く「物事はひどくなる一方で、よくなったことは一度もない」男2曰く「その通りだが、一万人に一人は幸運な奴がいるものさ」）。ナーガールジュナの論点は、事物がどんなやり方でも存在していないということでも、存在しているということでもない。事物は共依存的に発生する、つまり完全に無根拠なのである、ということなのだ。

完全な共依存性（より適切に言えば、共依存性以外の考え方への反論）を説くナーガールジュナの議論は、三種類の主題へ適用される。主体と客体、事物と属性、原因と結果である。彼は、この手段により、非共依存的な存在という考え方をほとんどあらゆるものに対して退けている。それぞれの感覚の主体と客体、物的対象、基本要素（土、水、火、空気、空間）。激情、攻撃、無知。空間、時間、運動。作用体、その行為、その為す事柄、条件と成果。知覚者、行為者または他の何かとしての自己。苦、苦の原因、苦の消滅、消滅への道（四聖諦として知られる）。ブッダと涅槃（nirvana）。ナーガールジュナは、最後にこう結論する。「依存せずに生起されるものは何もない。ならば空でないものは何もない」と。

上記の論議の背景を想起することが大切である。ナーガールジュナの議論は、心理学的に実在する心の習慣を論破の対象とし、三昧／覚瞑想とアビダルマ心理学のコンテクストにおいてその無根拠性を示すものである。現代哲学者ならば、ナーガールジュナの論理に難癖をつけることは造作ないだろう。しかし、たとえそうであっても、ナーガールジュナの関心のコンテクストにおいては、彼の立論の認識論的かつ心理学的な威力を転覆させることはできないだろう。ナーガールジュナの議論を要約してこの点を明らかにしてみよう。

1．主体と客体、事物と属性、原因と結果が、われわれが常日頃考えているように独立して存在し、ダルマ分析が主張するように本来的かつ絶対的に存在するのならば、それらはいかなる条件や関係にも依存してはならない。この論点は、基本的には「独立性」、「本来性」、「絶対性」の意味を哲学的に主張することである。定義によると、何物かが独立的、本来的、絶対的であるとは、他の何物にも依存しない場合だけである。つまり、それは、関係を超越するアイデンティティをもたねばならない。

2．われわれの経験において、この独立性という究極の判断基準を満たすものは何もない。初期アビダルマの伝統では、この洞察は縁起と表現されていた。生起、形成、滅びを免れるものは何も見出しえない。現代的なコンテクストでは、この論点は科学においても、物質世界の表現として用いられている。ナーガールジュナは、共依存性の理解をさらに深めた。原因と結果、事物と属性、問いかける主体の心と心の客体は、いずれも「同等に」互いに対して共依存的である、と。ナーガールジュナの論理は、問いかける主体の心（われわれの根元的な循環性を想起すること）そのもの、つまり実は共依存的であるものが、その主体によって、客観的実在と主観的実在という究極的な礎石とみなされることを鋭く突いているのである。

3. したがって、究極の存在とか独立の存在といったものは何もない。また、仏教徒のことばを使うと、あらゆるものに独立した存在が「空」であるのは、それが縁起だからである。

さて、縁起に照らして空を理解するためのコンテクストがある。万物には独立的、本来的な本性がないということだ。これは抽象的な陳述のように聞こえるが、経験について深遠なことを示唆しているのである。

第4章で説明したように、アビダルマのカテゴリーは、三昧の心を体験する方法に関する記述であり、黙想の命令であることを説明した。ナーガールジュナは、アビダルマを退けてはいない(西洋の学問研究では退けたと解釈される場合がある)★03。彼の分析全体は、アビダルマのカテゴリーに基づいているのである。見る人、光景、見ることとの意味のような議論が意味をもつのはそのコンテクストでしかないだろう(ナーガールジュナの議論を言語学上のものであると考える読者は、アビダルマの威力を理解していない)。彼の分析は非常に緻密な議論であり、万物は万物に依存するという通俗的な紋切りことばではない。ナーガールジュナによるアビダルマの拡張により、経験に対して決定的な違いが生じるからである。

なぜ経験にとってそれがとても重要になるのか? 世界と自己が永続的であると誰かが考えたとしても、それらが瞬時に変化するものであるならば、どうなるのか? 両者が分離していると誰かが考えたとしても、互いに他方に依存し合っているのならば、どうなるのか？　その答えは、本書全体でみてきたように、人は自分自身の経験について三昧になるにつれて、基盤に執着する、つまり分離した真の自己、分離した真の世界の基盤となる感覚、および自己と世界との実際の関係の基盤となる感覚に執着するように強いる力がいかに大きいかを悟るというものだ。

空は、十分な三昧／覚をすればひとりでにできる自然な発見であり、自然ではあるが驚きの発見であると言われている。これまで、瞑想によって心を検証することについて話してきた。自己はなかったのかもしれないが、自己そのものを検証する心は、たとえ瞬間でもあった。しかし、今やわかったことは、われわれは心をもたないということである。つまり、心とは、世界から離れていて、それについて知っている何かであるに違いない。われわれはまた、世界ももたない。客観の対極も主観の対極もない。隠されているものは何もないのだから、知ることもない。空(sunyata)を知ること(より正確には、世界を空として知ること)が志向的な行為ではないことは確かだ。むしろ(伝統的な比喩表現を用いると)それは鏡の反射のようなものである。純粋に輝いて、それ以上の実在を何ら必要としない。心と世界がその相互依存的な連続性において生起し続けるとき、心の側にも世界の側にも、知るべきものやさらに知られるべき余分のものは何もない。起こりうるどんな経験も開かれていて(仏教の導師は「顕れる」ということばを使う)、そのあるがままに顕れる。

中観派が中道と呼ばれる理由がわかっていただけただろうか。客観主義か主観主義、絶対論かニヒリズムという二者択一の極論を避けるからだ。チベットの注釈者が述べるように、「あらゆる現象が縁起であることの理由を確かめることによって、全滅《ニヒリズム》という極論が避けられ、因果が縁起であるという悟りが得られる。森羅万象は固有には存在しないという命題を確かめることにより、永続性（絶対論）という極論が避けられ、森羅万象が空であるという悟りが得られる」。

しかし、以上のことは日常世界にとっていかなる意味があるのか？ 誰にも名前があり、仕事があり、過去があり、未来がある。朝になると日は昇り、科学者はそれを説明するのに研究を続ける。こういったことすべては何なのか？

二つの真理

基本要素と心的因子に心を分割するアビダルマ分析では、すでに二種類の真理が区別されていた。経験を分析した果ての存在の基本要素からなる究極の真理と、日常的な（基本要素外の）複合経験にひそむ、相対的で慣習的な真理である。ナーガールジュナはこの区別を喚起し、それに新たな意味を賦与し、その重要性を強調した。

> 二つの真理に基づいて、ブッダは教理を説かれる。慣習的な心理（俗諦）と究極的な最高の真理（真諦）である。
> 何人でも、これら二つの真理の区別を知らない人は、深遠なるブッダの教えを了解しない。

（二四章八―九）

相対的な真理（俗諦：覆われている、隠されているの意味）は、椅子、人間、生物種といったものがそのまま現れる現象世界であり、これらの経時的な一貫性のことである。究極の真理（真諦）とは、まさにその同じ現象世界が空であることとである。相対真理についてのチベットのことば（kundzop）は、両者の関係を写実的にとらえている。kundzopとは、着飾った、装備した、衣装を着たという意味であり、つまり相対的な真理とは、現象世界の輝かしい色彩で飾られた真諦（絶対の真理）なのである。

さて、この二つの真理を区別することが、アビダルマ分析と同じように、真理の形而上学的な理論として意図されたのではないことは明らかである。それは、心とその対象、および両者の関係を縁起として、すなわち、独立しているものでも永続的な実在でもないものとして経験する修行者の経験を説明するものなのである。アビダルマのカテゴリーと同じように、この説明はまた推奨のことばや黙想の手引きとしても機能する。このことは仏教徒集団の問答においてごく明瞭にみてとれる。例えば、西洋人には韻文か不合理性としか映らない禅問答の多くは、実は縁起の空に心を向ける黙想の訓練なのである。

相対真理の名辞である「俗諦」はまた、（仏教集団並びに学者によって）「慣習」と翻訳されることが多く、解釈上の混乱を招いている。慣習がどんな意味で解されているかを知らなければならない。「相対的」とか「慣習的」ということばを皮相な意味で受け取ってはならない。「慣習」は、主観的、恣意的、無法則なことを意味しない。そして「相対的」は文化上の相対性を意味しない。この相対的な現象世界は、宿業の因果法則のような、個人や社会の慣習に関わらない明瞭な法則によって機能するものと常にとらえられていたのである。

さらに、この「慣習」は、現代の人間社会では一般化しているような、自己や世界を中心からそらし、言語へ誘導することでもないと理解すべきである。チベット仏教におけるゲルグパ(Gelugpa)系の創始者が述べているように、「……名目的に指定される事物は人為的である、つまり慣習的な名辞によって存在するものとされているだけで、慣習的に存在するものとして確立されたわけではなく、指示対象は存在しない。そして、言うまでもなく、一般に名前を使うことの現象上の基礎はないのだから、それ(慣習的な指示対象)の存在に関する陳述と(万物が)名目的な呼称でしかないという陳述とは矛盾していない」。したがって、仏教では、この相対世界における真の陳述と偽の陳述との区別をつけることが完全に可能であり、真の陳述のみが推奨されているのである。

命名される事物とその呼称が慣習でしかないことの意味を、例によって説明してみよう。私が誰かを「ジョン」と呼ぶとき、私には自分が呼んでいるある永続的な、独立した事物があるという強い前提がある。しかし、中観派の分析では、そのような真に存在する事物はないことになる。しかし、ジョンは、まさに完璧な被指示物から想定されるように行動し続けるのだから、相対的・慣習的な真理では、彼はやはりジョンなのである。読者は、この主張から色に関する議論を想起されるかもしれない。色の経験から、物理世界にも見る観察者にも絶対的な根拠がないことを示せるが、色はそれでも完全に共通尺度で指示できるのである。したがって、そのような科学的な分析は、中観派のよりラディカルな無根拠性の表現と完全に両立できるのである。

日常生活と同じくらいに科学が可能であるのは、この相対的、慣習的、縁起的な世界が法則に則っているからである。実際、完全に機能的な実用科学や工学は、正当化されない形而上学的な理論に基づいているときでも可能なのである。まさしく真の自己が存在すると人が信じるときにさえ日常生活が首尾一貫して続くように。エナクティブ認知科学とナチュラル・ドリフトとしての進化という視点をわれわれが提供するのは、これが科学のなしうる唯一の方法であるとか、これが中観派とまったく同義であるとか主張するためではない。身体としてあることや構造的カップリングのような概念は、あくまで「概念」であり、それ自体は常に歴史的なものである。それらは、まさにこの瞬間に生きる者として、人が独立して存在する心をもたないとか、独立して存在する世界をもたないということを伝えるものではない。

これはきわめて重要な点である。ある中観派の宗派が論駁するだけで主張を展開しないことには深いわけがある。根拠（休息の場、巣）になりうる概念的な考え方がどんなものであれ、それでは中観派の威力が無になってしまうからだ。特に、身体としてある行為（行為からの産出）としての認知観は、心と世界の相互依存性を強調するが、それらの関係（相互作用、行為、行為からの産出）をあたかもある独立した現存在として扱う傾向がある。行為からの産出という概念を何か真実の、確固たるものとして把握するにつれて、それは自動的に、この議論の他の二つの用語（身体としてある行為の主体と客体）に関する意味を生じる（後で論じるように、これと同じ理由で、実践も中観派の中道と同じではない）。エナクティブ認知科学について主張することは、中観派の論理体系によって心を経験的に処理すること（特に三昧／覚修行との複合）と同じことであると信じ込ませようとすれば、すべての当事者(三昧/覚の修行者、科学者、学者、他の関心ある人々)に対してとんでもない迷惑をかけることになるだろう。しかし、相対的な世界の暫定的で慣習的な活動である中観派の論理体系がそれ自身を超えているように、行為からの産出というわれわれの概念も、少なくともある認知科学者にとって、そしておそらくは科学思想全般の環境にとってさえ、それ自身を超えて無根拠性に関するより真実の理解を示すと期待してもいいだろう。

現代思想における無根拠性

本章は、現代の科学と哲学における基盤の喪失感を喚起することからはじまった。特に、プラグマティズム哲学の復活に基づいた現代英米思想における重要な潮流を引用した。★04 ヨーロッパ、特にフランス、ドイツ、イタリアでは、主にニーチェとハイデガーの継続的な影響の結果として、思想基盤に対する似たような批判が続けられてきた。これは、ポスト構造主義★05とポストモダン思想★06のいずれをも包含する潮流である。イタリアの哲学者、ジャンニ・バッティモは、この潮流を「弱い思想(pensiero debole)」、すなわち基盤に対するモダニズム的な探究を断念する一方で、より真実の別の基盤によってこの探究を批判することもない思想と呼んでいる。バッティモは、最新作の序論においてこの潮流の建設的な可能性を擁護している。

ニーチェとハイデガーの思想は、他の誰よりも純粋に批判的かつ否定的に論述したため、ポストモダン状態への対処法を提供してくれる。ニーチェは必ずしも明瞭にではないが、そのおそらくは積極的・肯定的なニヒリズムの理論においてこういったことすべてに触れている。ハイデガーは、「現代的な」意味での批判的な克服ではないものの、形而上学の克服(Verwindung)という思想により、同じことを仄めかしている。ニーチェとハイデガーのいずれも、私の言う神の「弱体化」によって、ポストモダン状況において建設的に思想を位置づけることができる。ハイデガー(と彼以前のニーチェ)によりなされた「存在論の破壊」の結果を真摯に受け止めさえすれば、存在に関するポストモダン状況において見出される、人間の本質そのものに迫る絶好の機会を得ることが可能になるからだ。人間と神を、安定した構造として形而上学的に、プラトン流にとらえる限り、真のポスト形而上学の時代において思想が肯定的に息づくことはないだろう。そのような概念は、思想と存在に「根拠」を求め、非生成のドメインで(論理的または倫理的に)安定するために大規模な神話化をもくろむあらゆる既成ジャンルに見出される。このような時代にはあらゆるものが人類に等しく益をもたらすわけではなく、様々な可能性を選択・選別する能力を開発するには、ポストモダンに固有の特徴をポジティブにつかみ、人間的であるものすべてを忌まわしい否定物としないアプローチを続ける他にない。

したがって、歴史、政治、芸術、科学、哲学的反省における多くの理由により、現代世界が無根拠性の課題にかなり感化されているのは明らかである。ここでこういった事態について深入りはできないが、哲学と実験科学の推論に基づいた西洋の伝統と、三昧／覚により世界を経験することに基づいた仏教の伝統と思想が収斂してきたのは確かだ、とわれわれはみている。もっとも、この収斂はだまし絵《トロンプルイユ》かもしれない。なぜなら、瞑想修行者ならば、二つの伝統が似たように見えるのはうわべだけだと論じるからだ。このことについて、現代的な意味の無根拠性と、中観派の説く無根拠性との主たる相違点を三つ指摘したい。次いで、最終章で、無根拠性の倫理面について考察しよう。

間（entre-deux）の欠如

第一は、現代の西洋的な考え方では、自己や世界の基盤が欠如していることをまったく表現できないこと。これは、客観主義と主観主義（いずれも絶対論の形式）の中道に対する方法論上の基礎がないためである。認知科学と実験心理学で自己の断片化が起こるのは、その学問分野が科学的に客観的であろうとするからである。世界における任意の外的対象や科学研究の対象として自己をとらえようとする、まさにその理由で自己が視界から消えてしまうのである。主観的なものに挑むため、基盤としての客観的なものが不問にされるからである。まったく同じように、世界の客観的状況への挑戦では、主観的なものが不問にされる。生物（科学者）の知覚は決して完全には客観的ではなく、過去の経験や目標（科学者の綿密に統制されたプロセス）により影響されるのが常である。科学者は、独立した主体を所与のものとみなし、主観的表象に基づいて論じているのである。

すでに引用した、自己を観察することの不可能性に関する古典的な一節がある、デイビッド・ヒュームの著作は、内と外の間にわずかの隙間もないことを明白に示している。ヒュームはまた、外部の身体（外界）を「連続した別個の存在」とする概念と身体の不連続な感覚印象との間に矛盾があることも認めていた。この問題を熟慮し、連続した外界という考え方（同様に、連続した自己という考え方）は心の創作であると示唆している。「類似している知覚の同一性という考えと、それを否定しようとする気持ちの対立状態にあって心は不安になるに違いなく、当然その不安からの解放を求める。この難局からわれわれ自身を解放するために、われわれは知覚を誤魔化すか、これらの否定された知覚が真の実在物によって結びつけられていると想定することで乗り越えようとする」[★07]。当面の目的にとって興味深い点は、自己と世界についての経験主義的な疑念を統合しようとしたフシがないことである。「間」に必要な知的材料をすべてもっていながら、それを示唆する知的伝統も、それを発見する経験的な方法ももたないまま、彼はこの可能性を決して考慮しなかった。

われわれの最後の例は、認知科学の核心に由来するだけに印象的である。現代の認知主義者は、間、つまり世界として考えるものと心として考えるものとの間に実は世界の生の経験が存在するという事実に直面した場合、どうするのか？　理論へ逃げ込むのではないか。現代科学の環境には他の選択肢がないのだから。感性豊かな現象学者ジャッケンドッフを引合いに出してみよう。彼は現象論的な心の中間性の知覚をもとに、中心的な主張である意識の中間レベル理論を構築したようだ。

直観的には、思考を含め、心の中で進行していることも、世界の内外で進行していること、つまり体感や知覚の結果もアウェアネスにより明らかになるようにみえるが、中間レベル理論によると、いずれも明らかにならないのである。むしろ、アウェアネスは、思考と真の世界が心に及ぼす効果の奇妙なアマルガムを反映するだけで、これらの効果が出現する手段はまったくわからないままなのだ。これらの特徴を有する計算する心がいくぶんか存在していることを疑うとすれば、〈表象レベルに関する正式の理論を発展させるよりない〉[われわれの強調]」。

解釈主義

現代思想における主観主義の最も魅力的な形式の一つは、プラグマティストか解釈学者のいずれであれ、解釈の概念を利用するものである。解釈主義は、さらに詳しく探究するに足る、客観主義に対する鋭い批判を提供する。解釈主義者の指摘によると、客観的であるためには、言語に指定され、科学によって究められるべき心から独立した対象群がなければならないはずだ。しかし、そのような対象があるのだろうか？　哲学者、ネルソン・グッドマンの引用例に注目してみよう。

空間の点は、完全に客観的であるようにみえる。しかし日常世界の点はいかにしたら定義しうるのか？　点は、根本の要素、二直線の交点、三平面の交点、ある種の集塊のいずれかとして受け取られる。これらの定義は同等に十分であるが、それでも両立不能である。つまり、「点とは何か」ということは、それぞれの説明形式で異なるものなのだ。例えば、点が根本の要素であるのは、グッドマンの用語を用いると、第一の「バージョン」だけなのである。しかし、客観主義者は「では点とは一体何なのか」と訊問するだろう。この訊問に対するグッドマンの応答は詳しく引用するに値する。

直線から点を構成することや点から直線を構成することが事実の問題ではなく慣習の問題であるとすれば、点や直線そのものも実はそうなのである……われわれは、当該の空間見本が点、直線、面の組合せであるとか、点、直線、面の組合せの組合せであるとか、それらすべてを一緒にした組み合わせであるとか、単一の塊であるといったりする。するとこの場合、どれ一つとして他のものと同じではないのだから、空間とは何かについて無数の対立する代替可能な記述のうちの一つを選んでいるわけである。したがって、この不一致は、事実に関してではなく、空間の編成・記述のために採用された慣習上の違いによるものとみなすことが可能なのだ。ならば、こういった様々な名辞で記述される中立的な事実・事物とは何なのか？　それは、(a)不可分な全体としての空間、(b)様々な説明に関わるすべてのものの組合せとしての空間、のいずれでもない。なぜなら、(a)と(b)はそれ(空間)を編成する様々な方法の二つにすぎないからだ。しかし、そのように編成される「それ」とは何なのか。「それ」を記述する方法間の様々な創意を慣習による層として剥ぎ取ってしまうと、何が残るのか？　玉葱を芯までむいていけば空の芯しか残らない。★08

ここで興味深いことに、「空の」という単語が現れている。事物の本来的なアイデンティティがないという事例に現代哲学が満ちているのは、指示の形式に依存しているからである。ヒラリー・パトナムは、ことばと世界との間に唯一のマッピングがありえないことを示す形式意味論の定理さえ考案している。文章が真である条件がわかっていても、用語が言及する方法を決めることはできない、と。[★09] 言語が言及する、心から独立した特権的な対象群が存在するという考え方にすがる限り、意味を理解できない、とパトナムは結論づけている。代わりに、彼はこう述べている。「〈対象〉は、概念体系《スキーム》から独立して存在しない。何らかの記述体系を導入するときに〈われわれ〉は世界を諸対象へ切り分けるのである。何が何に一致するかを述べることが可能なのは、対象〈と〉記号が同じように記述体系に〈内在的〉であるからだ[★10]」。

興味深いことに、パトナムは、心から独立した対象に言語が言及すると想定される場合、意味を理解できないと論じるだけでなく、本来的に（すなわち、非依存的に）存在する特性という概念、つまり客観主義の根底にある概念そのものにも反論している。「私が言いたいのは、〈客観主義者〉の世界観に関わる問題……この根深い病根が、〈本来的な〉特性、つまり言語や心によってなされる貢献とは別の〈そのもののなかに〉存在する特性という概念にあるということである」。パトナムは、この古典的な考え方が現代の科学的実在論と複合して、経験の完全な価値低下を導いている、と論じる。なぜなら、生活世界のほとんどすべての特徴が単なる心の「投影」になっているからだ。このスタンスが皮肉なのは（デカルト主義の不安についての論考から予期されるが）、生の世界を主観的な表象の結果とすることにより、観念論と見分けがつかなくなることである。

しかし、この徹底的な客観主義批判にもかかわらず、議論は決して別の方向へは進まないのだ。心から独立した対象が批判されても、対象から独立した心は批判されないのである（心の独立性よりも対象の独立性を攻めるほうが心理学的に易しいのは明らかだ）。解釈主義者たち（プラグマティストなど）はまた、概念や解釈それ自体の無根拠性には挑まない。むしろそれらが拠って立つ根拠として当然視されているのだから、間や中観派とは別物なのである。

変容の可能性

現代思想の伝統においては、無根拠性が発見されると、否定的なもの、つまり科学を営んだり、理性で哲学的真理を証明したり、有意義な生活をすごしたりするための理想を壊すものとみられがちである。エナクティブ認知科学と、ある意味では現代的な西洋のプラグマティズムは、究極的な基盤の欠如に対峙することをわれわれに求める。理論上の基盤に挑む一方で、いずれも日常的な生の世界を肯定しようとする。しかし、エナクティブ認知科学やプラグマティズムは、理論的ではあるが、根拠のない世界においていかに生きるべきかの洞察を提供するものではない。一方、中観派の伝統は、あらゆる仏教と同じように、自我に親しむことを大いなる恵みとしている。なぜなら、道として、悟りの中心としての生の世界がそれにより開放されるからだ。「究極の真理は日々の修行から離れては教えられない。究極の真理を悟ることなく自由（涅槃）には到達しない」（第二四章：一〇）とナーガールジュナが述べているように。仏教徒の道で悟りに至るには、身体としてある状態にならなければならない。三昧、覚、空は抽象的な事柄ではない。三昧になるべきもの、覚醒すべきもの、空であることを悟るべきものがなければならないのである（さらに、第11章でみるように、本来的な善性を悟るべきもの、共感すべきものがある）。三昧と覚の中身は、執着、不安、欲求不満の常習的なパターンである。これらには何ら実在物がないという認識が、執着の消えた開放感の高まりとして経験される。他者へ共感する胸襟を開いた感覚が、利己的な関心に由来する絶えざる不安や苛立ちに代わりうる。

初期仏教では、自由は、輪廻（固執、悪習、苦に満ちた日常的な生の世界）から無条件の涅槃の領域への脱出と同等視された。大乗仏教における空の教えによって、革新的な変化が起こった。ナーガールジュナが著したように、

輪廻（日常世界）と涅槃（自由）の間にはいかなる区別もない。また、涅槃と輪廻の間にも区別はない。輪廻の範囲が涅槃の範囲である。この両者の間には何らの微細なる区別もない。

（二五章一九―二〇）

自由とは、無知と混乱によって左右される日常世界に暮らすことではなく、悟りをもって日常世界に生きて行動することである。自由は世界からの逃避を意味しない。生の世界の内部において、自らの全存在様式、身体としてあることの変容を意味するのである。

現代世界は言うに及ばず、仏教が栄えている文化にあっても、このスタンスは誰もがすんなり理解できるものではない。究極の根拠を否定することは、われわれの世界と経験に関して究極の真理や善性が

あることを否定するに等しいと考えるからだ。ほとんど自動的にこの結論を導いてしまう理由は、絶対論とニヒリズムの極論から自らを解放できず、三昧で開かれた態度で人間経験の様々な可能性を真摯に受けとめることができないからである。絶対論とニヒリズムという二つの極論は、いずれも生の世界からわれわれを引き離す。絶対論の場合、自らの生活に正当化と目的の感覚をもたらす基盤に訴えることによって、われわれは現実の経験から免れようとする。一方、ニヒリズムの場合、探究に挫折すると、解放的かつ変容的な方法で日常経験を研究する可能性までが否定されてしまうのだ。

第11章

踏みしめつつ道をつくること

循環している科学と経験

序論で宣言したように、本書の主題は、認知科学と人間経験の循環である。この最終章では、より広い現代的なコンテクストのなかにこの循環を位置づけてみたい。特に、ほとんどのポスト・ニーチェ派の思想に典型的なニヒリズム傾向に関連して、無根拠性の倫理面についていくらか考察する。現代の欧米の議論を活気づけている様々な論点を考察するのではなく、こういった議論に照らしてわれわれのプロジェクトがいかに位置づけられるかを示し、より深い探究の方向性を示唆することにわれわれの関心はある。

ここまで探究してきた、認知科学と経験との行きつ戻りつのコミュニケーションは、円環をなす。この円環は、自己がなくても心が機能していることを想定しうる人間である認知科学者の経験から始まる。このことは科学理論に具現化され、この理論に勇気づけられた人も、経験に対する訓練された三昧アプローチを用いると、自己を維持しようと躍起になっても、経験には本当の自己がないことを知る。心に関する自然科学的な詮索によりこう尋ねる。しかし、自己がないのにどうして首尾一貫した自己があるように思われるのか、と。創発や心の社会といった機序へ答えを求めることもできよう。それが人間経験における因果関係へ踏み込む可能性をもたらす。自我執着の因果をみて、自我執着の苦闘から解放されるのが理想であろう。様々な知覚、関係、そして心の活動に覚醒するにつれて、人間の心やその対象である世界は共依存的で究極の基盤が欠如していることも洞察できるかもしれない。探究心のある科学者は、次いでこう問いかける。ある機序において具現化される、心と世界の共依存的な関係はどうすれば想定しうるのか、と。われわれが創作した機序(無根拠性の具体化された比喩)、ナチュラル・ドリフトの歴史を介した構造的カップリングのイメージをもった、エナクティブ認知の機序がその答えである。理想を言えば、そのようなイメージにより、客観主義と主観主義、双方の束縛が緩み、科学と経験、経験と科学とのコミュニケーションがさらに促進され、科学界がより広く社会に影響するようになることが望ましい。

この行きつ戻りつの円環という論理は、反省的な科学者の心における根元的な循環性を例示するものであった。この循環性の基本軸は、経験と認知が身体としてあることである。感覚において身体としてあることとは、メルロ＝ポンティの場合と同じように、生きた、経験的な構造としての身体と、認知機序のコンテクストすなわち環境としての身体の両方を網羅することである。そう考えるからこそ、本書で描かれた認知科学と三昧／覚伝統の間のコミュニケーションにおいて、三昧／覚修行に由来する経験の記述と認知科学に由来する認知アーキテクチャーの記述とを並置したのである。

われわれは、メルロ＝ポンティと同じように、この身体としてあることの二重の意味を適切に評価すれば、絶対論とニヒリズムという両極端の中道（間）が提供されることを強調した。これら二種の極論は、いずれも現代の認知科学に見出しうる。絶対論者が目立つのは、多種多様な認知実在論に様々な違いがあるにもかかわらず、所与の主体により所与の世界の表象に認知が根拠づけられるという確信が共有されているからだ。ニヒリストはさほど目立たないが、認知科学により自己の非統一性が明らかにされ、しかも人間経験に対する変容的なアプローチに気づかない場合に現れるものである。

これまでさほど注目してこなかった、このニヒリストの極論は、実は現代の文化状況をずっとよく表している。人間社会（芸術、文学、哲学）における無根拠性への覚知の高まりは、客観主義ではなく、むしろニヒリズム、懐疑主義、極端な相対主義との対峙を介して形成されてきたのである。実際、二〇世紀末の生活に典型的なのは、このニヒリズム傾向なのだ。その明瞭な徴候は、ますます断片化する生活、様々な宗教・政治上の独善主義の復活、漠とした不安感の浸透（これはミラン・クンデラのような作家が『存在の耐えられない軽さ』において鮮やかに表現している）である。このニヒリズムの極論（および、ニヒリズムと客観主義が実は同根であること）を詳しく考察するのはこの理由からである。この問題をここまで保留してきたのは、これが一般的であるだけでなく、広い範囲に及んでいるためである。故にわれわれの議論は、無根拠性の倫理面に中心的に関わる必要がある。本章の最終節でこの倫理面について明快に語るつもりだが、その前に、このニヒリストの極論について詳しく検証したい。

ニヒリズムと惑星思考の必要性

ニヒリズムを直に論じるのではなく、ニヒリズムがどう現れるのかを問うことから始めよう。ニヒリストの性向は、どこで、どんなときに芽生えるのか？

われわれは、エナクティブ認知科学と経験に対する三昧で開かれたアプローチのいずれにおいても無根拠性や安定基盤の欠如に直面するように導かれてきた。いずれの設定でも、先入観をもたずに始めたのだが、世界は身体としてある知覚や認知能力から独立して根拠づけられるというわれわれの根深い確信を留保するように強いられたのである。この根深い確信は、たとえその最も洗練された哲学形式にあっても、客観主義への動機づけなのである。しかし、ニヒリズムがある意味で、いかなる類似の確信にも基づいていないのは、客観主義への信頼喪失に反応して起こるものだからだ。もちろん、ニヒリズムもそれ自身の生命を獲得するところまで深耕されうるが、その最初の瞬間では、その形態は「応答」の一つに他ならない。したがって、ニヒリズムが実は客観主義と深くつながっているとみてとれるのは、確実で絶対的な基準点を提供するように思われたものが崩壊するときの極端な応答だからである。

われわれは、認知科学の内部における無自己の心の発見を検証したとき、客観主義とニヒリズムがつながる事例をすでに提供した。この深遠な発見により、認知科学者には、意識と自己同一性が認知プロセスの根拠も基盤も提供しないことを認めるよう要求されるが、そうはいっても、人間はある効能のある自己の存在を実際に信じているし、信じ続けなければならないと思うのである。科学を営むときに経験的な側面を無視し、普段の生活をするときには科学的な発見を無視するというのが認知科学者の通常の応答である。この結果、客観主義的な表象への答えとなるはずの自己の非存在が相対的な(現実的な)自己の非存在と完全に混同されてしまう。実際、経験に対する漸進的なアプローチによって提供される手段がなければ、自己の客観的な非存在を主張すること(ニヒリズム)によって、この客観的な自己(客観主義)の崩壊へ対応するより他に選択肢はないのである。

この応答は、客観主義とニヒリズムが、見かけは違っていても深いところでは結びついており、どのつまりニヒリズムの母胎は客観主義であることを示している。安定しているが根拠のない規則性に執着するわれわれの常習的な傾向に客観主義の基礎が見出せるとわれわれはすでに論じてきた。実は、ニヒリズムもまた、この執着する心から生まれるのである。無根拠性の発見に対峙したわれわれが、それでも根拠に執着し続けるのは、客観主義の根深い行動様式を捨てきれないからである。確固たる根拠がないとなると、すぐに客観主義そのものの破綻として具象化されてしまう。執着する心によるこの具象化がニヒリズムの根源なのだ。ニヒリズムに特徴的な否認や否定の様式は、実は微妙で洗練された客観主義の形式なのである。客観的な根拠がないことも、客観主義の無根拠性として具象化されると、究極の基準点として役立ち続けるのかもしれない。つまり、客観主義とニヒリズムは異なる帰結を伴う対極のものとして語られているが、両者は結局、執着する心という基礎を共有するのである。

客観主義とニヒリズムが同根であることは、仏教の中道では哲学・修行の核心で理解されている。ニヒリズムへの関心がギリシャ・ヨーロッパを起源とする近代的な現象であると考えるのは、そのことをよく知らないだけのことである。しかし、こういった他の伝統によって提供される知的資源を正しく評価するためには、現代の状況の特異性に目を瞑《つぶ》ってはならない。仏教でも、他のどこかでもあるように、個人がニヒリズムを経験したり（仏教では、心臓を失うという）、注釈者がニヒリズム的な解釈の誤りに迷い込むという危険がいつでもあるが、ニヒリズムが隆盛して社会制度として具現化されたことは一度もないのである。

今日では、ニヒリズムは、西洋文化だけでなく惑星全体にとっても由々しい問題である。それでも、本書を通してみてきたように、大乗仏教における中道の無根拠性は、今日の科学文化のなかで人間経験を考える際に注目すべき拠り所を提供する。このことを認識すれば、「西洋」と「東洋」という想像上の地理学がもはや適切ではないことがわかるはずだ。自分自身の伝統の前提や関心事がすべての前提になるものの、もはや他の伝統を知らずして進むわけにはいかないのである。特に、ニヒリズムの無根拠性と中道の無根拠性とを厳密に区別することに不断に努めてきた伝統を知らずには。

したがって、リチャード・ローティ流に「西洋の対話を続けること」だけの理想によって無根拠性やニヒリズムの問題に対処しようとする姿勢はわれわれにはない[★01]。代わりに、本書全体のわれわれのプロジェクトは、むしろマルティン・ハイデガーの「惑星思考」への呼びかけに負うことがずっと多い。ハイデ

ガーが『存在の問い』で書いたように、

たとえ短い道であっても、その広がりに合わせた惑星思考を実践する努力を放棄しないようにわれわれは義務づけられている。参加者が今日決して同等ではない様々な出会いが惑星建設のために保存されていることを理解するのに、予言者の才能も振舞も要らない。このことは、ヨーロッパの言語でも、東アジアの言語でも同等にあてはまり、とりわけ両者の対話が可能である領域にあてはまる。両者のいずれも、それ単独でこの領域を広げて確立することはできない。

われわれの導きとなる比喩は、道は歩くときにのみ存在するというものであり、最初の一歩として、科学文化における無根拠性の問題に対峙し、空の開放性においてその無根拠性を身体としてあるようにすることを学ばなければならない、とわれわれは確信してきた。二〇世紀の日本人哲学者の重鎮である西谷啓治は、まさしくこの主張を展開した人物である。★02 西谷がわれわれの模範になるのは、三昧／覚の禅伝統において育てられ、個人的に精進しただけでなく、ハイデガーの門下生の一人としてヨーロッパの思想全般、特にハイデガーの惑星思考の呼びかけに精通しているからだ。興味深いのは、哲学的であるが身体としてある、真に惑星的な漸進的反省を深めようとする西谷の努力である。彼の思考の本質的な論点をいくつか検討してみよう。

デカルト主義の不安について論じたときに、表象の概念に結びついた客観主義と主観主義との間には動揺があることをみた。かくて、表象は世界の「投影」(主観主義)か「回復」(客観主義)のいずれか一方として解釈されうる(もちろん、知覚と認知に関する説明には表象の両面が取込まれているが)。

西谷からすれば、主観主義と客観主義との間のこの動揺は、「意識の場」と彼が呼ぶものに基づいているどんな哲学的スタンスにも生じるものである。このフレーズを用いて、西谷は、世界を客観的または所与の領域とし、この所与の世界と接触しようとする所与の認知主体として自己を哲学的に解釈することに言及する。ここで意識は主観性として理解されているので、意識が定位される、おそらくは客観的な領域に意識をどうやってつなげるかという問題が起こる。しかし、すでに論じたように、主体はその表象の外へ踏み出して、それが本当にそのなかにあるかのように、所与の世界をみることはできない。それ故に、この基本的にデカルト主義的な姿勢をとれば、客観性は主体によって表象されるままのものになる。西谷のことばでは、「主観性との関係から逃れたと言われる存在形式は、主観性に対する関係の密かな包含を介して構成されただけなのだから、〈われわれに対する〉外観を介して定義される存在形式を構成するという非難から結局は逃れることができない」。

客観性の概念がこうして問題になるのなら、主観性の概念も然りである。万物が究極的にはわれわれに対する外観によって特定されるのならば、認知主体も同じことである。主体がそれ自体に対してそれ自体を表象しうる以上、それは表象の対象になっても、他のすべての対象とは異なっている。かくて、結局のところ、主体は客体化される主体と主体化される客体のいずれにもなる。この苦境から、完全な主観／客観という両極性が、移ろいやすく、不安定であることが明らかになる。

次の西谷の動きには、その思索に対する仏教哲学の伝統と三昧／覚修行の深い影響が認められる。この主観／客観という二元的な不安定性または無根拠性を悟ることは、ある意味で、「意識の場」からすり抜けることである、と彼は論じる。行き先を前もって知っているかのようにこの二元論を「克服」するのでも「すり抜ける」のでもない。この根元的には根拠のない対立の両極を行きつ戻りつすることの恣意性と不毛性に注目するのである。われわれの関心は、この無根拠性をまさに開示することへ移ってゆく。次いで、西谷は、この開示が演じる実生活上の役割を強調することによって、三昧／覚の実践的な意図を理解する。われわれが堅固な根拠の上に立っていないこと、そして事物も客観的にせよ主観的にせよ安定した根拠に基づいて明確に説明することができないままに不断に現れては通り過ぎること、といった悟りがわれわれの生活と存在そのものに深く影響するのである。この実存的な文脈にあって、われわれは「悟性」の意味においてだけでなく、「現実化」の意味においても無根拠性を「悟る」ように言われるかもしれない。つまり、人間の生活や存在が、問い、疑い、不確かさの対象となるのである。

西谷が育った禅宗(三昧／覚を日本式に取り込んだもの)では、この不確かさは、「大疑(Great Doubt)」と呼ばれている。この疑念は、ある特定の事柄についてではなく、むしろ無根拠性の開示から生じる基本的な不確実性のことである。意識の場において主体が弄んでいるだけの、デカルトの誇張的で仮言的な疑念とは異なり、大疑は、存在そのものの儚さを指摘し、人間経験の内部の実存主義的な変容に注目するものである。この変容は、主観／客観という立脚点から離れ、西谷の著作の英訳で「虚無の場」とされているものへの変換からなる。「虚無（nihility）」とは、主観／客観の極性に関する無根拠性に言及するときに用いられる用語であるが、それは西谷が中道の説く無根拠性から区別しようとする相対的、否定的な無根拠性の概念なのである。

西谷がこの二種類の無根拠性を区別するのは、客観主義批判に概ね成功しているヨーロッパの思想がニヒリズムにとらわれてしまったというのが彼の根元的な論点だからである。この状況に対する西谷の評価は、実はニーチェの評価に倣うものだ。第6章で述べたように、ニーチェにニヒリズムが生まれるのは、金科玉条とした信念が支持されず、しかもそれがないと生きられないと理解するときである。われわれが確固たる根拠に立っていないこと、絶対の基準点とみなされているものが実は移ろい続ける非人格的なプロセスに押しつけられた解釈に他ならないこと、といった発見のなかにニヒリズムが顕現することにニーチェはひどく傾注した。彼の有名な「神は死んだ」なるアフォリズムは、確たる基準点の崩壊を劇的に陳述したものである。ニーチェはまた、たとえ何もみつからないとわかっていても根拠を渇望し、究極的な基準点を絶えず探究することにニヒリズムが根差していることも理解していた。「ニヒリズムとは何か？　至高の価値がそれ自体を無価値にすることだ。目標が欠けているのは、〈何故〉に答えがないからだ[★03]」。ニーチェが対峙した哲学的課題は、ポストモダン思想の作業を特徴づけることになったが、これまでの基盤を放棄してしかも新しい基盤は探究しない、思索と実践の道を踏みしめることであった。ニーチェの試みはよく知られている。永劫回帰と権力への意思という自らの概念を介して無根拠性を肯定することによって、彼はニヒリズムの根源を断とうとしたのである。

西谷はニーチェの試みを深く賞賛する一方で、客観主義とニヒリズム、双方の根源にある執着心を解放しないことが実はニヒリズムの苦境を永続させるのだ、と論じている。西谷の論拠では、どんなに脱中心的で非人格的であっても「意思」という概念に無根拠性を同化することでは、ニヒリズムは克服しえないのだ。西谷がニーチェよりもずっと根本的な診断を下しているのは、西洋のニヒリズムについての真の問題はそれが中途半端であること、つまりそれ自体の内的論理や動機を必ずしも一貫して追求するのではなく、無根拠性の生半可な理解を空の哲学的ないし経験的な可能性へ変換させるに至っていないことにある、と論じるからである。西洋のニヒリズムが中途半端であるのは、西洋思想全般に直接的かつ実践的なやり方で、認知や生の経験に取り組む伝統がないからである（例外があるとすれば精神分析であるが、現状みえているところでは、自己という経験における基本的な矛盾に対峙する方法も、再び身体としてある状態へ変容する方法も提供していない）。実を言えば、西洋の科学文化は、根拠を求める根深くて感情的な執着心を変容することを体験しうる、経験に対する実践的で漸進的なアプローチの可能性を考慮し始めたばかりなのだ。（特に、発展途上の科学文化での）日常生活において経験を変容させるような実践的アプローチがなければ、人間の実生活は客観主義とニヒリズムしか選択肢がない檻に閉じ込められたままであろう。

注目すべきは、西洋のニヒリズムが中道の無根拠性に至っていないと主張する西谷の論点が様々な文化的飾りのついた特殊な伝統の仏教をそのまま取り込むべきだ、というものではないことである。むしろ、西洋の文化的前提から学ぶことによって、中道としての無根拠性を理解しなければならないのだ。われわれは科学文化のなかで暮らしているので、上記の前提も概ね科学によって決定されている。経験に対する開かれたアプローチを具現化する特別な実践としての三昧／覚と認知科学との架け橋を建てることにより、西谷の導きに従うことをわれわれが選択したのもこのためである。さらに、認知科学研究の内的論理を踏襲したうえでエナクティブ・アプローチを発展させたのも、基盤としての必要性を超えるものとして科学そのものを再概念化しなければ、科学文化において無根拠性を身体としてあるようにできないからである。このアプローチは、科学への傾倒が必ずしも客観主義や主観主義への傾倒を前提としないことを実証するのに役立つはずだ。

客観主義的な科学は、われわれの社会における理念そのものとその史的コンテクストによって、倫理的中立性の役割を維持してきたが、この中立性は、今日の社会学的論考においてますます疑問がもたれている。無根拠性が認知科学と経験のいずれから導かれたにせよ、人間全体のコンテクストに十分照らしてそれを考察することが惑星思考により求められている。自己は、道徳や倫理の力を担うものと考えられたはずである。そのような自己の概念が問われているとすれば、われわれは世界に何を放免してしまったのか？　そのような懸念が起こるのは、自己とそれが生み出すもの、自己利益について経験上の洞察により分析することを西洋式の論考がしてこなかった報いではないのか。対照的に、自我と無自我性の倫理面は、仏教伝統の一八番というべきものである。そこで、最後の考察として、三昧／覚の伝統ならば、人間的行為の将来像についての社会科学に対して何が提供しうるのかという問題を取り上げる。

社会科学からの視点

「共有地の悲劇」という寓話は、倫理的関心をめぐる社会研究によく現れる。多数の牧夫が共有の放牧場で牛を飼育する状況を伝えるこの寓話では、それぞれの牧夫には、自分の牛の頭数を増やすことが自己の利益になることがわかっている。飼育コストや牧草地の維持修繕費はすべての牧夫の協同負担なので、動物が増える分だけ利益をもたらすからだ。当然、牧夫たちは自分の牛の頭数を増やし、挙句は共有地が荒れて、飼育されていた牛も全滅してしまう。合理的に自己利益を追求する牧夫の集団を、共有地を維持するように協調させるにはどうすればいいのか。これが社会科学者の関心なのである。

今日の世界状況を喩えたこの愛想よくも陰険な比喩は、自己と他者との関係についての（心の経済的な見方とも呼べる）近代思想の長き伝統を具体化している。自己の目標は、最も少ないコストで最大の利益を得ることであると仮定されている。ホッブズの専制君主[★04]のような無拘束の経済人[★05]は、他者に何も残らなくなるまで買占めを続けるものだ。故に、公然とした社会の力、内在化した社会化、微妙な心理学的機序といった様々な束縛が必要になる。社会心理学、決定理論、社会学、経済学、政治科学で広く用いられている社会的交換理論と呼ばれる一般理論では、個人的および集団的なあらゆる人的活動が入力と出力の計算、支払いと受取りに置き換えて論じられる。社会科学だけでなく、自らの行動に関する現代人の考え方の根底にはこの暗黙の動機があると考えられている。利他主義でさえ、他者を利することから個人が得る（心理上の）効用として規定されている。

そのような見解は経験的に正当化されるのか？　三昧／覚伝統の修行者は、三昧になってゆくにつれて、自己本位な気持ちがあまりに強く、ますます微妙なレベルにあって、あまりに金勘定的な心構えで機能している自分を発見してしばしば吃驚するという。彼らはまた、世界に対するそのような姿勢が賢明であるかを問うように導かれる。

社会科学的に支持されている、自己を経済人とする見解は、通常の三昧にない人間としてのわれわれが抱く、自分自身の動機に関する未検証の見解と完全に共鳴している。この見解をわかりやすく述べると、自己は境界のある領土としてみられる。この自己の目標は、できるだけ少ない品物を支払いつつ、よいものすべてをこの境界の内側へ持ち込み、逆に悪いものはできるだけ取り込みを少なくしながら、すべてを境界の外側へ掃き出すことである。品物は乏しいので、それぞれの自律的な自己は他の自己と競争してそれを得ようとする。より多くの品物を得るのに、個人と社会全体との協同が必要とされる場合があるので、自律的な自己の間で不穏で不安定な同盟が形成される。他の自己を助けることによって（無形の）品物を得る可能性がある自己（利他主義者）やある役割をもった多くの自己（両親、先生など）もいるが、それらの他の自己が適切に助けられることに好意で報いなければ落胆する（幻滅さえ味わう）ものである。

この自己利益の描写に対して、三昧／覚伝統やエナクティブ認知科学は何を貢献しうるのか。経験に対する三昧で開かれたアプローチが明らかにするのは、このいわゆる自己が瞬間ごとに生起するのは他者との関係においてだけである、ということだ。賞賛、愛、名声、権力を私が欲するとすれば、私を誉め、愛し、私のことを知り、私に従う他者が（たとえ心的なものであっても）存在しなければならない。事物を得たいと私が願えば、私がまだもっていない事物でなければならない。快楽への願望に関してでさえ、その快楽は私に関係している何かなのである。自己はいつでも他者と共依存的なのであるから（ここに論じている全般的なレベルでさえ）、自己利益の力は自己指向的であるのとまったく同じように、いつでも他者指向的になるものだ。

それでは、他者の利益に反するほどに自己利益的であるように思われる人は、何をなしているのか。三昧／覚の瞑想者たちが示唆するところによると、そういった人々は、他者との自己言及的な関係に混迷したやり方で勤しむことによって、分離した自己の感覚を維持しようと格闘しているのである。得ても失っても、私という感覚は消えないが、得るものや失うものがなければ、私は根拠を失ってしまう。ホッブズの専制君主は、宇宙の万物を得ることに本当に成功したとしても、すぐに他の関心事をみつけるよう迫られるだろうが、それがないと悲惨な状態になってしまう。自分自身の感覚を維持することができなくなるからである。もちろん、すでにニヒリズムでみたように、その無根拠性を根拠に転じることはいつでも可能であるが、そうやって自己を維持するのは、絶望を感じることでしかない。

社会科学が個人／集団の自己本位な行動を説明するものであるとすれば、上記の洞察は間違いなく重要である。しかし、さらに重要なのは、そのエゴイズムを変容させるのに、経験に対する三昧で開かれたアプローチが何をなしうるかということである。

慈悲：根拠なき世界

惑星思考により、科学文化における無根拠性を身体として理解することが求められるとすれば、惑星建設により、われわれと一緒に世界を行為から産出する他者に対しても身体としてある関心を抱くことが求められる。三昧／覚の伝統は、このことを実現する道を提供する。

三昧／覚の学徒は、まず心が瞬間ごとに行なっていること、その落ち着かない、絶えざる執着を正しいやり方でみることを始める。これによりその常習的なパターンの自動性を一部断つことが可能になり、それがより深い三昧に至り、現実のいかなる経験にも、自己がないことを悟りはじめる。そこで当惑するかもしれないし、他の極端へ揺れて落胆するかもしれない。本章のはじめにみた、ニヒリズムへの哲学的逃避は、ある心理学的プロセスの裏返しである。執着する行動様式がごく強くて根深いために、確固たる基盤がないとなると、完全な喪失つまり絶望のどん底へ陥ってしまうのだ。

しかし、修行を続けるうちに、学徒の心はさらにゆったりとしてアウェアネス(覚)へ深まり、暖かさと抱擁感に満ちた感覚が現れだす。自己利益に腐心するストリート・ファイターの心構えはどこかへ解き放たれ、他者への関心に置き換わる。どんなに否定的な態度であっても、他者指向的になっていて、家族や友人のような人々に対して暖かな気持ちになっている。親愛発生法のような様々な黙想修行が三昧／覚伝統において奨励されているのは、より公平な暖かさの感覚を育成するためである。無根拠性(空)の大悟は暖かさなくして起こりえないと言われる。

このために、空としての無根拠性に中心的に関わるものとして紹介してきた大乗仏教の伝統には、同じくらい重要で相補的な慈悲という概念がある。★06 実は、ほとんどの伝統的な大乗仏教の教えでは、無根拠性から始めず、むしろ感覚のある存在物すべてへの慈悲を養うことから始めるのである。例えば、ナーガールジュナは、大乗の教えは「空と慈悲を本質とする」とある著作で述べている。この陳述は、空（sunyata）は慈悲（karuna）に満ちていると簡潔に言換えられるときもある。

したがって、空（自己にも他者にも、それらの間にも固定された基準点や根拠がないこと）は、コインの裏表や鳥の両翼のように、慈悲から分かちえないと言われる。この見解によれば、われわれの自然な衝動はある種の慈悲なのだが、通りすぎる雲によって太陽がみえなくなるように、自我に固執する習慣によってみえなくされているのだという。

しかし、これで終わりというのではない。ある伝統には、縁起の空、すなわちありのままの空を越えてはじめて理解されるように進んだ段階があるからだ。これまで、われわれは、主に否定的なことば（「無」自己、「無」自我性、「無い」世界、「非」二元論、空、「無」根拠性）によって悟りの内容を語ってきた。実は、世界の仏教徒の大多数は、否定的なことばでその深奥の関心を語らない。上記の否定表現は予備的なもので、執着の常習的なパターンを取り除くのに必要であり、この上なく重要で貴重ではあるが、肯定的に考えるべき状態を悟るためのものなのだ。西洋世界（例えば、キリスト教圏）は、多分西洋伝統にあるニヒリズムを論じるための方法として、仏教の否定的な側面と対話することを歓迎するが、やがて（ときには意識的に）仏教徒の肯定的な面を無視しようとするのである。

確かに、仏教徒の肯定（解脱）は脅威である。何の根拠もないし、どんな根拠、基準点、自我感覚の焦点としても把握できないからだ。それは存在するともしないとも言えない。★07 心や概念化プロセスの対象にもなりえない。見ることも、聞くことも、考えることもできない。盲人の視覚、空に咲く花といった伝統的なイメージがあるだけだ。概念的な心がそれをつかもうとしても、何もみつからないので、空のようにそれを体験する。それは直接的に（しかもそれだけで）知られうる。ブッダの本質、無心、原初の心、絶対的な菩薩、叡智の心、武将の心、すべての善性、大いなる完成、心によって創りえないもの、自然性、ともそれは呼ばれる。それは寸毫も日常世界から異ならず、無条件の至高状態として体験される（知られる）通常の、条件的な、非永続的で痛ましい、根拠なき世界なのである。そしてこの状態が自然に発露されること、身体としてあることが無条件の、怖れなき、自発的な慈悲なのである。「理屈を求める心がもはや固執することも執着することもないとき……人はもって生まれた叡智に目覚め、慈悲のエネルギーが嘘偽りなく生起する」。

無条件の慈悲とは何か。われわれは、仏教徒のより世俗的な視点から慈悲が発展することを跡づけ、考察する必要がある。他者への慈悲心が芽生える可能性はあらゆる人間に存在しているが、自我の感覚に混在するのが常なので、承認や自己評価への渇望を満たそうとする欲求と混ざってしまう。人が常習的なパターンにとらわれていないとき（宿業の因果から意思行動をしていないとき）に生起する自発的な慈悲は見返りを求めない。行為に緊張と阻害が生じるのは、見返りを気にするからである。損得勘定なく行動がするときには、リラックスした感じが伴う。至高の（超越した）寛大さ（大慈大悲）と呼ばれるものである。

以上のことが抽象的に思われる読者には簡単な練習問題がある。われわれは本書のような書籍を漠とした目的意識をもって読む。そこで、君がこれを読んでいるのは他者を利するだけのためである、としばし想像してみよう。この読書作業への感じ方が一変するのではないか。

慈悲の視点から叡智について論じるときに頻用されるサンスクリット語はbodhicitta（菩提心）であり、「悟った心」、「解脱の核心」とか単に「目覚めた心」というように様々に訳されてきた。菩提心には絶対的と相対的という二つの側面があると言われる。絶対的な菩提心とは、所定の仏教伝統において、究極的（根元的）と考えられるあらゆる状態、空の無根拠性の経験や（肯定的に定義される）自然な覚醒状態そのものの突然の輝きなどに適用されることばである。★08 相対的な菩提心とは、純粋体験から生じ、素朴な同情を超えた他者の至福への関心として出現する（と修行者が報告する）現象世界への根元的な暖かさである。上記の経験を記述した順序とは逆に、この世界に対する疑いなき暖かさの感覚が発展すると絶対的な菩提心が閃く体験につながると言われている。

仏教徒が上記の事柄（三昧でさえ）を同時に悟るわけではないことは明らかである。彼らは、さらなる精進を促す心の閃きをとらえるのだ、と報じている。最も重要な段階の一つは、自我―自己に自らが執着することに対し、慈悲心を育むことにある。この心構えの背後にあるのは、自らの執着性に対峙することが自分自身に対する親密な行為であるという考え方である。この親密さが醸成されるにつれ、アウェアネスと周囲の人々に対する関心も同じように拡大する。より開かれた自我中心的でない慈悲を心に宿せるようになるのはこのときである。

常習的なパターンの意思作用からは生起しない、自発的な慈悲のもう一つの特徴は、それがいかなる規律にも従わないということである。倫理綱領や、ましてや実践的な道徳律から派生するのではなく、特定の状況の求めに応答するものなのである。ナーガールジュナによると、この応答性の態度は、

文法学者が人に文法を学ばせるように、ブッダは弟子たちの辛抱強さに応じて説法する。罪を断つことを説くものもいれば、善をなすことを教えるものもいる。あるものには二元論を、他のものには非二元論を諭す。そして、あるものには、深遠で、おそろしいほどの悟りの実践を説くが、その本質は慈悲である空なのだ。

もちろん、悟りきってない修行者は戒律や道徳律がなくてはやっていけない。仏教には多くの戒律があるが、その目的は、心の慈悲の発露にできるだけ近づけて身体と心を一体化することなのである(丁度、瞑想の止観打坐が悟りの模倣であるかのように)。

状況の特異性にそった応答性ということでは、この非利己的な慈悲という考え方は、最新の精神分析の著作において「倫理技法」として論じられているものと似ているようにみえる。三昧/覚のコンテクストで生成するような慈悲心の場合、執着に苦しむ自我—自己のない感覚のある存在としての自分と他者の感応性に由来するといわれる。そしてこの感応性は、「無根拠性は、非自我中心的な慈悲として倫理面でどう明らかにされるのか」という当面の関心に根差している。

慈悲深い行為はまた、仏教では方便(upaya)とも呼ばれる。方便は叡智と不可分である。車の運転やバイオリンの演奏のような通常の技術と方便との関係を考察することは興味深い。仏教における倫理的な行為(慈悲深い行為)は技術(おそらくは、無規則に発展した技術としての倫理的な行動に関するハイデガー／ドレイファスの解釈に似たもの)と考えられるのか？★09 瞑想修行に関してやや詳しく論じたように、ある点では、仏教における方便は通常考える技術に似たものとみられるかもしれない。仏教徒は修行し(「良き種を植える」)、有害な行動を避け、有益な行動を積み、瞑想する。しかし、通常の技術と異なるのは、方便の修行の究極的な成果が、叡智の状態を悟り、叡智から直接的かつ自発的に慈悲の行動が生じうるように、あらゆる自我中心的な習慣を断つことにある。まるでバイオリンの弾き方をすでに知ってこの世に生まれ、その妙技を演じることを妨げる習慣を断つためにのみ精進するようなものである。

今や明らかだが、慈悲の倫理はある快楽原則を満たすこととは無縁なのである。三昧／覚の視点からすれば、執着心の内部に生まれる欲望を満たすことは根元的に不可能なのであり、無条件の幸福感が生まれるとすれば、執着心から解放されるよりない。しかしながら、禁欲主義になれというのではない。物資や社会の物品は、状況により正当化されるならば、利用して差し支えないのである(禁欲主義と放縦の極端の間にある中庸は、「中道」ということばが仏教で用いられた、史的に最も早い段階の意味である)。

三昧で開かれた学びの道は、深遠な変容をもたらす成果に至る。この目標は、闘争、習慣、自意識から具現化される(より正確には、瞬間ごとに何度も具現化される)のではなく、世界に対する慈悲から具現化されるのである。★10 チベットの伝統では、五蘊が五つの叡智へ変換されるとまで語られている。この変容の意味は、世界の外に出ること(五蘊を脱すること)ではない。五蘊は、自己と世界についてのあやふやな感覚が基づいている構成要素であろう。しかし(より正確には「そして」)、それはやはり叡智の基礎でもあるのだ。五蘊を叡智へ変容させる手段は、五蘊を正しく理解し、本来的にある状態ではいかなる利己的な根拠もなく、無条件の善性(仏性など)にそれが満ちていることを知ることなのである。

すべてを受け入れる、脱自己中心的で、感応的な、慈悲心に満ちた姿勢は、今日の文化においていかに育成され、具現化されるうるのか。規範や合理主義的な要請だけでは創出しえないのは明らかである。自己中心的な習慣を解き放つことを促進し、自発的で持続的な慈悲を可能にする訓練を通して啓発し、身体としてあるようにしなければならない。この相対的な世界に模範的な規律がいらないというのではない。そのような規律がどの社会にも必要であるのは明らかだ。要は、そのような規律が生きた状況の特殊性や緊急性に応じて昇華される叡智に基づいたものでなければ、規律は不毛なものとなり、慈悲的な行為の顕現を導くことなく、学問によって妨害することになる、ということなのである。

おそらく、さして明白ではないが、三昧/覚伝統により強く戒められていることは、自己改善計画くらいにしかみられない瞑想や修行は、自我性を強めるものでしかない、ということである。黙想伝統の修行者にはわかることだが、自我中心の常習的な条件づけが強いと、どんなにわずかな洞察、開放感の閃き、または悟りでも、それに執着し、保有し、誇示しようとする性向から逃れられないようになる。そのような性向が慈悲につながる解放の道の一部にならなければ、様々な洞察も有害無益なものでしかない。仏教の師は、無根拠性の体験に浸って慈悲を表すことがなければ、普通の人間としてとどまり、究極の基盤の存在を信じているほうがどんなにましか、とよく書いている。

最後に。自発的で非自己中心的な関心を生み出すのに、語るだけでは不十分であろう。ことばや概念は、洞察の体験よりずっと多く、たやすく把握され、根拠とみなされ、自我性の衣装に織り込まれてしまう。あらゆる黙想伝統の指導者は、固定された見解や概念を真実ととらえないようにと戒める。実のところ、エナクティブ認知科学の概念を普及させるのも少し考えものなのだ。客観主義の相対的な謙遜さを、自分の世界は自分が構築するという思索の傲慢さと取引したくないからである。自惚れた、唯我独尊のエナクティブ認知主義者であるよりは、率直な認知主義者であるほうがずっといいのだ。

何らかの持続的に訓練する修行が必要であることは看過できない。これは、自分のために西洋科学史をでっち上げることができないのと同じように、自分のために脚色すべきものではない。それに代わるものは何もないだろう。ある科学の形式をとるだけで、叡智を得ているとか倫理的になっているとは考えられないからだ。個人が自らの自我感覚を発見し、認容するのは、それを克服するためである。これは個人のレベルで起こることだが、科学と社会に及ぼす意義は少なくないのである。

結論

三昧／覚伝統の倫理と、三昧／覚伝統そのものが現代世界にとって大変重要であるとわれわれが考える理由をおさらいしよう。われわれの文化、自然科学、人文科学、社会と不確実な日常生活には、無根拠性という深遠な発見がある。これは、生活に必死に意味を見出そうとする普通の人々に対し時代の預言者から伝えられた、概して否定的なものとしてみられる。否定や喪失として無根拠性をとらえれば、疎外、絶望、落胆、そしてニヒリズムに襲われるのは必定である。われわれの文化で概して支持されている治療法は、新しい根拠をみつけること(または、昔の根拠に回帰すること)である。三昧/覚伝統は、全く異なる解決策を指摘する。仏教には、無根拠性が受容され、その究極の結論へ導かれるとき、自発的な慈悲として世界に顕現する本来の善性という無条件の感覚が生まれるというケース・スタディがあるのだ。したがって、われわれの文化におけるニヒリズムの疎外感を解決するための処方箋は、新しい根拠をみつけようとすることではなく、無根拠性を追究し、無根拠性へさらに踏み込む、鍛えられた真実の手段をみつけることである、とわれわれは考える。われわれの文化にあって傑出した地位を占めている科学も、この探究に力を貸さねばならない。

二〇世紀後半の科学は、究極的な根拠に対する人々の確信を繰り返しぐらつかせてきたが、それでも人々はそれを捜し続けている。われわれは、このジレンマの外へ人々を導くべき道を、認知科学と人間経験の双方に敷いた。繰り返すが、これは哲学だけのジレンマなのではない。倫理、宗教、そして政治上のジレンマでもあるのだ。自我—自己への執着は、個人的に現れるだけでなく、人種や種族のアイデンティティへの固執として集団的にも発現し、さらにある人間集団を別の集団から分離する領土や占有権への執着としても発現されるのである。領土の占有権を盲信する者たちは、否定的で排除的なやり方でしか他者を認めていない。しかし、非自我中心的な感応性として無根拠性を悟るには、われわれが縁起的に結ばれている他者の存在意義を認めなければならない。われわれが信じるように、これから先にある作業が惑星世界を建設してそこに暮らすことであれば、われわれは、執着する性向を、特にその集合的な発現において根こそぎにして解き放つべきことを学ばなければならない。

われわれの視界を広げ、経験を変容させるアプローチ、（世界から逃避したり、ある隠れた真の自己を発見することではなく）執着心や絶対的根拠への願望のくびきから日々の世界を解放するアプローチを包含すれば、科学文化における慈悲としての無根拠性を具現化することから生まれる世界の展望が開ける。仏教伝統と三昧／覚を介したその経験へのアプローチに強く影響されてきたわれわれは、科学的な惑星建設という作業に関連してこの伝統を信頼するように自然と導かれた。科学はすでにわれわれの文化に深く埋め込まれている。全世界の文化由来の仏教は、今や西洋に根を下ろし、成長し始めている。これら二つの惑星的な力、科学と仏教が真に一体化すれば、何が起きても不思議ではない。控え目に言っても、仏教の西方への旅は、われわれ自身の文化的、科学的前提を根底から考察するのに必要な知的資源となるはずだ。そうなれば、われわれはもはや基盤を要求したり望んだりせずに、根拠なき世界を建設し、そこに暮らすという新たな作業に着手しうるのである。

訳者あとがき

科学者ならば一生を賭けても答えを出したい抜き差しならぬ問いがある。

「創発する自己という仮想の同一性が無秩序に沸き起こり、心／身体のレベル、細胞のレベル、又は超生物体のレベルであれ、世界を創出するのは何故なのか？　このかくも生産的な現象は、生命、心、社会といったまったく新しい領域を創出して止まない。だが、この創発する自己はかくも不安定で根拠のないプロセスに依拠しているので、出現するようにみえるものの実質性とその無根拠性との間には明らかなパラドクスがある（Edge, 86: http://www.edge.org/より拙訳）。」これこそ、本書の主著者であるF・ヴァレラにとって抜き差しならぬ永遠の問いなのであった。本書『身体化された心』（The Embodied Mind, MIT Press, 一九九一）は、遡れば『認知の生物学』（一九七〇）、『オートポイエーシス――生命の有機構成』（一九七三）、『生物学的自律性の諸原理』（一九七九）、『知恵の樹』（一九八七）と続いたその探究の実り多き通過点であり、ヴァレラ自身にとって「私のテキストのなかで最も重要なものとみなしている著書」とされている。

実験／理論生物学者として出発したヴァレラが現代の認知科学（特に、認知主義）を鋭く批判する側に立ったのは、記号的表象の計算として認知を解釈し、環境特性に選択的に対応する情報処理装置として脳をとらえる認知主義では、人間の心、意識、経験という彼の言う「世界」が出現する仕組みを十分解明しえないとみてとったからだろう。本書で一貫して批判されているのは、世界がそこに存在する生命体から独立して存在しているとする（われわれが何気なく信奉している）考え方である。「認知とはわれわれの知覚／認知能力から独立した世界を、その世界から独立して存在する認知システムによって表象することであるという認知科学に浸透している前提に疑問を投げかける」著者は、それに代わる考え方として、「身体としてある行為（embodied action）」、つまり、「世界の存在体が演じる様々な行為の歴史に基づいて世界と心を行為から産出すること（enactment）」を認知として解釈することを提唱し、これをエナクティブ（enactive：行動化）アプローチと呼んだ。

この認知科学の最先端アプローチは、主体（自己）と客体（世界）との「間」また「中道」の存在を重視したフランスの哲学者、メルロ＝ポンティが創始したものだが、ヴァレラらは認知科学の領域を拡大し、従来の認知科学から排除された日々の生きた人間経験を科学探究の対象へ連れ戻し、「人間の生命の尊厳を再認識させる」という遠大な目的のためにこのアプローチをさらに発展させたのである。

本書の最大の特徴は、このアプローチの依拠する基盤を、脳科学の様々な実験結果と仏教（特に大乗仏教の中観派）に求め、認知科学という理論／実験科学と仏教という教理／実践（禅）修行、きわめて西洋的なものとつとめて東洋的なものとの、一見相容れないもの同士の融和から新たな着想の可能性を開拓した点にある。

「無我・無自己および非二元論という仏教の教理は、認知科学との対話において有意義に貢献するはずだ」との主張は、ほとんどの読者にとって唐突で、恣意的な感じさえするかもしれないが、ヴァレラにとっては積年の探究生活の必然的な終着点であったようだ。彼によると、「一九七五年当時、私は精神的に非常に混乱しており、苦しんでいました。ですから仏教にとって、私は好ましい志願者だったのです。……私は真面目にこの瞑想という修行の虜になりました」。八〇年代の終わりに、ヴァレラは自らのオートポイエーシスの研究と作動的閉鎖性の研究と仏教の教理との間に実りある関係を見出す。「……とりわけ、例を挙げると、仏教の伝統のなかにある非–同一性の観念、あるいは同一性の不在という観念が、『身体化された心』のなかで私が知覚–行動の水準で研究したことによく似ていたのです」(『現代思想』一九九九年四月号)。エナクティブ・アプローチに仏教思想を援用した戦略が、認知を再解釈し、その可能性を拡張するという目的に照らして成功だったかどうかは今後の評価にゆだねられるだろうが、その戦略がヴァレラの思想に比類なき独創性をもたらしたことは間違いない。

本書の論点を粗くまとめておこう。エナクティブ・アプローチは、認知主義または表象という概念の批判にとどまらず、西洋哲学の伝統である純理論的な反省(現象学)に再考を迫り、デカルトの心身問題を含む二元論的な見方をその問題提起のやり方から問いなおす。その前提となる主体と客体との相互交流を構造的カップリングと呼び、「自律系が構造的カップリングにより行為から世界を産出すること」の正当性がビットリオ実験や色知覚の問題などから論証される。進化を構造的カップリングの歴史であるとし、適応主義に立脚したネオダーウィニズムだけでなく、環境の独立性を認めるギブソンの生態学的アプローチにも対立する立場をとる。エナクティブ・アプローチは理論に拘泥するものではなく、瞑想経験のように実践面を重視するものであり、新しいロボット設計にも有用な考え方である。さらに、仏教思想を巧みに織り交ぜながら、誰もが執着する自己が本来的にないものであること（空であること）、世界が無根拠であることを論証したうえで、その認識から派生する不安（デカルト主義の不安）やニーチェ流のニヒリズムをポストモダンの史的状況においていかに克服すべきかの（特に、倫理的な）道が説かれている。

読者は様々な立場から本書を肯定ないし批判されるであろうが、混沌から世界が創出される理由の探究を「惑星思考」へ結実させたF・ヴァレラの真摯さと優しさには胸打たれるものがあろう。今年の五月二八日、彼はパリの自宅で永眠した（享年五四歳）。共著者のE・トンプソンによると、「彼は静かに息を引きとったそうです。彼とその家族と過ごした最後の日々に、病気であるにもかかわらず、決して失うことのなかった彼の気丈さ、知性、優しさを私はこれからも懐かしく思うでしょう。惜しいひとをなくしました。」

本書の翻訳にあたっては、工作舎・編集長の十川治江さんと出版部の堤靖彦氏に大変お世話になりました。心より感謝申し上げます。

二〇〇一年六月

田中靖夫

Khyentse, D. 1988. *The Wish-Fulfilling Jewel.* Boston: Shambhala.

Trizin, K. S. 1986. Parting from the four clingings. In *Essence of Buddhism: Teachings at Tibet House.* New Delhi: Tibet House.

Trungpa, C. 1973. *Cutting Through Spiritual Materialism.* Boston: Shambhala.

Trungpa, C. 1976. *The Mysh of Freedom.* Boston: Shambhala.

Trungpa, C. 1981. *Glimpses of Abhidharma.* Boulder: Pranja Press.

付録C　仏教と三昧／覚に関する主要著作

小乗仏教

Buddhaghosa, B. 1976. *The Path of Purification* (Visuddhimagga). 2 vols. Boston: Shambhala.

Goldstein, J., and J. Kornfield. 1987. *Seeking the Heart of Wisdom: The Path of Insight Meditation.* Boston: Shambhala.

Kornfield, J. 1977. *Living Buddhist Masters.* Santa Cruz: Unity Press.

Narada. M. T., trans. 1975. *A Manual of Abhidhamma (Abhidammattha Sangaha).* Kandy, Sri Lanka: Buddhist Publication Society.

Silandanda, U. 1990. *The Four Foundations of Mindfulness.* Boston: Wisdom Publications.

Thera, N. 1962. *The Heart of Buddhist Meditation.* New York: Samuel Weiser.

大乗仏教と禅

Transitional to Mahayana: Vasubhandhu. 1923. *L'Abdhidharmakosa de Vasubandhu*, 6 Vols. Trans. Louis de La Vallée. Paris and Louvain: Institut Belges des Hautes Etudes Chinoises. Reprinted Paris: Guether 1971.

Vietnamese: Nhat Hanh, T. 1975. *The Miracle of Mindfulness: A Manual on Meditation.* Boston: Beacon Press.

Cinese: Sheng-Yan, M. 1982. *Getting the Buddha Mind.* Elmhurst, N.Y.: Dharma Drum Publications.

Korean: Sahn, S. *Bone of Space.* 1982. San Francisco: Four Seasons Foundation.

Japanese: Suzuki, S. 1970. *Zen Mind, Beginner's Mind.* New York: Weatherhill.

金剛乗

Dorje, W. 1979. *Mahmudra: Eliminating the Darkness of Ignorance.* Dharamsala, India: Library of Tibetan Works and Archives.

Kalu, K.D.C. 1986. *The Dharma.* Buffalo: State University Press of New York.

Khapa, T. 1978. *Calming the Mind and Discerning the Real: Buddhist Meditation and the Middle View.* New York: Columbia University Press.

六．悪見（drsti）

・随煩悩

一．忿（krodha）
二．恨（upanaha）
三．覆（mraksa）
四．悩（pradasa）
五．嫉（irsya）
六．慳（matsarya）
七．誑（maya）
八．諂（sathya）
九．憍（mada）
一〇．害（vihimsa）
一一．無慚（ahri）
一二．無愧（anapatrapya）
一三．惛沈（styana）
一四．掉挙（auddhatya）
一五．不信（asraddhya）
一六．懈怠（kausidya）
一七．放逸（pramada）
一八．失念（musitasmritita）
一九．散乱（viksepa）
二〇．不正知（asampraja）

・四つの不定

一．睡眠（middha）
二．悔（kautrtya）
三．尋（vitarka）
四．伺（vicara）

B．心的因子（第四の蘊。第二／第三の蘊も含む）

・五遍行：すべてのところにおもむいてはたらく心作用

一．触（sparsa；一二因縁の第六モチーフ）

二．受（vedana；第二の蘊）

三．想（samjna；第三の蘊）

四．思（cetana）

五．作意（manas）

・五別境：特殊な対象に決定している心所

一．欲（chandra）

二．勝解（adhimoksa）

三．念（smtri）

四．定（samadhi）

五．慧（prajna）

・一一の善

一．信（sraddha）

二．慚（hri）

三．愧（apatrapya）

四．無貪（alobha）

五．無瞋（advesa）

六．無癡（amoha）

七．勤（virya）

八．軽安（prasrabdhi）

九．不放逸（apramada）

一〇．行捨（upeksa）

一一．不害（ahimsa）

・根本煩悩

一．貪（raga）

二．瞋（pratigha）

三．慢（mana）

四．無明（avidya；一二因縁の第一モチーフ）

五．疑（vicikitsa）

付録B　三昧／覚の経験カテゴリー[★01]

五蘊（skandhas）

一．色蘊（rupa）

二．受蘊（vedana）

三．想蘊（samjna）

四．行蘊（samskara）

五．識蘊（vijnana）

縁起／一二因縁（pratityasamutpada）

一．無明（avidya）

二．行（samskara；第四の蘊）

三．識（vijnana；第五の蘊）

四．名色（nama-rupa）

五．六処［六入］（sad-ayatana）

六．触（sparsa）

七．受（vedana；第二の蘊）

八．愛（trsna）

九．取（upadana）

一〇．有（bhava）

一一．生（jati）

一二．老死（jara-marana）

心／心処［心の作用］（citta/caitta）［唯識説］

A．識（第五の蘊）［六識］

一．眼識

二．耳識

三．鼻識

四．舌識

五．身識

六．意識

付録A　瞑想用語集

[止]Shamatha(サンスクリット語)、Shine(チベット語)

静止して心を鎮める瞑想法。精神集中の技法。

[止観]Vipassana(パーリ語)

小乗仏教の瞑想法。心を鎮めると同時に洞察を深めることを目的とする。ある対象に対して心を三昧にする。多くの技法あり。

[観]Vispashyana(サンスクリット語)、Lhagthong(チベット語)

洞察。少なくとも二つの意味がある。

一．心の本性を悟るための瞑想技術。例えば、雑念の生起から消滅について観察するように命じられる。

二．智慧をもって世界を観ることを可能にする瞑想や日常生活における覚知。

[止観]Shamatha／vispashana(サンスクリット語)

心を鎮めて智慧を獲得して対象を観るための様々な技法。

[止観打坐]Shikan-taza(日本語)

座禅。[観]の第二の意味に近い。

今日の仏教学派では異なる用語で同じ技術が、同じ用語で異なる技術が語られている。用語だけでは瞑想の実際について知ることはできない。瞑想技術の文献を付録Cに示したが、実践するときは資格をもった指導者につくべきである。

★02　　西谷啓治『著作集』創文社,1986-1995

★03　　フリードリッヒ・ニーチェ『権力への意志／ニーチェ全集』生田長江訳,新潮社,1924-25

★04　　ホッブズ『リバイアサン』水田洋訳,岩波文庫,1992

★05　　ここでは、人間を意味するのに、person（人）ではなくman（男）を意図的に使用している。

★06　　サンスクリット語の*karuna*（慈悲）を"compassion"と訳した。この訳に欠点がないわけではないが、他に適当な英語がない。

★07　　何かが存在すると言うことは、サンスクリット語の伝統にはないことばである。

★08　　無論、あらゆる仏教伝統が慈悲(bodhicitta)ということばや概念を使うわけではない。

★09　　H.Dreyfus and S.Dreyfus, What is morality? 技術としての倫理という概念と仏教の方便という概念との関係に深入りしては、ここでの論点から外れてしまう。

★10　　菩薩(bodhisattva)のイメージは、自らの宿業から逃れること(及び涅槃へ到達すること)のためではなく、他者の救済のために生まれ変わりつづける存在である。大乗仏教や金剛乗ではこの概念が重視され、修行者は菩薩としての戒律や誓いを自らに課している。大乗仏教における菩薩思想の発展を多神教への退行としてとらえる歴史家は、この理想が実際の仏教社会でどうとらえられているかに注目すべきではないか。

付録B——三昧／覚の経験カテゴリー

★01　　このリストを作成するにあたり、以下の資料を活用した。Guenther and Kawamura, *Mind in Buddhist Psyhology*; Rabten, *The Mind and Its Functions*; Stcherbatski; *The Central Conception of Buddhism and the Meaning of the Word "Dharma."*

第10章——中道

★01　リチャード・ローティ『哲学と自然の鏡』野家啓一監訳,伊藤春樹他訳,産業図書,1993

★02　こういった喩えはいくらでもこしらえることができる。ナーガールジュナの論法の威力、明晰性、個人的な関わりの可能性を示すためのものである。西洋の学者が縁起に関連して空(sunyata)を理解してこなかったことには一驚を禁じえない。ここでの議論により理解が深まるはずである。

★03　この論点は第4章と第6章のアビダルマに関する紹介から自明である。しかしながら、それが論調の対象になるのは、西洋の学者がナーガールジュナをアビダルマの否定者とみるためである。この点については、われわれは、Kalupahana, *Nagarjuna* と同意見である。

★04　リチャード・ローティ『哲学と自然の鏡』野家啓一監訳,伊藤春樹他訳,産業図書,1993

リチャード・ローティ『哲学の脱構築』室井尚他訳,御茶の水書房,1994

★05　ジャック・デリダ『根源の彼方に：グラマトロジーについて』足立和浩訳,現代思想社,1972

ミシェル・フーコー『知の考古学』中村雄二郎訳,河出書房新社,1981

ミシェル・フーコー『監獄の誕生：監視と刑罰』田村俶訳,新潮社,1977

ヒューバート・L・ドレイファス、ポール・ラビノウ『ミシェル・フーコー：構造主義と解釈学を越えて』山形頼洋他訳,筑摩書房,1996

★06　ジャン=フランソワ・リオタール『ポストモダンの条件：知・社会・言語ゲーム』小林康夫訳,書肆風の薔薇,1986

★07　デイヴィッド・ヒューム『人間本性論』木曽好能訳,法政大学出版局,1995

★08　ネルソン・グッドマン『世界制作の方法』菅野盾樹、中村雅之訳,みすず書房,1987

★09　ヒラリー・パトナム『理性・真理・歴史：内在的実在論への展開』野本和幸訳,法政大学出版局,1994

★10　同書

第11章——踏みしめつつ道をつくること

★01　リチャード・ローティ『哲学と自然の鏡』野家啓一監訳,伊藤春樹他訳,産業図書,1993

★05 固有の最適な軌跡以外に様々な軌跡がありうるという変異に関する考え方は数学的に精緻化できる。

★06 ジャン=ピエール・シャンジュー『ニューロン人間』新谷昌弘訳,みすず書房,1989

★07 J・J・ギブソン『生態学的視覚論』古崎敬訳,サイエンス社,1985

★08 J・J・ギブソン『生態学的視覚論』古崎敬訳,サイエンス社,1985
ギブソンと彼の後継者との間にはアフォーダンスの存在論的状況について微妙なずれがあるようだ。ギブソンによればアフォーダンスは知覚するものに決して依存しないものであるが、Turvey et al., Ecological laws of perceiving and acting では、動物―環境システムの創発特性、つまり(われわれのことばでは)カップリングの歴史から産出される特性と解釈されているからである。後者の考え方がわれわれのエナクティブ・アプローチに符合することは明らかであるが、違いがないわけでもない。われわれは、ギブソンと違って、アフォーダンスの知覚される仕組みを視覚だけで説明しようとは思わないのである。

★09 われわれのアプローチとギブソンのアプローチとの違いを強調したのは、概念を明確化するためである。Kelso and Kay, Information and control は、動物の自律性(機能閉鎖性)に関するわれわれの論点と視覚不変項に関するギブソンの論点とを結びつける優れた論文である。

★10 ジョン・R・サール『志向性:心の哲学』坂本百大監訳,誠信書房,1997

★11 ハイデガーの初期著作に親しみのある読者は、志向性が世界にあるものの存在構造、彼のいう超越(trancendence)であるとする考え方がこのではかなり色濃くでていることに気づかれるだろう。大雑把な言い方であるが、われわれの存在は将来の可能性のために現状を絶えず超越する、というのがこの部分での考え方である。ハイデッガーはこの考え方を『理性の本質(The Essence of Reasons)』で徹底的に論じている。行為の志向性を認知科学の文脈で論じるには、ウィノグラードとフローレス、『コンピュータと認知を理解する:人工知能の限界と新しい設計理念』平賀譲訳,産業図書,1989)を参照のこと。

★12 H・モラヴェック『電脳生物たち:超AIによる文明の乗っ取り』野崎昭弘訳,岩波書店,1991

は、このような速いダイナミクスがあらゆるサブネットワークに関わり、次の瞬間の準備体制を産出していることを示唆する。それは感覚的な解釈や運動行為だけでなく、行為の瞬間を形成するのに不可欠な認知期待や情緒にも関わるわけである。上記の振動は各エージェント間の(迅速な)相互協調及び競争の症状なのであって、このエージェントは、現在の状況によって活性化され、様々な解釈形式のために張り合いながらも、一貫した認知の枠組みと臨戦体制を求めている。この速いダイナミクスを基にして、進化プロセスと同じように、1つの神経アンサンブル(認知サブネットワーク)がより普遍化し、次の認知瞬間への行動様式になるのである。「普遍化する」とは最適化のプロセスではなく、混沌としたダイナミクスから生じる統合プロセスのことである。

★16　マーク・ジョンソン『心のなかの身体：想像力へのパラダイム変換』中村雅之訳,紀伊國屋書店,1991

★17　メルロ=ポンティ『知覚の現象学』竹内芳郎、小木貞孝訳,みすず書房,1967
カール・ヤスパース『精神病理学総論』西丸四方訳,みすず書房,1971

★18　デビッド・マー『ビジョン：視覚の計算理論と脳内表現』乾敏郎、安藤広志訳,産業図書,1987

★19　J・J・ギブソン『生態学的視覚論』古崎敬訳,サイエンス社,1985

★20　この傾向は、Lakoff, Woman, Fire and Dangerous Things とマーク・ジョンソン『心のなかの身体：想像力へのパラダイム変換』(中村雅之訳,紀伊國屋書店,1991)の両方にときどき認められる。

★21　この機構については、霊長類の場合ほど詳しくは研究されていない。

第9章――進化の道程とナチュラル・ドリフト

★01　ウンベルト・マトゥラーナ、フランシスコ・バレーラ『知恵の樹：生きている世界はどのようにして生まれるのか』管啓次郎訳,朝日出版社,1987

★02　N・ゲシュヴィント、A・ガラバルダ『右脳と左脳：天才はなぜ男に多いか』品川嘉也訳,東京化学同人,1990

★03　リチャード・ドーキンス『利己的な遺伝子』日高敏隆訳,紀伊國屋書店,1991

★04　この修正主義的な考え方の興味深い例は、自然選択の典型例とされる工業地域の黒色素沈着に関する研究である。Lambert, Millar, and Hughes, On the classic case of natural selection によると、この例は、無視されている膨大量の既存文献を考察することにより、ネオダーウィニズムへの反証になりうる。

工知能批判』黒崎政男、村若修訳,産業図書,1992

★05　ミシェル・フーコー『知の考古学』中村雄二郎訳,河出書房新社,1981

ミシェル・フーコー『監獄の誕生：監視と刑罰』田村俶訳,新潮社,1977

ヒューバート・L・ドレイファス、ポール・ラビノウ『ミシェル・フーコー：構造主義と解釈学を越えて』山形頼洋他訳,筑摩書房,1996

★06　民族心理学に関するこの見解への例外は、民族心理学を「第三者」の原因解釈的な理論としない、「第一者」アプローチの立場に立つものである。

★07　マーク・ジョンソン『心のなかの身体：想像力へのパラダイム変換』中村雅之訳,紀伊國屋書店,1991

★08　同書

★09　この実験は、E.Landにより有名になった現象に属する。Land, Experiments in color vision およびThe retinex を参照のこと。本書に述べるような灰色の市松模様盤の回転が初めて公表されたのは、Maturana, Uribe and Frenk, A biological theory of relativistic color coding in the primate retina においてである。

★10　マーク・ジョンソン『心のなかの身体：想像力へのパラダイム変換』中村雅之訳,紀伊國屋書店,1991

カンディンスキー『抽象芸術論：芸術における精神的なもの』西田秀穂,美術出版社,1979

★11　マーク・ジョンソン『心のなかの身体：想像力へのパラダイム変換』中村雅之訳,紀伊國屋書店,1991

★12　例えば、H・A・グリースンの『記述言語学』(竹村茂、横山一郎訳,大修館書房,1976)にある一節、「色にはスペクトルの連続的な濃淡変化があるものだ。なのに、アメリカ人は、赤、橙、黄、緑、青、紫といった具合に色相を列挙してそれを説明するのである。色のスペクトルにも、その分割をこのように強いる人間の知覚にも本来的なものは何もないはずだ」について一考されたい。

★13　ヒューバート・ドレイファス『コンピュータには何ができないか：哲学的人工知能批判』黒崎政男、村若修訳,産業図書,1992

マーク・ジョンソン『心のなかの身体：想像力へのパラダイム変換』中村雅之訳,紀伊國屋書店,1991

★14　メルロ=ポンティ『行動の構造』滝浦静雄、木田元訳,みすず書房,1964

★15　この速いダイナミクスが知覚神経だけのものでないことも銘記すべきである。この振動は、脳の様々な部分で迅速かつ自動的に出没する。このこと

第7章——デカルト主義の不安

★01　リチャード・ローティ『哲学と自然の鏡』野家啓一監訳,伊藤春樹他訳,産業図書,1993

★02　ジョン・R・サール『志向性：心の哲学』坂本百大監訳,誠信書房,1997

★03　デビッド・マー『ビジョン：視覚の計算理論と脳内表現』乾敏郎、安藤広志訳,産業図書,1987

★04　リチャード・ローティ『哲学と自然の鏡』野家啓一監訳,伊藤春樹他訳,産業図書,1993

★05　マービン・ミンスキー『心の社会』安西祐一郎訳,産業図書,1990

★06　同書

★07　リチャード・バーンスタイン『科学・解釈・実践：客観主義と相対主義を超えて』丸山高司他訳,岩波書店,1990

★08　イマニュエル・カント『純粋理性批判』岩波文庫

★09　ホッブズの反論にデカルトはこう返答した。「この用語は心が直接知覚するものすべてを表すものです……神の御心を知覚する形式を示すために哲学者たちが昨今このことばを使っているので私も使ったまでです。もっとも、神の形象については何も知りえないのですが、他に適当なことばもみつからなかったので」。*The Philosophical Works of Descartes, Volume II*, 67-68.

★10　リチャード・ローティ『哲学と自然の鏡』野家啓一監訳,伊藤春樹他訳,産業図書,1993

★11　マービン・ミンスキー『心の社会』安西祐一郎訳,産業図書,1990

★12　同書

第8章——行為からの産出：身体としてある認知

★01　ヒューバート・L・ドレイファス、スチュアート・E・ドレイファス『純粋人工知能批判：コンピュータは思考を獲得できるか』椋田直子訳,アスキー,1987

★02　テリー・ウィノグラード、フェルナンド・フローレス『コンピュータと認知を理解する：人工知能の限界と新しい設計理念』平賀譲訳,産業図書,1989

★03　テリー・ウィノグラード、フェルナンド・フローレス『コンピュータと認知を理解する：人工知能の限界と新しい設計理念』平賀譲訳,産業図書,1989

★04　ヒューバート・ドレイファス『コンピュータには何ができないか：哲学的人

第6章——自己のない心

★01　マービン・ミンスキー『心の社会』安西祐一郎訳,産業図書,1990
シーモア・パパート『マインドストーム：子供、コンピューター、そして強力なアイデア』奥村貴世子訳,未来社,1995

★02　例えば、『パーセプトロン』の新版のエピローグで、彼らはこう書いている。「ネットワークがいかにして記号的な活動形式を支援するかというと、脳の内部にあって様々な仕事をするエージェンシーが神経の[著者たちの強調]ボトルネック(つまり、記号を認識、記憶するものとして役立つように専門分化している比較的少数のユニット間の連結)を介してのみ相互伝達するように束縛されているからである、とわれわれは考える」。しかし、このボトルネックが記号的な活動に不可欠であるとすれば、人工的な心にも存在してしかるべきだろう。したがって、なぜそのようなボトルネックが抽象的な認知アーキテクチャーではなくて神経的なものであるのかが明らかでないのである。

★03　ジェリー・A・フォーダー『精神のモジュール形式：人工知能と心の哲学』伊藤笏康、信原幸弘訳,産業図書,1985

★04　マービン・ミンスキー『心の社会』安西祐一郎訳,産業図書,1990

★05　トーマス・クーン『科学革命の構造』中山茂訳,みすず書房,1971

★06　H・スィーガル『メラニー・クライン入門』岩崎徹也訳,岩崎学術出版社,1977

★07　本書で取り上げたアビダルマの参考文献には縁起についての説明もある。第4章の★03を参照のこと。Trungpa, *Karma Seminar* と Goodman, Situational patterning では輪廻が刺激的に表現されている。後者は、輪廻を現象学のことばに翻案するという挑戦的な課題に取組んではいるが、輪廻の原意が歪曲されている。

★08　ヴァスバンドウ『倶舎論』を西洋の言語へ完全に翻訳したのは、Louis de la Vallee Poussin だけである。ヴァスバンドウの生没年については学者間で一致しておらず、ヴァスバンドウという名前の哲学者が2人いたとする説もある。

★09　フリードリッヒ・ニーチェ『権力への意志／ニーチェ全集』生田長江訳,新潮社,1924-25

★10　カール・R・ポパー、ジョン・C・エクルズ『自我と脳』西脇与作訳,思索社,1986

★11　ロジャー・ペンローズ『皇帝の新しい心：コンピュータ、心、物理法則』林与一訳,みすず書房,1994

★07　これらは、*ayatanas*（入處：人間の器官のはたらく領域・場）として知られる。

★08　哲学者は、こういった問題がこじつけに陥りやすいことも知っている。例えば、Perry, *Personal Identity* とRorty, *The Identities of Persons* の諸論文を参照にせよ。

★09　この領域は字義通りに解釈される（人間は、ヒト、苦の存在、飢えた幽霊、獣、嫉妬の神、又は神として生まれる）か又は心理学的に（時間とともに変化する心の状態）解釈される。意識（識蘊）が起こるのは、論理、色、自己と世界が連続的に生起しているとする錯覚が感情的な素因（攻撃、欠乏、無視、など）から生じる領域だけである。

★10　イマニュエル・カント『純粋理性批判』岩波文庫

★11　意識が生起する刹那の間に隙間や不連続性がないのかどうかという問いは、仏教学派の違いを浮き彫りにする。小乗仏教のアビダルマによれば、思考の瞬間は現世でも来世でも連続している。対極には、完全に覚醒した心を経験できる日常の思考プロセスにも絶対的な隙間があると教える学派がある。これから説明しようとする研究はこの問題に関連するものではない。仏教の文献にも、13～100ミリ秒の範囲で瞬時に変化する刹那の時間に関する説明がある。

★12　最後の小論文で、メルロ＝ポンティはこう書き始めている。「科学は事物を操り、そのなかにいることを放棄する」。

第3部　創発の多様性

第5章――創発特性とコネクショニズム

★01　D・E・ラメルハート、J・L・マクレランド『PDPモデル：認知科学とニューロン回路網の探索』甘利俊一監訳,田村淳他訳,産業図書,1989

★02　ラルフ・H・エイブラハム、クリストファー・D・ショー『カオス的なふるまい』東保光彦訳,現代数学社,1995
ジェイムズ・グリック『カオス：新しい科学をつくる』大貫昌子訳,新潮文庫,1991

★03　D・E・ラメルハート、J・L・マクレランド『PDPモデル：認知科学とニューロン回路網の探索』甘利俊一監訳,田村淳他訳,産業図書,1989

★11　D・R・ホフスタッター、D・C・デネット編著『マインズアイ：コンピュータ時代の「心」と「私」』坂本百大監訳,TBSブリタニカ,1992

★12　同書

★13　ゼノン・W・ピリシン『認知科学の計算理論』信原幸弘訳,産業図書,1988

第4章――嵐の私（I：アイ）

★01　デイヴィッド・ヒューム『人間本性論』木曽好能訳,法政大学出版局,1995

★02　イマニュエル・カント『純粋理性批判』岩波文庫

★03　仏陀瞿沙造『清浄道論』東洋文庫,1936 ここで紹介するカテゴリーは、仏典や口伝にある仏教の教えに偏在したものである。

付録A～C、並びにNarada, *A Manual of Abhidhamma(Abhidammattha Sangaha)*; Buddhaghosa, *The Path of Purification* (Visuddhimagga); Vasubhandhu, *L'Abhidharmakosa de Vasubandhu*; Trungpa, *Glimpses of Abhidharma*; Kalu, *The Dharma* を参照のこと。

★04　仏教「哲学」には「存在論」への関心がないとか、存在論と認識論が「区別されていない」とよく言われる。これでは、仏教がしようとしていることや毎日の直接経験に対するその態度についての視点を見失いがちである。仏教の視点からすれば、存在論はごく奇妙なカテゴリーでしかない。

★05　五蘊の英訳は残念ながらまちまちである。サンスクリット語は、rupa, vedana, samjna, samskara, vijnanaである。特に翻訳しずらいのが第三と第四の蘊である。想蘊[samjna]は「識別／衝動」と訳したが、「概念化」「判別」「区別」「知覚」「認識」とも訳されている。行蘊[samskara]はもっと難解で、「素因」「感情要素」「形成因」「心的構築物」「動機」「意志作用」などとも訳される。このカテゴリーの背後にある基本概念は経験を形成する心的性向ということなので、「形成作用」という用語を用いたのである。

★06　Kalupahana, *Principle of Buddhist Psychology* は、アビダルマの基本カテゴリーである名色（心身の複合体：nama-rupaについて面白いがかなり偏った説明をしている。この複合体の両面、心と身体を経験により規定しているのである。心理面を規定する基本的な経験作用は種々の概念との接触であり、身体面を規定するのは抵抗との接触である、と（アビダルマにおける「接触（触）」の意味は第6章で論じられる）。現象論的には、これらの本質は「区別（distonction）」、つまり背景から区別しうるものが出現することになろう。身体の様態では感覚抵抗に基づいた区別であり、心の様態では概念に基づいた区別である。

スを受講する前のバークレー大学生(189名)が瞑想の概念について記述した内容を分析することで補強された。

★10　瞑想に関する著作については付録Cを参照のこと。

★11　湯浅泰雄『身体論：東洋的心身論と現代』講談社学術文庫,1990

★12　リチャード・ローティ『哲学の脱構築』室井尚他訳,御茶の水書房,1994

第2部　認知主義の多様性

第3章——記号：認知主義の仮説

★01　本節は、初期のサイバネティクス、自己組織化、認知の忘却された歴史に関する最近の研究によるところが大きい。スティーブ・J・ハイムズ『フォン・ノイマンとウィナー：2人の天才の生涯』高井信勝監訳,工学社,1985

★02　ハワード・ガードナー『知の革命：知の科学の誕生と展開』海保博之監訳、佐伯胖訳,産業図書,1987

★03　ゼノン・W・ピリシン『認知科学の計算理論』信原幸弘訳,産業図書,1988

★04　意味論レベルの還元不能性は、認知主義の間でも反論の対象となっている。Stich, *From Folk Psycology to Cognitive Science*; Fodor, *Psychosemantics* を参照のこと。

★05　ヒラリー・パトナム『実在論と理性』飯田隆他訳,勁草書房,1992
テリー・ウィノグラード、フェルナンド・フローレス『コンピュータと認知を理解する：人工知能の限界と新しい設計理念』平賀譲訳,産業図書,1989

★06　神経科学の教科書(Kuffler and Nichols, *From Neuron to Brain*, 3)は、「脳は、絶えず情報を受取り、それを加工して意思決定する、休むことなき細胞のアセンブリーである」と始まる。

★07　デビッド・マー『ビジョン：視覚の計算理論と脳内表現』乾敏郎、安藤広志訳,産業図書,1987

★08　G・A・ミラー他『プランと行動の構造：心理サイバネティクス序説』十島雍蔵他訳,誠信書房,1980

★09　ゼノン・W・ピリシン『認知科学の計算理論』信原幸弘訳,産業図書,1988
ハワード・ガードナー『知の革命：知の科学の誕生と展開』海保博之監訳,佐伯胖訳,産業図書,1987
N・A・スティリングス他『認知科学通論』海保博之他訳,新曜社,1991

★10　ジェリー・A・フォーダー『精神のモジュール形式：人工知能と心の哲学』伊藤笏康、信原幸弘訳,産業図書,1985

上の概念である。29,31,58,68節を参照のこと。この概念については、ここで深入りせず、本書の随所で立ち帰るつもりである。

★06　ポール・M・チャーチランド『心の可塑性と実在論』村上陽一郎他訳,紀伊國屋書店,1986

★07　ヒューバート・ドレイファス『コンピュータには何ができないか：哲学的人工知能批判』黒崎政男、村若修訳,産業図書,1992とC.Taylor,The significance of significanceを参照。ドレイファスは最近のコネクショニズムに出会って、そのスタンスを変更したようだ。S.Dreyfusとの論文、Making a mind versus modeling the brainを参照のこと。

第2章――「人間経験」とは何か

★01　メルロ=ポンティ『行動の構造』滝浦静雄、木田元訳,みすず書房,1964

★02　同書

★03　この問題は、フッサールの『デカルトの省察』における主題の一つである。

★04　ヒューバート・ドレイファス、ポール・ラビノウ『ミシェル・フーコー：構造主義と解釈学を越えて』山形頼洋他訳,筑摩書房,1996

★05　ヴァンサン・デコンブ『知の最前線：現代フランスの哲学』高橋允昭訳,TBSブリタニカ,1983

★06　ナーガールジュナの著作については、第10章で詳しく論じる。

★07　西洋哲学の自民族中心主義を内部からの視点で論じた最新の研究としては、Pol-Droit, *L'amnesie philosophique* を参照のこと。非西洋思想について論じた最新の研究としては、Loy, *Non-Duality* を参照のこと。

★08　心理学者のエレン・ランガーは、『マインドフルネス』(『心はマインド…：“やわらかく”生きるために』斎藤茂太訳,フォー・ユー,1989)において「三昧」を非仏教・非瞑想的な意味で用いている。仏教における三昧の基本的な意味は、単に「経験とともにあること」である。ランガーによれば、自己の経験や行為に思慮深くある能力、状況の多様な解釈様式を認知している能力のことである。仏教の視点からすれば、ランガーの定義は「三昧」ではなく、「人間界」にあることになるだろう。経験について反省し、他の選択肢を考察することができるのは人間の心理状態でしかないからだ。激しい攻撃(地獄界)や愚かしい行い(動物界)といった他の心理状態には反省の入る余地がない。しかし、人間界にあるからといって、仏教的な意味において三昧の状態にあるとは言えないのである。

★09　「瞑想」ということばの使用に関するわれわれの直観は、仏教心理学のクラ

注

序論

★01　メルロ=ポンティ『行動の構造』滝浦静雄、木田元訳,みすず書房,1964
メルロ=ポンティ『知覚の現象学』竹内芳郎、小木貞孝訳,みすず書房,1967

★02　ミシェル・フーコー『知の考古学』中村雄二郎訳,河出書房新社,1981
ジャック・デリダ『声と現象』高橋允昭訳,理想社,1970
ピエール・ブリュデュー『実践感覚』今村仁司、港道隆共訳,みすず書房,1988

★03　ヒューバート・ドレイファス『コンピュータには何ができないか：哲学的人工知能批判』黒崎政男、村若修訳,産業図書,1992

★04　テリー・ウィノグラード、フェルナンド・フローレス『コンピュータと認知を理解する：人工知能の限界と新しい設計理念』平賀譲訳,産業図書,1989

★05　デヴィッド・サドナウ『鍵盤を駆ける手：社会学者による現象学的ジャズピアノ入門』徳丸吉彦他訳,新曜社,1993

★06　カール・ヤスパース『精神病理学総論』西丸四方訳,みすず書房,1971
L・ビンスワンガー『現象学的人間学』萩野恒一他訳,みすず書房,1967
カール・ロージャス『人間論』村山正治編訳,岩崎学術出版社,1967

★07　D・R・ホフスタッター、D・C・デネット編著『マインズアイ：コンピュータ時代の「心」と「私」』坂本百大監訳,TBSブリタニカ,1992

第1部　出発の根拠

第1章——根元的な循環性

★01　ハワード・ガードナー『知の革命：知の科学の誕生と展開』海保博之監訳,佐伯胖訳,産業図書,1987
N・A・スティリングス他『認知科学通論』海保博之他訳,新曜社,1991

★02　Haugeland, The nature and plausibility of cognitivism. 認知主義（コグニティビズム）は、「記号パラダイム」とか「計算アプローチ」として説明されることもある。本書の目的からすればこれらの呼び名は同義語である。

★03　ネルソン・グッドマン『世界制作の方法』菅野盾樹、中村雅之訳,みすず書房,1987

★04　リチャード・ローティ『哲学と自然の鏡』野家啓一監訳,伊藤春樹他訳,産業図書,1993

★05　「背景」という考え方は、特にハイデガーが『存在と時間』で発展させた哲学

Wilber, K., J. Engler, and D. Brown. 1987. *Transformations of Consciousness: Conventional and Contemplative Perspectives on Development*. Boston: New Science Library.

Winograd, T., and F. Flores. 1986. *Understanding Computers and Cognition: A New Foundation for Design*. New Jersey: Ablex Press.

Wolfram, S. 1983. Statistical mechanics of cellular automata. *Reviews of Modern Physics* 55:601–644.

Wolfram, S. 1984. Cellular automata as models of complexity. *Nature* 311:419.

Wynne-Edwards, V. 1982. *Animal Dispersion in Relation to Social Behaviour.* Edinbugh: Oliver & Boyd.

Yuasa, Y. 1987. *The Body: Toward an Eastern Mind-Body Theory.* Trans. Nagatomi Shigenori and T.P. Kasulis. Albany: State University of New York Press.

Zeki, S. 1983. Colour coding in the cerebral cortex: The reaction of cells in monkey visual cortex to wavelengths and colours. *Neuroscience* 9:741–765.

Tolouse, G., S. Dehaene, and J. Changeux. 1986. *Proceedings of the National Academy of Sciences* (USA) 83:1695–1698.

Trizin, K. S. 1986. Parting from the four clingings. In *Essence of Buddhism: Teachings at Tibet House.* New Delhi: Tibet House.

Trungpa, C. *Karma Seminar.* Boulder: Vajradhatu Press.

Trungpa, C. 1973. *Cutting Through Spiritual Materialism.* Boston: Shambhala.

Trungpa, C. 1976. *The Myth of Freedom.* Boston: Shambhala.

Trungpa, C. 1978. *Mandala.* Boulder: Vajradhatu Press.

Trungpa, C. 1981. *Glimpses of Abhidharma.* Boulder: Prajna Press.

Trungpa, C. 1986. *Sadhana of Mahamudra.* Boulder: Vajradhatu Press.

Turkle, S. 1979. *Psychoanalytic Politics: Freud's French Revolution.* Cambridge, Massachusetts: The MIT Press.

Turkle, S. 1984. *The Second Self: Computers and the Human Spirit.* New York: Simon and Schuster.

Turkle, S. 1988. Artifical intelligence and psychoanalysis: A new alliance. *Daedelus* (Winter): 241–269.

Turvey, M. T., R. E. Shaw, E. S. Reed, and W. M. Mace. 1981. Ecological laws of perceiving and acting: In reply to Fodor and Pylyshyn. *Cognition* 9:237–304.

Ullman, S. 1980. Against direct perception. *Behavioral and Brain Sciences* 3:373–415.

Varela, F. 1979. *Principles of Biological Autonomy.* New York: Elsevier North Holland.

Varela, F. 1988. Structural coupling and the origin of meaning in a simple cellular automata. In *The Semiotics of Cellular Communications in the Immune System,* ed. E. Secarz, F. Celada, N. A. Mitchinson, and T. Tada. New York: Springer-Verlag.

Varela, F., A. Coutinho, and B. Dupire. 1988. Cognitive networks: Immune, neural, and otherwise. In *Theoretical Immunology,* ed. A. Perelson, vol. 2. New Jersey: Addison-Wesley.

Varela, F., J. C. Letelier, G. Marin, and H. Maturana. 1983. The neurophysiology of avian color vision. *Archivos de biologia y medicina experimentales* 16:291–303.

Varela, F., V. Sanchez-Leighton, and A. Coutinho. 1988. Adaptive strategies gleaned from networks: Viability theory and clasifier systems. In *Evolutionary and Epigenetic Order from Complex Systems: A Waddington Memorial Symposium,* ed. B. Goodwin and P. Saunders. Edinburgh: Edinburgh University Press.

Varela, F., and W. Singer. 1987. Neuronal dynamics in the cortico-thalamic pathway as revealed through binocular rivalry. *Experimental Brain Research* 66:10–20.

Varela, F., A. Toro, E. R. John, and E. L. Schwartz. 1981. Perceptual framing and cortical alpha rhythm. *Neuropsychologia* 19:675–686.

Vasubhandu. 1923. *L'Abhidharmakosa de Vasubandhu.* 6 Vols. Trans. Louis de La Vallée Poussain. Paris and Louvain: Institut Belges des Hautes Etudes Chinoises. Reprinted Paris: Guenther 1971.

Vattimo, G. 1989. *The End of Modernity.* Trans. J. Snyder. Baltimore: Johns Hopkins University Press.

von Foerster, H., ed. 1962. *Principles of Self-Organization.* New York: Pergamon Press.

Wake, D., G. Roth, and M. Wake. On the problem of stasis in organismal evolution. 1983. *Journal of Theoretical Biology* 101:211–224.

Wellwood, J., ed. 1983. *Awakening the Heart: East West Approaches to Psychotherapy and the Healing Relationship.* Boston: Shambhala.

Sopa, G. L., and J. Hopkins. 1976. *Practice and Theory of Tibetan Buddhism.* New York: Grove Press.

Sprung, M. 1979. *Lucid Exposition of the Middle Way.* Boulder: Prajna Press.

Stcherbatski, T. 1979. *The Central Conception of Buddhism and the Meaning of the Word "Dharma."* Delhi: Motilal Banarasidass. Originally published by the Royal Asiatic Society.

Stearns, S. 1982. On fitness. In *Environmental Adaptation and Evolution,* ed. D. Mossakowski and G. Roth. Stuttgart: Gustav Fisher.

Steffire, V., V. Castillo Vales, and L. Morely. 1966. Language and cognition in Yucatan: A cross-cultural replication. *Journal of Personality and Social Psychology* 4:112–115.

Stengers, I. 1985. Les généalogies de l'auto-organisation. *Cahiers de la Centre de Recherche en Epistémologie Appliqué* 8:7–105.

Steriade, M., and M. Deschenes. 1985. The thalamus as a neuronal oscillator. *Brain Research Reviews* 8:1–63.

Stich, S. 1983. *From Folk Psychology to Cognitive Science: The Case Against Belief.* Cambridge, Massachusetts: The MIT Press, A Bradford Book.

Stillings, N. A., M. Feinstein, J. L. Garfield, E. L. Rissland, D. A. Rosenbaum, S. Weisler, and L. Baker-Ward. 1987. *Cognitive Science: An Introduction.* Cambridge, Massachusetts: The MIT Press, A Bradford Book.

Streng, F. J. 1967. *Emptiness: A Study in Religious Meaning.* Nashville, Tennessee: Abingdon Press.

Sudnow, D. 1978. *Ways of the Hand: The Organization of Improvised Conduct.* Cambridge, Massachusetts: Harvard University Press.

Suzuki, S. 1970. *Zen Mind, Beginner's Mind.* New York: Weatherhill.

Sweetzer, E. E. 1984. Semantic Structure and Semantic Change. Ph.D. dissertation, University of California at Berkeley.

Tank, D. W. and J. Hopfield. 1987. Collective computation in neuronlike circuits. *Scientific American* 257 (no. 6): 104–114.

Taylor, C. 1983. The significance of significance: The case of cognitive psychology. In *The Need for Interpretation,* ed. Solace Mitchell and Michael Rosen. London: The Athalone Press.

Thera, N. 1962. *The Heart of Buddhist Meditation.* New York: Samuel Weiser.

Thompson, E. 1986. Planetary thinking/planetary building: An essay on Martin Heidegger and Nishitani Keiji. *Philosophy East and West* 36:235–252.

Thompson, E. Forthcoming. *Colour Vision: A Study in Cognitive Science and the Philosophy of Perception.*

Thompson, E., A. Palacios, and F. Varela. In press. Ways of coloring: Comparative color vision as a case study for cognitive science. *Behavioral and Brain Sciences.*

Thornton, M. 1989. *Folk Psychology: An Introduction.* Toronto: University of Toronto Press/Canadian Philosophical Monographs.

Thurman, R. A. F., trans. 1976. *The Holy Teaching of Vimalakirti.* Philadelphia: Pennsylvania University Press.

Thurman, R. A. F. 1984. *Tsong Khapa's Speech of Gold in the Essence of True Eloquence: Reason and Enlightenment in the Central Philosophy of Tibet.* Princeton: Princeton University Press.

Psychology, ed. M. Chapman and R. Dixon. Hillsdale, New Jersey: Lawrence Erlbaum.

Rosch, E. 1988. What does the tiny vajra refute? Causality and event structure in Buddhist logic and folk psychology. Berkeley Cognitive Science Report #54.

Rosch, E. Unpublished. The micropsychology of self interest.

Rosch, E. Unpublished. Proto-intentionality: The psychology of philosophy.

Rosch, E. In preparation. *The Original Psychology: Buddhist Views of Mind in Contemporary Society.*

Rosch, E., C. B. Mervis, W. D. Gray, D. M. Johnson, and P. Boyes-Braem. 1976. Basic objects in natural categories. *Cognitive Psychology* 8:382–349.

Rosenbaum, I. 1989. *Readings in Neurocomputing.* Cambridge, Massachusetts: The MIT Press.

Rosenblatt, F. 1962. *Principles of Neurodynamics: Perceptrons and the Theory of Brain Dynamics.* New York: Spartan Books.

Rummelhart, D., and J. McClelland, eds. 1986. *Parallel Distributed Processing: Studies on the Microstructure of Cognition.* 2 vols. Cambridge, Massachusetts: The MIT Press.

Sacks, O., and R. Wasserman. 1987. The case of the colorblind painter. *New York Review of Books,* November 19, 25–34.

Sahn, S. 1982. *Bone of Space.* San Francisco: Four Seasons Foundation.

Sajama, S., and M. Kamppinen. 1987. *A Historical Introduction to Phenomenology.* London: Croom Helm.

Schafer, R. 1976. *A New Language for Psychoanalysis.* New Haven, Connecticut: Yale University Press.

Schank, R. C., and R. Abelson. 1977. *Scripts, Plans, Goals and Understanding.* Hillsdale, New Jersey: Lawrence Erlbaum Associates.

Searle, J. 1980. Minds, brains, and programs. *Behavioral and Brain Sciences* 3:417–457. Reprinted 1981 in *Mind Design: Philosophy Psychology, Artificial Intelligence,* ed. J. Haugeland. Cambridge, Massachusetts: The MIT Press, A Bradford Book.

Searle, J. 1983. *Intentionality: An Essay in the Philosophy of Mind.* Cambridge: Cambridge University Press.

Segal, H. 1976. *Introduction to the Work of Melanie Klein.* London: Hogarth Press.

Segal, S. J. 1971. *Imagery: Current Cognitive Approaches.* New York: Academic Press.

Sejnowski, T., and C. Rosenbaum. 1986. NetTalk: A parallel network that learns to read aloud. Johns Hopkins University. Technical Report JHU/EECS-86.

Sheng-Yan, M. 1982. *Getting the Buddha Mind.* Elmhurst, New York: Dharma Drum Publications.

Shepard, R., and J. Metzler. 1971. Mental rotation of three dimensional objects. *Science* 171:701–703.

Silandanda, U. 1990. *The Four Foundations of Mindfulness.* Boston: Wisdom Publications.

Singer, W. 1980. Extraretinal influences in the geniculate. *Physiology Reviews* 57:386–420.

Smolensky, P. 1988. On the proper treatment of connectionism. *Behavior and Brain Sciences* 11:1–74.

Smolensky, P. In press. Tensor product variable binding and the representation of symbolic structures in connectionist networks. *Artificial Intelligence.*

Snygg, D., and A. W. Combs. 1949. *Individual Behavior.* New York: Harper and Row.

Sober, E. 1984. *The Nature of Selection.* Cambridge, Massachusetts: The MIT Press, A Bradford Book.

Palmer, S. In press. *Visual Information Processing*. Englewood Cliffs, New Jersey: Lawrence Erlbaum.

Papert, S. 1981. *Mindstorms*. New York: Harper and Row.

Penrose, R. 1990. *The Emperor's New Mind*. New York: Oxford University Press.

Perry, J., ed. 1975. *Personal Identity*. Berkeley: University of California Press.

Piaget, J. 1954. *The Construction of Reality in the Child*. New York: Basic Books.

Piatelli-Palmarini, M. 1987. Evolution, selection, and cognition. In *From Enzyme Adaptation to Natural Philosophy*, ed. E. Quagliariello, G. Gernardi, and A. Ullman. Amsterdam: Elsevier.

Poggio, T., V. Torre, and C. Koch. 1985. Computational vision and regularization theory. *Nature* 317:314–319.

Pol-Droit, R. 1989. *L'amnesie philosophique*. Paris: Presses Universitaires de France.

Pöppel, E. 1989. Time perception. In *Encyclopedia of Neuroscience*. New York: Wiley.

Popper, K., and J. Eccles. 1981. *The Self and its Brain*. New York: Springer International.

Prindle, S. S., C. Carello, and M. T. Turvey. 1980. Animal-environment mutuality and direct perception. *Behavioral and Brain Sciences* 3:395–397.

Purpura, D. P. 1972. Functional studies of thalamic internuclear interactions. *Brain Behavior* 6:203–209.

Putnam, H. 1981. *Reason, Truth and History*. Cambridge: Cambridge University Press.

Putnam, H. 1983. Computational psychology and interpretation theory. Reprinted in *Realism and Reason: Philosophical Papers, Volume 3*, ed. H. Putnam. Cambridge: Cambridge University Press.

Putnam, H. 1987. *The Faces of Realism*. LaSalle, Illinois: Open Court.

Putnam, H. 1988. Much ado about not very much. *Daedulus* (Winter):269–281.

Pylyshyn, Z. 1984. *Computation and Cognition: Toward a Foundation for Cognitive Science*. Cambridge, Massachusetts: The MIT Press, A Bradford Book.

Quine, W. V. 1969. Epistemology naturalized. Reprinted 1984 in *Naturalizing Epistemology*, ed. H. Kornblith. Cambridge, Massachusetts: The MIT Press, A Bradford Book.

Rabten, G. 1981. *The Mind and its Functions*. Mt. Pelverin, Switzerland: Tharpa Choeling.

Rajchman, J. 1986. *Le savoir-faire avec l'inconscient: Ethique et psychoanalyse*. Bourdeaux: W. Blake.

Reeke, G. N., and G. M. Edelman. 1988. Real brains and artificial intelligence. *Daedelus* 117 (no. 1): 143–173.

Rogers, C. 1961. *On Becoming a Person*. Boston: Houghton Mifflin.

Rorty, A. O., ed. 1976. *The Identitites of Persons*. Berkeley: University of California Press.

Rorty, R. 1979. *Philosophy and the Mirror of Nature*. Princeton: Princeton University Press.

Rorty, R. 1982. *Consequences of Pragmatism*. Minneapolis: University of Minnesota Press.

Rosch, E. 1973. On the internal structure of perceptual and semantic categories. In *Cognitive Development and the Acquisition of Language*, ed. T. Moore. New York: Academic Press.

Rosch, E. 1978. Principles of categorization. In *Cognition and Categorization*, ed. E. Rosch and B. B. Lloyd. Hillsdale, New Jersey: Lawrence Erlbaum.

Rosch, E. 1987. Wittgenstein and categorization research in cognitive psychology. In *Meaning and the Growth of Understanding: Wittgenstein's Significance for Developmental*

Minsky, M., and S. Papert. 1987. *Perceptrons*. Rev. ed. Cambridge, Massachusetts: The MIT Press.

Moravec, H. 1988. *Mind Children*. Cambridge, Massachusetts: Harvard University Press.

Morell, F. 1972. Visual system's view of acoustic space. *Nature* 238:44–46.

Murti, T. R. V. 1955. *The Central Philosophy of Buddhism*. London: George Allen & Unwin.

Nagel, T. 1986. *The View from Nowhere*. New York: Oxford University Press.

Narada, M. T., trans. 1975. *A Manual of Abhidhamma (Abhidammattha Sangaha)*. Kandy, Sri Lanka: Buddhist Publication Society.

Neuenschwander, S., and F. Varela. 1990. Sensori-triggered and spontaneous oscillations in the avian brain. *Society of Neuroscience Abstracts* 16.

Neufeldt, R. W., ed. 1986. *Karma and Rebirth: Post Classical Developments*. Buffalo: State University of New York Press.

Neumeyer, C. 1986. *Das Farbensehen des Goldfisches*. Ph. D. dissertation, University of Mainz, West Germany.

Newell, A. 1980. Physical symbol systems. *Cognitive Science* 4:135–183.

Newell, A., and Simon, H. Computer science as empirical inquiry: Symbols and search. Reprinted in *Mind Design: Philosophy, Psychology, Artificial Intelligence*, ed. J. Haugeland. Cambridge, Massachusetts: The MIT Press, A Bradford Book.

Nhat Hanh, T. 1975. *The Miracle of Mindfulness: A Manual on Meditation*. Boston: Beacon Press.

Nietzsche, F. 1967. *The Will to Power*. Trans. Walter Kaufmann and R. J. Hollingdale. New York: Random House.

Nisbett, R., and L. Ross. 1980. *Human Inference: Strategies and Shortcomings of Social Judgement*. Englewood Cliffs, New Jersey: Prentice Hall.

Nishitani, K. 1982. *Religion and Nothingness*. Trans. Jan Van Bragt. Berkeley: University of California Press.

Nuboer, J. F. W. 1986. A comparative review on colour vision. *Netherlands Journal of Zoology* 36:344–380.

O'Flaherty, W. D., ed. 1980. *Karma and Rebirth in Classical Indian Traditions*. Berkeley: University of California Press.

Oster, G., and S. Rocklin. 1979. Optimization models in evolutionary biology. In *Lectures in Mathathematical Life Sciences* 11. Rhode Island: American Mathematical Society.

Ottoson, D. and S. Zeki, eds. 1985. *Central and Peripheral Mechanisms of Colour Vision*. London: Macmillan.

Oyama, S. 1985. *The Ontogeny of Information*. Cambridge: Cambridge University Press.

Packard, N. 1988. An intrinsic model of adaptation. In *Artificial Life*, ed. C. H. Langton. New Jersey: Addison Wesley.

Palacios, A., C. Martinoya, S. Bloch, and F. J. Varela. 1990. Color mixing in the pigeon: A psychophysical determination in the longwave spectral range. *Vision Research* 30:587–596.

Palacios, A., and F. Varela. In press. Color mixing in the pigeon. II. A psychophysical determination in the middle and shortwave spectral range. *Vision Research*.

Palm, G., and A. Aersten, eds. 1986. *Brain Theory*. New York: Springer Verlag.

Palmer, R. 1979. *Hermeneutics*. Evanston, Illinois: Nothwestern University Press.

Lyotard, J. F. 1984. *The Postmodern Condition: A Report on Knowledge.* Trans. G. Bennington and B. Massumi. Minneapolis: University of Minnesota Press.

Lythgoe, J. 1979. *The Ecology of Vision.* Oxford: Clarendon Press.

McCulloch, W. S. 1965. *Embodiments of Mind.* Cambridge, Massachusetts: The MIT Press.

McCulloch, W. S., and W. Pitts. 1943. A logical calculus of ideas immanent in nervous activity. *Bulletin of Mathematical Biophysics* 5. Reprinted in McCulloch, W. S. 1965. *Embodiments of Mind.* Cambridge, Massachusetts: The MIT Press.

MacLaury, R. E. 1987. Color-category evolution and Shuswap yellow-with-green. *American Anthropologist* 89:107–124.

Maloney, L. T. 1985. Computational approaches to color constancy, Technical Report 1985-01, Stanford University Applied Psychological Laboratory.

Maloney, L. T., and B. A. Wandell. 1986. Color constancy: A method for recovering surface spectral reflectance. *Journal of the Optical Society of America,* 3 (no. 1): 29–33.

Margolis, J. 1986. *Pragmatism without Foundations.* Oxford: Basil Blackwell.

Marie, P. 1988. *Que est-ce que la psychoanalyse?* Paris: Auber.

Marie, P. 1990. *L'experience psychoanalytique.* Paris: Auber.

Marr, D. 1982. *Vision: A Computational Investigation into the Human Representation and Processing of Visual Information.* New York: W. H. Freeman and Company.

Matthen, M. 1988. Biological functions and perceptual content. *Journal of Philosophy* 85:5–27.

Maturana, H., G. Uribe, and Samy Frenck. 1968. A biological theory of relativistic color coding in the primate retina. *Archivos de biologia y medicina experimentales,* Supplement No. 1. Chile.

Maturana, H. and F. J. Varela. 1987. *The Tree of Knowledge: The Biological Roots of Human Understanding.* Boston: New Science Library.

May, R. 1958. *Existential Psychoanalysis.* New York: Basic Books.

Menzel, R. 1979. Spectral sensitivity and colour vision in invertebrates. In *Comparative Physiology and Evolution of Vision in Invertebrates,* ed. H. Autrum. Berlin: Springer Verlag.

Menzel, R. 1985. Colour pathways and colour vision in the honey bee. In *Central and Peripheral Mechanisms of Colour Vision,* ed. D. Ottoson and S. Zeki. London: Macmillan.

Merleau-Ponty, M. 1962. *Phenomenology of Perception.* Trans. Colin Smith. London: Routledge and Kegan Paul.

Merleau-Ponty, M. 1963. *The Structure of Behavior.* Trans. Alden Fisher. Boston: Beacon Press.

Merleau-Ponty, M. 1964. Eye and mind. In *The Primacy of Perception and Other Essays,* ed. James M. Edie. Evanston, Illinois: Northwestern University Press.

Mervis, C. B., and E. Rosch. 1981. Categorization of natural objects. In *Annual Review of Psychology* 32, ed. M. R. Rosenzweig and L. W. Porter.

Miller, G. A., E. Galanter, and K. H. Pribram. 1960. *Plans and the Structure of Behavior.* New York: Holtz.

Minsky, M. 1986. *The Society of Mind.* New York: Simon and Schuster.

Khapa,T. 1978. *Calming the Mind and Discerning the Real: Buddhist Meditation and the Middle View.* Trans. Alex Wayman. New York: Columbia University Press.

Khyentse, D. 1988. *The Wish-Fulfilling Jewel.* Boston: Shambhala.

Klein, A. 1986. *Knowledge and Liberation: Tibetan Buddhist Epistemology in Support of Transformative Religious Experience.* Ithaca, New York: Snow Lion.

Kornblith, H., ed. 1984. *Naturalizing Epistemology.* Cambridge, Massachusetts: The MIT Press, A Bradford Book.

Kornfield, J. 1977. *Living Buddhist Masters.* Santa Cruz, California: Unity Press.

Kosslyn, S. 1980. *Image and Mind.* Cambridge, Massachusetts: Harvard University Press.

Kosslyn, S. 1981. The medium and the message in mental imagery: A theory. *Psychological Review* 88:46–66.

Kuffler, S., and J. Nichols. 1976. *From Neuron to Brain.* Boston: Sinauer Associates.

Kuhn, T. 1970. *The Structure of Scientific Revolutions.* Chicago: University of Chicago Press.

Lakoff, G. 1987. *Women, Fire and Dangerous Things: What Categories Reveal about the Mind.* Chicago: University of Chicago Press.

Lakoff, G. 1988. Cognitive semantics. In *Meaning and Mental Representations,* ed. Umberto Eco et al. Bloomington: Indiana University Press.

Lambert, D., and A. J. Hughes.1988. Keywords and concepts in structuralist and functionalist biology. *Journal of Theoretical Biology* 133:133–145.

Lambert, D., C. Millar, and T. Hughes. 1986. On the classic case of natural selection. *Biology Forum* 79:11–49.

Land, E. 1959. Experiments in color vision. *Scientific American* 200 (no. 5): 84–99.

Land, E. 1964. The retinex. *American Scientist* 52:247–264.

Land E. 1977. The retinex theory of color vision. *Scientific American,* 237 (no.6): 108–128.

Land, E. 1983. Recent advances in retinex theory and some implications for cortical computations: Color vision and the natural image. *Proceedings of the National Academy of Sciences* (USA) 80:5163–5169.

Langer, E. 1989. *Mindfulness.* New York: Addison Wesley.

Lantz, D., and V. Stefflre. 1964. Language and cognition revisited. *Journal of Abnormal and Social Psychology* 69:472–481.

Lecky, P. 1961. *Self-consistency: A Theory of Personality.* Hamden, Connecticut: The Shoe String Press.

Lewontin, R. 1983. The organism as the subject and object of evolution. *Scientia* 118:63–82.

Lewontin, R. 1989. A natural selection: Review of J. M. Smith's *Evolutionary Genetics. Nature* 339:107.

Livingstone, B. 1978. *Sensory Processing, Perception, and Behavior.* New York: Raven Press.

Llinás, R. 1988. The intrinsic electrophysiological properties of mammalian neurons: Insights into central nervous system function. *Science* 242:1654–1664.

Loy, D. 1989. *Non-Duality.* New Haven, Connecticut: Yale University Press.

Lyons, W. 1986. *The Disappearance of Instrospection.* Cambridge, Massachusetts: The MIT Press, A Bradford Book.

Husserl, E. 1970. *The Crisis of European Sciences and Transcendental Phenomenology.* Trans. David Carr. Evanston, Illinois: Northwestern University Press.

Iida, S. 1980. *Reason and Emptiness.* Tokyo: Hokuseido Press.

Inada, K. K. 1970. *Nagarjuna: A Translation of his Mulamadhyamikakarikas.* Tokyo: Hokusiedo Press.

Jackendoff, R. 1987. *Consciousness and the Computational Mind.* Cambridge, Massachusetts: The MIT Press, A Bradford Book.

Jacob, F. 1977. Evolution and tinkering. *Science* 196:1161–1166.

Jacobs, G. H. 1978. *Comparative Color Vision.* New York: Academic Press.

Jahnsen, H., and R. Llinas. 1984. Ionic basis for the electroresponsiveness and oscillatory properties of guinea-pig thalamic neurones in vitro. *Journal of Physiology* 349:227–247.

Jameson, D., and L. Hurvich. 1989. Essay concerning color constancy. *Annual Review of Psychology* 40:1–22.

Jane, S. D., and J. K. Bowmaker. 1988. Tetrachromatic colour vision in the duck. *Journal of Comparative Physiology* 162:225–235.

Jaspers, K. 1913. *Allgemeine psychopathologie.* Frankfurt: R. Mein.

Johnson, M. 1987. *The Body in the Mind: The Bodily Basis of Imagination, Reason, and Meaning.* Chicago: University of Chicago Press.

Jonckheere, P., ed. 1989. *Phénoménologie et analyse existentielle.* Brussels: De Boeck.

Josiah Macy Jr. Foundation. 1950–1954. Cybernetics: Circular Causal and Feedback Mechanisms in Biological and Social Systems. 5 vols. New York: Josiah Macy Jr. Foundation.

Judd, D. B. 1940. Hue, saturation, and lightness of surface colors with chromatic illumination. *Journal of the Optical Society of America* 30:2–32.

Kahneman, D., P. Slovic, and A. Tversky, eds. 1982. *Judgement Under Uncertainty: Heuristics and Biases.* New York: Cambridge University Press.

Kalu, K. D. C. 1986. *The Dharma.* Buffalo: State University of New York Press.

Kalupahana, D. 1986. *Nagarjuna: The Philosophy of the Middle Way.* Albany: State University of New York Press.

Kalupahana, D. 1987. *Principles of Buddhist Psychology.* Albany: State University of New York Press.

Kandinsky, W. 1947. *Concerning the Spiritual in Art.* New York: Wittenborn Art Books.

Kant, I. 1963. *Critique of Pure Reason.* Trans. Norman Kemp Smith. New York: St. Martin's Press.

Kauffman, S. 1983. Developmental constraints: Intrinsic factors in evolution. In *Developmental Evolution,* ed. B. Goodwin, N. Holder, and C. Wyles. Cambridge: Cambridge University Press.

Kay, P., and W. Kempton. 1984. What is the Sapir-Whorf hypothesis? *American Anthropologist* 86:65–79.

Kay, P., and C. McDaniel. 1978. The linguistic significance of the meanings of basic color terms. *Language* 54:610–646.

Kelso, J. A. S., and B. A. Kay. 1987. Information and control: A macroscopic analysis of perception-action coupling. In *Perspectives on Perception and Action,* ed. H. Heuer and A. F. Sanders. New Jersey: Lawrence Erlbaum Associates.

Heider, E. R. 1974. Linguistic relativity. In *Human Communication: Theoretical Explorations*, ed. A. L. Silverstein. New York: Halsted Press.

Heider, E. R. and D. C. Olivier. 1972. The structure of the color space in naming and memory for two languages. *Cognitive Psychology* 3:337–354.

Heims, S. 1980. *John von Neumann and Norbert Wiener*. Cambridge, Massachusetts: The MIT Press.

Held, R., and A. Hein. 1958. Adaptation of disarranged hand-eye coordination contingent upon re-afferent stimulation. *Perceptual-Motor Skills* 8:87–90.

Hellerstein, D. 1988. Plotting a theory of the brain. *The New York Times Magazine*, May 22.

Helson, H. 1938. Fundamental problems in color vision. I. The principles governing changes in hue, saturation, and lightness of nonselective samples in chromatic Iilumination. *Journal of Experimental Psychology* 23:439–476.

Helson, H., and V. B. Jeffers. 1940. Fundamental problems in color vision. II. Hue, lightness and saturation of selective samples in chromatic illumination. *Journal of Experimental Psychology* 26:1–27.

Hilbert, D. R. 1987. *Color and Color Perception: A Study in Anthropocentric Realism*. Stanford: Center for the Study of Language and Information.

Hillis, D. 1988. Intelligence as an emergent behavior; or, the songs of Eden. *Dadaelus* (Winter):175–189.

Hinton, G., T. Sejnowsky, and D. Ackley. 1985. A learning algorithm for Boltzman machines. *Cognitive Science* 9:147–169.

Ho, M., and P. Saunders. 1984. *Beyond Neo-Darwinism*. New York: Academic Press.

Hobbes, T. *Leviathan*. New York: Modern Library.

Hodges, A. 1984. *Alan Turing: The Enigma of Intelligence*. New York: Touchstone.

Hofstadter, D. R. and D. Dennett, eds. 1981. *The Mind's Eye: Fantasies and Reflections on Self and Soul*. New York: Basic Books.

Holland, J. 1986. Escaping brittleness. In *Machine Learning*, ed. R. Michalski, J. Carbonnel, and T. Mitchel. Los Altos, California: Morgan Kaufmann.

Hopfield, J. 1982. Neural networks and physical systems with emergent computational abilities. *Proceedings of the National Academy of Sciences* (USA) 79:2554–2558.

Hopkins, P. J., trans. 1975. *Precious Garland and Song of the Four Mindfulnesses*. London: Allen and Unwin.

Hopkins, J. 1983. *Meditation on Emptiness*. London: Wisdom Publications.

Horn, G., and R. Hill. 1974. Modifications of the receptive field of cells in the visual cortex occurring spontaneously and associated with bodily tilt. *Nature* 221:185–187.

Horowitz, M. J. 1988. *Introduction to Psychodynamics: A New Synthesis*. New York: Basic Books.

Hubel, D. 1988. *Eye, Brain and Mind*. New York: W. H. Freeman.

Hume, D. 1964. *A Treatise of Human Nature*. Ed. L. A. Selby-Bigge. Oxford: Clarendon Press.

Hurvich, L. M., and D. Jameson. 1957. An opponent-process theory of color vision. *Psychological Review* 64:384–404.

Husserl, E. 1931. *Ideas: General Introduction to a Pure Phenomenology*. Trans. W. R. Boyce Gibson. London: Allen and Unwin.

Husserl, E. 1960. *Cartesian Meditations: An Introduction to Phenomenology*. Trans. Dorian Cairns. The Hague: Martinus Nijhoff.

Gould, S. J. 1982. Darwinism and the expansion of evolutionary theory. *Science* 216:380–387.

Gould, S. J., and N. Eldredge. 1977. Punctuated equilibria: The tempo and mode of evolution reconsidered. *Paleobiology* 3:115.

Gould, S. J., and R. Lewontin. 1979. The spandrels of San Marco and the Panglossian paradigm: A critique of the adaptationist programme. *Proceedings of the Royal Society of London* 205:581–598.

Gouras, P., and E. Zenner. 1981. Color vision: A review from a neurophysiological perspective. *Progress in Sensory Physiology* 1:139–179.

Gray, C., and W. Singer. 1989. Stimulus-specific neuronal oscillations in orientation columns in cat visual cortex. *Proceedings of the National Academy of Sciences* (USA) 86:1698–1702.

Greenburg, J. R. and S. A. Mitchel. 1983. *Object Relations in Psychoanalytic Theory.* Cambridge, Massachusetts: Harvard University Press.

Griffiths, P. J. 1986. *On Being Mindless: Buddhist Meditation and the Mind-Body Problem.* LaSalle, Illinois: Open Court.

Grossberg, S. 1984. *Studies in Mind and Brain.* Boston: D. Reidel.

Guenther, H. 1976. *Philosophy and Psychology in the Abhidharma.* Berkeley: Shambhala Publications.

Guenther, H. 1989. *From Reductionism to Creativity.* Boston: New Science Library.

Guenther, H., and L. S. Kawamura. 1975. *Mind in Buddhist Psychology.* Emeryville, California: Dharma Publishing.

Gyamtso, K. T. 1986. *Progressive Stages of Meditation on Emptiness.* Trans. Shenpen Hookham. New Marsten, Oxford: Longchen Foundation.

Gyatso, K. 1980. *Meaningful to Behold: View, Meditation, and Action in Mahayana Buddhism.* London: Wisdom Publications.

Hardin, C. L. 1988. *Color for Philosophers: Unweaving the Rainbow.* Indianapolis: Hackett Publishing Company.

Hardin, G. 1968. The tragedy of the commons. *Science* 162:1243–1248.

Harosi, F. I., and Y. Hashimoto. 1983. Ultraviolet visual pigment in a vertebrate: A tetrachromatic cone system in the Dace. *Science* 222:1021–1023.

Haugeland, J. 1981. The nature and plausibility of cognitivism. Reprinted in *Mind Design: Philosophy, Psychology, Artifical Intelligence,* ed. J. Haugeland. Cambridge, Massachusetts: The MIT Press, A Bradford Book.

Hayward, J. 1987. *Shifting Worlds, Changing Minds: Where the Sciences and Buddhism Meet.* Boston: New Science Library.

Hecht, M., and A.Hoffman. 1986. Why not neo-Darwinism? A critique of paleobiological challenges. *Oxford Surveys in Evolutionary Biology* 3:1–47.

Heidegger, M. 1958. *The Question of Being.* Trans. William Kluback and Jean T. Wilde. New Haven, Connecticut: College and University Press.

Heidegger, M. 1962. *Being and Time.* New York: Harper and Row.

Heidegger, M. 1969. *The Essence of Reasons.* Trans. T. Malick. Evansville, Illinois: Northwestern University Press.

Heider, E. R. 1971. Focal color areas and the development of color names. *Developmental Psychology* 4:447–455.

Heider, E. R. 1972. Universals in color naming and memory. *Journal of Experimental Psychology* 93:10–20.

Fodor, J., and Z. Pylyshyn. 1981. How direct is visual perception? Some reflections on Gibson's ecological approach. *Cognition* 9:139–196.

Fodor, J., and Z. Pylyshyn. 1988. Connectionism and cognitive architecture: A critical review. *Cognition* 28:3–71.

Foucault, M. 1973. *The Order of Things: An Archaelogy of the Human Sciences.* New York: Random House, Vintage.

Foucault, M. 1979. *Discipline and Punish: The Birth of the Prison.* New York: Random House, Vintage.

Franck, F., ed. 1980. *The Buddha Eye: An Anthology of the Kyoto School.* New York: Crossroads.

Freeman, W. 1975. *Mass Action in the Nervous System.* New York: Academic Press.

Freeman, W., and C. Skarda. 1985. Spatial EEG patterns, nonlinear dynamics, and perception: The neo-Sherringtonian view. *Brain Research Reviews* 10:145–175.

Freemantle, F., trans. 1975. *The Tibetan Book of the Dead.* Boston: Shambhala.

Gadamer, H. G. 1975. *Truth and Method.* Boston: Seabury Press.

Gardner, H. 1985. *The Mind's New Science: A History of the Cognitive Revolution.* New York: Basic Books.

Gelperin, A., and D. Tank. 1990. Odour-modulated collective network oscillations of olfactory interneurons in a terrestrial mollusc. *Nature* 345:437–439.

Gershon, R. 1986. *The Use of Color in Computational Vision.* University of Toronto Technical Reports on Research in Biological and Computational Vision: RCBV-86–4. Department of Computer Science.

Geschwind, N., and A. Galaburda. 1986. *Cerebral Lateralization: Biological Mechanisms, Associations, and Pathology.* Cambridge, Massachusetts: The MIT Press.

Gevins, A., R. Shaffer, J. Doyle, B. Cutillo, R. Tannehill, and S. Bressler. 1983. Shadows of thought: Shifting lateralization of human brain electrical patterns during brief visuomotor task. *Science* 220:97–99.

Gho, M., and F. Varela. 1989. Quantitative assesment of the dependency of the visual temporal frame upon the alpha rhythm. *Journal Physiologie* (Paris) 83:95–101.

Gibson, J. J. 1972. A direct theory of visual perception. In *The Psychology of Knowing,* ed. J. R. Royce and W. W. Rozeboom. New York: Gordon and Breach.

Gibson, J. J. 1979. *The Ecological Approach to Visual Perception.* Boston: Houghton Mifflin.

Gleason, H. A. 1961. *An Introduction to Descriptive Linguistics.* New York: Holt, Rinehart and Winston.

Gleick, J. 1987. *Chaos: The Making of a New Science.* New York: Viking Press.

Globus, G. 1987. *Dream Life, Wake Life.* Albany: State University of New York Press.

Globus, G. 1990. Heidegger and cognitive science. *Philosophy Today* (Spring): 20–30.

Globus, G. In press. Deconstructing the Chinese room. *Journal of Mind and Behavior.*

Globus, G. In press. Derrida and connectionism: Differance in neural nets. *Philosophical Psychology.*

Goldstein, J., and J. Kornfield. 1987. *Seeking the Heart of Wisdom: The Path of Insight Meditation.* Boston: Shambhala.

Goodman, N. 1978. *Ways of Worldmaking.* Indianapolis: Hackett Publishing Company.

Goodman, S. 1974. Situational patterning. In *Crystal Mirror III.* Berkeley: Dharma Publishing.

Goodwin, B., N. Holder, and C. Wyles, eds. 1983. *Development and Evolution.* Cambridge: Cambridge University Press.

Dreyfus, H., and P. Rabinow. 1983. *Michel Foucault: Beyond Structuralism and Hermeneutics.* Chicago: University of Chicago Press.

Dumouchel, P., and J. P. Dupuy, eds. 1983. *L'auto-organisation: De la physique au politique.* Paris: Editions du Seuil.

Dupré, J., ed. 1987. *The Latest on the Best.* Cambridge, Massachusetts: The MIT Press, A Bradford Book.

Edelman, G. 1987. *Neural Darwinism.* New York: Basic Books.

Edelman, G., and W. Gall. 1979. The antibody problem. *Annual Review of Biochemistry* 38:699–766.

Eldredge, N., and S. Salthe. 1984. Hierarchy and evolution. *Oxford Surveys in Evolutionary Biology* 1:184–208.

Endler, J. 1986. The newer synthesis? Some conceptual problems in evolutionary biology. *Oxford Surveys in Evolutionary Biology* 3:224–243.

Epstein, S. 1980. The self-concept: A review and the proposal of an integrated theory of personality. In *Personality: Basic Issues and Current Research,* ed. E. Staub Englewood Cliffs, New Jersey: Prentice Hall.

Erdelyi, M. H. 1985. *Psychoanalysis: Freud's Cognitive Psychology.* New York: W. H. Freeman.

Evolution, Games and Learning: Models for Adaptation in Machines and Nature. 1986. *Physics* 220.

Feldman, J. 1986. Neural representation of conceptual knowledge. University of Rochester Technical Report 189.

Feldman, J., and D. Ballard. 1982. Connectionist models and their properties. *Cognitive Science* 6:205–254.

Fishman, M., and C. Michael. 1973. Integration of auditory information in the cat's visual cortex. *Vision Research* 13:1415.

Fodor, J. 1975. *The Language of Thought.* Cambridge, Massachusetts: Harvard University Press.

Fodor, J. 1981a. Computation and reduction. In *RePresentations: Philosophical Essays on the Foundations of Cognitive Science.* Cambridge, Massachusetts: The MIT Press, A Bradford Book.

Fodor, J. 1981b. The present status of the innateness controversy. In *RePresentations: Philosophical Essays on the Foundations of Cognitive Science.* Cambridge, Massachusetts: The MIT Press, A Bradford Book.

Fodor, J. 1981c. *RePresentations: Philosophical Essays on the Foundations of Cognitive Science.* Cambridge, Massachusetts: The MIT Press, A Bradford Book.

Fodor, J. 1981d. Special sciences; or, the disunity of science as a working hypothesis. In *RePresentations: Philosophical Essays on the Foundations of Cognitive Science.* Cambridge, Massachusetts: The MIT Press, A Bradford Book.

Fodor, J. 1983. *The Modularity of Mind.* Cambridge, Massachusetts: The MIT Press, A Bradford Book.

Fodor, J. 1984. Observation reconsidered. *Philosophy of Science* 51:23–43.

Fodor, J. 1985. Fodor's guide to mental representations: The intelligent auntie's vademecum. *Mind* 94:76–100.

Fodor, J. 1987. *Psychosemantics: The Problem of Meaning in the Philosophy of Mind.* Cambridge, Massachusetts: The MIT Press, A Bradford Book.

Dawkins, R. 1976. *The Selfish Gene*. New York: Oxford University Press.
de Beer, G. 1953. *Embryos and Ancestors*. Oxford: Oxford University Press.
Dennett, D. 1978a. Artificial intelligence as philosophy and psychology. In *Brainstorms*. Cambridge, Massachusetts: The MIT Press, A Bradford Book.
Dennett, D. 1978b. *Brainstorms*. Cambridge, Massachusetts: The MIT Press, A Bradford Book.
Dennett, D. 1978c. Toward a cognitive theory of consciousness. In *Brainstorms*. Cambridge, Massachusetts: The MIT Press, A Bradford Book.
Dennett, D. 1984a. Computer models and the mind—a view from the East Pole. *Times Literary Supplement*, December 14. (Also reprinted in 1986 as The logical geography of computational approaches: A view from the East Pole. In *The Representation of Knowledge*, ed. M. Brand and M. Harnish. Tucson: University of Arizona Press.)
Dennett, D. 1984b. *Elbow Room: The Varieities of Free Will Worth Wanting*. Cambridge, Massachusetts: The MIT Press, A Bradford Book.
Derrida, J. 1974a. *Of Grammatology*. Trans. G. Spivak. Baltimore: Johns Hopkins University Press.
Derrida, J. 1974b. *Speech and Phenomena*. Evanston, Illinois: Northwestern University Press.
Derrida, J. 1978. *Writing and Difference*. Trans. Alan Bass. Chicago: University of Chicago Press.
Derrida, J. 1982. *Margins of Philosophy*. Trans. Alan Bass. Chicago: University of Chicago Press.
Descartes, R. 1911. *The Philosophical Works of Descartes*, Vol. 2. Trans. Elizabeth S. Haldane and G. R. T. Ross. Cambridge: Cambridge University Press.
Descombes, V. 1980. *Modern French Philosophy*. Cambridge: Cambridge University Press.
DeValois, R. L., and G. H. Jacobs. 1968. Primate color vision. *Science* 162:533–540.
DeYoe, E., and D. C. Van Essen. 1988. Concurrent processing streams in monkey visual cortex. *Trends in Neuroscience* 11:219–226.
Dolard, J., and N. Miller. 1950. *Personality and Psychotherapy*. New York: McGraw-Hill.
Dorje, W. 1979. *Mahmudra: Eliminating the Darkness of Ignorance*. Dharamsala, India: Library of Tibetan Works and Archives.
Dretske, F. I. 1981. *Knowledge and the Flow of Information*. Cambridge, Massachusetts: The MIT Press, A Bradford Book.
Dreyfus, H. 1979. *What Computers Can't Do*. Revised edition. New York: Harper and Row.
Dreyfus, H., ed. 1982. *Husserl: Intentionality and Cognitive Science*. Cambridge, Massachusetts: The MIT Press, A Bradford Book.
Dreyfus, H. 1989. Alternative philosophical conceptualizations of psychopathology. In *Phenomenology and Beyond: The Self and Its Language*, ed. H. A. Durfee and D. F. T. Rodier, 41–50. Dordrecht: Kluwer Academic Publishers.
Dreyfus, H., and S. Dreyfus. 1986. *Mind over Machine*. New York: Macmillan, Free Press.
Dreyfus, H., and S. Dreyfus. 1988. Making a mind versus modeling the brain: Artificial intelligence back at a branchpoint. *Daedulus* (Winter): 15–43.
Dreyfus, H., and S. E Dreyfus. 1990. What is morality? A phenomenological account of the development of ethical expertise. In *Universalism versus Communitarianism*, ed. D. Rassmussen. Cambridge, Massachusetts: The MIT Press.

Brooks, R. A. 1986. Achieving artificial intelligence through building robots. A.I. Memo 899, MIT Artificial Intelligence Laboratory, May.
Brooks, R. A. 1987. Intelligence without representation. MIT Artificial Intelligence Report.
Brooks, R. A. 1989a. A robot that walks: Emergent behaviors from a carefully evolved network. A.I. Memo 1091, MIT, February.
Brooks, R. A. 1989b. A robust layered control system for a mobile robot. *IEEE Journal Robotics Automation* RA-2:14–23.
Brou, P., T. R. Sciascia, L. Linden, and J. Y. Lettvin. 1986. The colors of things. *Scientific American* 255:84–91.
Brown, R. 1980. *A First Language*. Cambridge, Massachusetts: Harvard University Press.
Brown, R. W., and E. H. Lenneberg. 1954. A study in language and cognition. *Journal of Abnormal and Social Psychology* 49:454–462.
Buddhaghosa, B. 1976. *The Path of Purification* (Visuddhimagga). 2 vols. Boston: Shambhala.
Buddhist Christian Studies. 1988. Vol. 8.
Burkhardt, D. 1989. UV vision: A bird's eye view of feathers. *Journal of Comparative Physiology* 164:787–796.
Cahiers de la Centre de Recherche en Epistémologie Appliqué 7–9. 1985. Paris: Ecole Polytechnique.
Carpenter, G., and S. Grossberg. 1987. A massively parallel architecture for a self-organizing neural pattern recognition machine. *Computer Vision, Graphics and Image Processing* 37:54–115.
Changeux, J. P. 1982. *L'homme neuronal*. Paris: Fayarad.
Churchland, P. M. 1979. *Scientific Realism and the Plasticity of Mind*. Cambridge: Cambridge University Press.
Churchland, P. M. 1984. *Matter and Consciousness: A Contemporary Introduction to the Philosophy of Mind*. Cambridge, Massachusetts: The MIT Press, A Bradford Book.
Churchland, P. M. 1988. Perceptual plasticity and theoretical neutrality: A reply to Jerry Fodor. *Philosophy of Science* 55:167–187.
Churchland, P. S. 1986. *Neurophilosophy*. Cambridge, Massachusetts: The MIT Press, A Bradford Book.
Churchland, P. S., and T. J. Sejnowski. 1988. Perspectives on cognitive neuroscience. *Science* 242:741–745.
Clemens, H. 1983. *Alfred R. Wallace: Biologist and Social Reformer*. London: Hutchinson.
Connor, B. W. 1984. Initiation of synchronized neuronal bursting in neocortex. *Nature* 310:686–687.
Conze, E. 1970. *Buddhist Thought in India*. Ann Arbor: University of Michigan Press.
Cowan, M., and J. Fawcett. 1984. Regressive events in neurogenesis. *Science* 225:1258–1265.
Creutzfeld, O. D., S. Watanabe, and H. D. Lux. 1986. Relations between EEG phenomena and potentials of single cortical cells. I. Evoked responses after thalamic and epicortical stimulation. *EEG Clinical Neurophysiology* 20:1–18.
Crow, J., and M. Kimura. 1980. *An Introduction to Population Genetics*. Minneapolis: Burgess.
Crutchfield, J., J. D. Farmer, N. H. Packard, and R. S. Shaw. 1986. Chaos. *Scientific American* 255 (6):46–57.

参考文献

Abeles, M. 1984. *Local Circuits*. New York: Springer Verlag.

Abraham, R., and C. Shaw. 1985. *Dynamics: The Geometry of Behavior*. 3 vols. Santa-Cruz: Aerial Press.

Allman, J., F. Meizen, and E. McGuiness. 1985. *Annual Review of Neuroscience* 8: 407–430.

Amitt, D. 1988. Neural networks counting chimes. *Proceedings of the National Academy of Sciences* (USA) 85: 2141–2144.

Andersen, P., and S. A. Andersson. 1968. *The Physiological Basis of Alpha Rhythm*. New York: Appleton-Century Croft.

Aoli, M., R. S. McLachlan, and P. Gloor. 1984. Simultaneous recording of cortical and thalamic EEG and single neuron activity in the cat association system during spindles. *Neuroscience Letters* 47: 29–36.

Artifical Intelligence. 1987. 31: 213–261.

Aubin, J. P., and A. Cellina. 1984. *Differential Inclusions*. New York: Springer-Verlag.

Bach y Rita, P. 1962. *Brain Mechanisms in Sensory Substitution*. New York: Academic Press.

Barlow, H. 1972. Single units and sensation: A neuron doctrine for perceptual psychology. *Perception* 1: 371–394.

Batchelor, S., trans. 1979. *A Guide to the Bodhisattva's Way of Life*. Dharamsala, India: Library of Tibetan Works and Archives.

Berlin, B., and P. Kay. 1969. *Basic Color Terms: Their Universality and Evolution*. Berkeley: University of California Press.

Bernstein, R. 1983. *Beyond Objectivism and Relativism: Science, Hermeneutics, and Praxis*. Philadelphia: University of Pennsylvania Press.

Berofski, R. 1987. *Making History: Pukapukan and Anthropological Constructions of Knowledge*. Cambridge: Cambridge University Press.

Beyer, S. *The Cult of Tara*. Berkeley: University of California Press.

Binswanger, L. 1947. *Zur phänomenologischen Anthropologie*.

Bourdieu, P. 1989. *The Logic of Practice*. Oxford: Basil Blackwell.

Bourne, L. E., R. L. Dominowski, and E. F. Loftus. 1979. *Cognitive Processes*. Englewood Cliffs, New Jersey: Prentice Hall.

Brandon, R., and R. Burian, eds. 1984. *Genes, Organisms, and Populations: Controversies over the Units of Selection*. Cambridge, Massachusetts: The MIT Press.

Brentano, F. 1973. *Psychology from an Empirical Standpoint*. London: Routledge and Kegan Paul.

Bressler, S. 1990. The gamma wave: a cortical information carrier. *Trends in Neuroscience* 13:161–162.

わ

た

さ

か

索引

A-Z

あ

●著者略歴

フランシスコ・ヴァレラ（Francisco Varela）
フランス国立科学研究センター研究部長。一九四六年、チリに生まれる。軍事クーデタによるアジェンデ社会主義政権の崩壊後、政治的弾圧を逃れて亡命を余儀なくされる。邦訳書に『オートポイエーシス』（国文社、共著）、『知恵の樹』（ちくま学芸文庫、共著）、『心の生命』（共編著、青土社）、『新しい統合の知を探る――コスモス賢人会議'98』（共著、春秋社）がある。二〇〇一年五月、パリにて死去。

エヴァン・トンプソン（Evan Thompson）
カナダ・トロント大学の哲学科教授。

エレノア・ロッシュ（Eleanor Rosch）
一九三八年生まれ。ハーバード大学卒。アメリカ・カリフォルニア大学バークレー校の心理学教授。

●訳者略歴

田中靖夫（たなかやすお）
一九八一年、東京大学薬学系大学院・生命薬学修士課程修了。製薬業界に勤務後、経営コンサルタント会社で製薬・バイオ産業分野における事業・研究開発戦略の立案を担当。著書に『製薬企業の高収益革命』（ダイヤモンド社、一九九三）、『製薬企業の研究開発マネジメント』（薬業時報社、一九九六）など。最近の訳書にR・カニーゲル『無限の天才』（工作舎、一九九四）、R・シェルドレイク『世界を変える七つの実験』（工作舎、一九九七）、『あなたの帰りがわかる犬』（工作舎、二〇〇三）、J・H・ブルック『科学と宗教』（工作舎、二〇〇五）がある。

身体化された心

発行日――二〇〇一年八月一〇日　初刷　二〇〇六年八月二〇日　第二刷
著者――フランシスコ・ヴァレラ＋エヴァン・トンプソン＋エレノア・ロッシュ
訳者――田中靖夫
編集――堤靖彦
エディトリアル・デザイン――宮城安総＋小泉まどか＋木村里美
印刷・製本――文唱堂印刷株式会社
発行者――十川治江
発行――工作舎　editorial corporation for human becoming
〒104-0052 東京都中央区月島1-14-7-4F phone: 03-3533-7051
URL http://www.kousakusha.co.jp
E-mail saturn@kousakusha.co.jp
ISBN4-87502-354- 5

育つ・学ぶ・癒す 脳図鑑21

◆伊藤正男＝序　小泉英明＝編
イメージング技術のめざましい進展によって、脳の驚くほど適応力にとんだ姿が明らかになってきた。第一線で活躍する研究者41名の書下ろしで、最新の脳研究の成果を集成。
●A５判上製●７０８頁●定価　本体４８００円＋税

三つの脳の進化

◆ポール・D・マクリーン　法橋　登＝編訳・解説
人間の脳は、ヒト、ワニ、ウマの脳が共存するという、長い生物進化の歴史を内蔵している。現代思想家たちに多大な影響を与えた「三位一体脳モデル」の全貌が、一般向け編訳で初登場。
●四六判上製●３１６頁●定価　本体３４００円＋税

精神と物質 改訂版

◆エルヴィン・シュレーディンガー　中村量空＝訳
人間の意識と進化、そして人間の科学的世界像について、独自の考察を深めた現代物理学の泰斗シュレーディンガーの講演録。『生命とは何か』と並ぶ珠玉の名品。
●四六判上製●１７６頁●定価　本体１９００円＋税

感覚の力

◆コンスタンス・クラッセン　陽　美保子＝訳
視覚を中心として成立する現代社会。その文化に染まらず育った野生児たちの超人的な感覚、熱によって世界を認識する部族などをとりあげ、感覚と文化の多彩な関連性を明らかにする。
●四六判上製●２２４頁●定価　本体２２００円＋税

五つの感覚

◆F・ゴンサレス＝クルッシ　野村美紀子＝訳
科学とヒューマニズムの世界の懸橋になりたいと願う病理学者が、香り高い文体で人間の五感をめぐるエッセイを綴る。「胎児も痛みを感じる」「人を癒す音楽」「聖者の芳香」など。
●四六判上製●２２４頁●定価　本体２０００円＋税

匂いの魔力

◆アニック・ル・ゲレ　今泉敦子＝訳
中世ではペストの原因は「臭い」だと信じ芳香で予防していた！誘惑・差別・治癒など「生命の原理」と分ちがたい匂いの歴史をひもときながら、その力の秘密に迫る。
●四六判上製●２８０頁●定価　本体２２００円＋税